———————— 님의 소중한 미래를 위해
이 책을 드립니다.

ETF 초보자가 가장 알고 싶은 최다질문 TOP 56

ETF 투자자라면 꼭 알아야 할 핵심만 담았다!

ETF 초보자가 가장 알고 싶은 최다질문 TOP56

나수지 지음

메이트북스

메이트북스 우리는 책이 독자를 위한 것임을 잊지 않는다.
우리는 독자의 꿈을 사랑하고,
그 꿈이 실현될 수 있는 도구를 세상에 내놓는다.

ETF 초보자가 가장 알고 싶은 최다질문 TOP 56

초판 1쇄 발행 2021년 9월 1일 | 초판 2쇄 발행 2021년 9월 15일 | 지은이 나수지
펴낸곳 (주)원앤원콘텐츠그룹 | 펴낸이 강현규·정영훈
책임편집 오희라 | 편집 안정연·유지윤 | 디자인 최정아
마케팅 김형진·이강희·차승환·김예인 | 경영지원 최향숙 | 홍보 이선미·정채훈
등록번호 제301-2006-001호 | 등록일자 2013년 5월 24일
주소 04607 서울시 중구 다산로 139 랜더스빌딩 5층 | 전화 (02)2234-7117
팩스 (02)2234-1086 | 홈페이지 blog.naver.com/1n1media | 이메일 khg0109@hanmail.net
값 18,000원 | ISBN 979-11-6002-347-3 03320

투자자는 무엇이 옳고 그른지에 대해
자신만의 생각과 아이디어,
방향을 가지고 있어야 하며,
대중에 휩쓸려 감정적으로 행동하지 않아야 한다.

• 앙드레 코스톨라니(유럽의 워런 버핏) •

ETF 투자자라면 꼭 알아야 할
필수지식만 담았다!

투자의 세계에는 정답이 없습니다. 시장 전문가들은 "어제까지 확실하다고 믿었던 것도 내일은 달라질 수 있다"고 입을 모읍니다.

그런 투자의 세계에서도 변하지 않을 명제가 있습니다. 아는 것과 모르는 것을 구분해서 아는 것에 투자하는 것, 내가 잘 알 수 있는 범위까지만 투자하는 것이 투자에 성공할 확률도 높이고, 투자의 고통도 덜어내는 길이라는 점입니다. 그런 의미에서 ETF는 개인이 가장 손쉽게 활용할 수 있는 투자 도구입니다.

우리가 삼성전자에 투자한다고 가정해볼까요? 삼성전자에 투자하려면 무엇을 알아야 할지 따져보겠습니다.

가장 먼저 '왜 주식에 투자하는지'에 대한 답을 가지고 있어야 합니다.

왜 예금도 부동산도 아닌 주식인지에 대한 스스로의 대답을 가지고 있어야 주식시장이 흔들려도, 거시경제 상황이 시시각각 변화해도 투자를 이어갈 수 있습니다.

다음 단계는 '왜 한국 시장인가'에 대한 답입니다. 세계 증시 시가총액의 절반을 차지하는 미국, 높은 경제성장률을 자랑하는 신흥국 증시가 아니라 왜 한국 증시인가를 스스로 따져봐야 합니다.

한국 증시에 투자해야 한다는 판단이 들었다면 업종을 따져봐야 합니다. 왜 반도체, IT 업종에 투자해야 할까요? 바이오, 플랫폼 기업 등 수많은 성장 업종 가운데 왜 반도체 기업인가요? 반도체 업황과 시장 전반에 대한 공부가 필요합니다.

그 다음은 삼성전자라는 기업에 대한 고민이 필요합니다. 한국 주식시장의 반도체 관련 기업 가운데 왜 삼성전자인가요? 삼성전자와 다른 기업의 사업모델은 어떻게 다르고, 삼성전자가 지닌 우위는 무엇일까요?

삼성전자에 장기투자하겠다고 마음먹은 투자자라면 이 네 가지에 대한 답만 있어도 충분합니다. 그런데 단기투자를 마음먹은 분들이라면 한 가지 질문에 더 대답해야 합니다. '왜 지금인가요? 현 시점에서 삼성전자의 단기 상승을 기대하는 이유는 무엇인가요?'

'삼성전자에 투자한다'는 결정 속에 숨어 있는 질문들은 적어도 네 가지, 투자 타이밍까지 감안하면 다섯 가지입니다. 각 질문들에 답하기 위해 공부해야 하는 것들 역시 적지 않습니다.

그렇기에 필자는 주식투자에서 가장 고수의 영역은 개별종목에 단기투자하는 것이라고 생각합니다. 다섯 가지 질문에 모두 자신만의 답을 내놓아야 하니까요.

그런데 보통 주식에 처음 투자하는 사람들은 종목을 골라 투자하려고 합니다. 또한 오래 투자하기보다는 빠른 시간 안에 높은 성과를 낼 수 있을 것 같은 투자처를 찾습니다. 운이 좋아 한두 번은 성과를 낼 수 있어도 오래 이어가기는 쉽지 않습니다. 주식 초보자가 가지고 있는 무기와 보호구가 취약하니까요.

ETF를 활용하면 한두 가지 질문에만 답을 가지고 있어도 투자할 수 있는 길이 있습니다. 삼성전자의 예를 들었으니 계속 이어가겠습니다. 첫 번째 질문인 '왜 주식시장인가'에 대한 답은 내렸지만, '왜 한국인가'에 대한 답은 구하지 못했다면 세계 주식시장 전반에 투자하는 ETF에 투자하면 됩니다.

혹은 첫 번째 질문에 대한 답으로 주식이 아니라 부동산, 채권, 원자재 등 다른 자산에 투자하면 좋겠다는 판단이 들었다고 해도 ETF로 주식 말고도 다양한 자산에 소액으로 투자할 수 있습니다.

두 번째 질문인 '왜 한국 증시인가'에 대한 질문까지는 답을 내렸지만, 다음 질문인 '업종'에 대한 확신이 없다면 국가별 주식시장 전반에 투자하는 ETF에 투자할 수 있습니다. 미국 증시라면 S&P500이나 나스닥 지수를 따라가는 ETF를, 한국 증시라면 코스피200을 추종하는 ETF를 고려해볼 수 있을 겁니다. 반도체 업종에 투자해야 하는 이유에 대한 답까지 구했다면 반도체 ETF나 IT ETF에 투자하면 되겠지요.

이 책은 ETF 기본서입니다. 하지만 ETF뿐 아니라 주식에 처음 입문하는 지인들에게 건네주고 싶은 마음으로 썼습니다. 어디까지 자세히 설명해야 할지 고민이 들 때면 ETF에 대해 전혀 모르는 지인에게 설명한다는 상상을 하면서 원고를 다듬었습니다.

지금 어느 ETF에 투자하는 것이 유망할지 같은 시황에 대한 판단을 담은 책은 아닙니다. 대신 언제 꺼내보아도 ETF 활용법과 상품에 대한 이해를 높일 수 있는 길잡이 같은 책을 쓰려고 노력했습니다. 책을 읽어주시는 모든 분께 감사의 마음을 전합니다.

나수지

차례

| 지은이의 말 | ETF 투자자라면 꼭 알아야 할 필수지식만 담았다!　　　　　　　6

1장 ETF란 무엇이고 어떻게 구성되어 있나요?

질문 TOP 01　상장지수펀드(ETF)란 무엇인가요?　　　　　　　　　　23

　　　돈 버는 ETF를 위한 One Point Lesson 처음 보면 헷갈리는 E 삼총사, ETF·ETN·ELS

질문 TOP 02　패시브 투자와 액티브 투자란 무엇인가요?　　　　　　　29

질문 TOP 03　왜 종목보다 ETF로 투자하는 게 더 쉽나요?　　　　　　34

질문 TOP 04　ETF와 펀드는 어떻게 다른가요?　　　　　　　　　　　39

질문 TOP 05　ETF 투자가 대세인 이유는 뭔가요?　　　　　　　　　　44

질문 TOP 06　ETF 상품명으로 어떤 정보를 얻나요?　　　　　　　　　48

질문 TOP 07　ETF는 어떻게 사고파나요?　　　　　　　　　　　　　53

2장 ETF 투자를 위해 꼭 알아야 할 기초지식

질문 TOP 08   기초지수란 무엇이고 누가 만드나요?   61

질문 TOP 09   ETF는 어떻게 운용하나요?   66

질문 TOP 10   ETF 거래량이 부족하면 매매하기가 어렵나요?   70

질문 TOP 11   ETF는 언제, 어떻게 종목을 바꾸나요?   75

질문 TOP 12   한 주당 가격이 비싸면 좋은 ETF인가요?   79

질문 TOP 13   ETF 이름에 있는 선물이란 게 뭔가요?   84

질문 TOP 14   ETF도 배당을 주나요?   89

3장 돈 버는 ETF를 위해 꼭 알아야 할 투자전략

질문 TOP 15 증시가 오를 것 같을 땐 어떤 ETF를 살까요? 97

돈 버는 ETF를 위한 One Point Lesson 레버리지 ETF를 사려면 받아야 하는 교육

질문 TOP 16 증시가 떨어질 것 같을 땐 어떤 ETF를 사면 되나요? 103

질문 TOP 17 주식시장이 횡보할 때 수익 나는 ETF도 있나요? 107

질문 TOP 18 남들보다 더 벌고 싶을 때 어떤 ETF가 좋나요? 114

질문 TOP 19 개별종목 투자에도 ETF가 도움 되나요? 118

질문 TOP 20 해외 우량기업 투자를 ETF로 할 수 있나요? 122

4장 ETF로 수익률을 높이기 위한 투자 노하우

질문 TOP 21 좋은 ETF 고르는 기준이 있나요? 131

질문 TOP 22 ETF에 담긴 종목은 어떻게 확인하나요? 137

질문 TOP 23 반도체 ETF에는 왜 삼성전자가 없나요? 140

질문 TOP 24 ETF와 관련된 구체적인 정보는 어디서 얻나요? 143

질문 TOP 25 환율 변화에 따른 위험을 ETF로 줄일 수 있나요? 149

질문 TOP 26 한국에도 ETF가 있는데 왜 미국에서 사나요? 153

질문 TOP 27 미국과 국내 상장 ETF 중 뭐가 좋나요? 157

질문 TOP 28 해외 상장 ETF 투자시 절세 노하우가 있나요? 163

질문 TOP 29	코스피와 코스닥은 어떻게 다른가요?	171
질문 TOP 30	미국 증시의 대표지수는 어떤 것들이 있나요?	177
질문 TOP 31	중국 증시에 투자하는 ETF가 있나요?	182
질문 TOP 32	세계 주식시장 전체에 투자하는 ETF도 있나요?	189

6장 돈 되는 주요 테마 ETF에 주목하자

질문 TOP 33	반도체가 호황일 땐 어떤 ETF를 살까요?	197
질문 TOP 34	자동차가 유망할 땐 어떤 ETF를 살까요?	202
질문 TOP 35	배터리가 촉망받을 땐 어떤 ETF를 살까요?	206
질문 TOP 36	수소경제가 떠오를 땐 어떤 ETF를 살까요?	210
질문 TOP 37	바이오가 이슈일 땐 어떤 ETF를 살까요?	214
질문 TOP 38	게임이 트렌드일 땐 어떤 ETF를 살까요?	220
질문 TOP 39	엔터가 화제일 땐 어떤 ETF를 살까요?	225
질문 TOP 40	ESG가 뜨거울 땐 어떤 ETF를 살까요?	230

7장　돈 버는 ETF는 분명 따로 있다

질문 TOP 41　액티브 ETF란 어떤 것인가요?　239

질문 TOP 42　배당주만 담는 ETF도 있나요?　243

질문 TOP 43　금 투자는 어디에서 해야 좋을까요?　248

질문 TOP 44　원자재 ETF에는 어떤 게 있나요?　253

질문 TOP 45　채권형 ETF는 언제 투자해야 하나요?　258

질문 TOP 46　TR ETF라는 것은 어떤 건가요?　263

질문 TOP 47　부동산도 ETF로 투자할 수 있다고요?　267

질문 TOP 48　가상화폐도 ETF로 투자할 수 있나요?　272

8장　이것만 알아도 이젠 ETF 고수다

질문 TOP 49　퇴직연금과 개인연금에서 ETF 투자가 왜 늘어나죠?　281

　　돈 버는 ETF를 위한 One Point Lesson　재테크를 개인연금부터 시작해야 하는 이유

질문 TOP 50　연금에서는 어떤 ETF에 투자해야 유리한가요?　289

질문 TOP 51　ETF에 투자할 때 드는 비용은 뭐가 있나요?　293

질문 TOP 52　ETF에 투자할 때 세금은 얼마나 내나요?　298

질문 TOP 53 ETF에 투자할 때 절세 노하우가 있나요? 302

질문 TOP 54 레버리지 ETF는 왜 장기투자하면 안 되나요? 306

질문 TOP 55 ETF가 상장폐지되면 어떻게 되나요? 310

질문 TOP 56 ETF를 제 가격에 사려면 언제 매매해야 하나요? 315

"ETF 초보자를 위한 저자 직강" 차례

ETF 초보자들이 꼭 알아야 하거나 이해하기 어려운 내용에는 동영상 강의를 더했습니다. 독자들의 이해를 돕기 위한 저자의 동영상 강의도 놓치지 마세요!

질문 TOP 01
상장지수펀드(ETF)란 무엇인가요? 23

질문 TOP 04
ETF와 펀드는 어떻게 다른가요? 39

질문 TOP 06
ETF 상품명으로 어떤 정보를 얻나요? 48

질문 TOP 09
ETF는 어떻게 운용하나요? 66

질문 TOP 14
ETF도 배당을 주나요? 89

질문 TOP 15
증시가 오를 것 같을 땐 어떤 ETF를 살까요? 97

질문 TOP 16
증시가 떨어질 것 같을 땐 어떤 ETF를 사면 되나요? 103

질문 TOP 17
주식시장이 횡보할 때 수익 나는 ETF도 있나요? 107

질문 TOP 21
좋은 ETF 고르는 기준이 있나요? 131

질문 TOP 24
ETF와 관련된 구체적인 정보는 어디서 얻나요? 143

질문 TOP 27
미국과 국내 상장 ETF 중 뭐가 좋나요? 157

질문 TOP 30
미국 증시의 대표지수는 어떤 것들이 있나요? 177

질문 TOP 41
액티브 ETF란 어떤 것인가요? 239

질문 TOP 48

가상화폐도 ETF로 투자할 수 있나요? 272

질문 TOP 49

퇴직연금과 개인연금에서 ETF 투자가 왜 늘어나죠? 281

질문 TOP 50

연금에서는 어떤 ETF에 투자해야 유리한가요? 289

질문 TOP 52

ETF에 투자할 때 세금은 얼마나 내요? 298

질문 TOP 54

레버리지 ETF는 왜 장기투자하면 안 되나요? 306

질문 TOP 55

ETF가 상장폐지되면 어떻게 되나요? 310

질문 TOP 56

ETF를 제 가격에 사려면 언제 매매해야 하나요? 315

주식투자를 처음 시작하는 사람들에게 ETF는 낯선 단어입니다. 주식과 펀드는 알겠는데, ETF는 들어보지 못한 분들이 많을 것입니다. 하지만 개인투자자에게, 특히 투자를 처음 시작하는 분들에게 ETF는 주식투자를 쉽게 만들어주는 도구입니다. 1장에서는 ETF가 무엇인지, 펀드와는 어떻게 다른지, 요즘 ETF 투자가 늘어나는 이유는 무엇인지 등을 다룹니다. 이 장을 읽고 나면 ETF의 기본 개념과 ETF로 투자해야 하는 이유에 대해 이해할 수 있습니다.

Exchange

1장

ETF란 무엇이고 어떻게 구성되어 있나요?

상장지수펀드(ETF)란 무엇인가요?

▶ 저자직강 동영상 강의로 이해 쑥쑥
QR코드를 스캔하셔서 동영상 강의를 보시고
이 칼럼을 읽으시면 훨씬 이해가 잘됩니다!

ETF는 Exchange Traded Fund의 앞글자를 따서 만든 이름입니다. 우리 말로는 '상장지수펀드'라고 번역합니다. '펀드'라는 건 한 종목이 아니라 여러 주식을 모아 투자했다는 의미입니다. '지수'는 주식을 그냥 모은 것이 아니라 특정한 기준에 따라 모아뒀다는 의미입니다. 예를 들어 코스피200 지수라면 유가증권 시장에서 대형 우량주 종목을 200개 모았다는 것이고, 헬스케어 지수라면 헬스케어 관련 기업 주식을 모아뒀다는 얘기죠.

ETF는 이렇게 다양한 기준에 따라 주식을 모은 지수만큼 수익을 내는 상품입니다. 일반적으로 우리가 생각하는 펀드는 펀드매니저가 잘나가는 주식을 골라서 지수보다 높은 수익률을 얻는 게 목표입니다. 하지만 ETF는 정해진 지수를 최대한 잘 따라가서 지수만큼 수익을 내는 게 목표인 상품입

선물

상품이나 금융자산을 미래 특정
시점에 특정한 가격으로 사거나
팔 것을 약속하는 거래

증거금

주식이나 선물을 거래할 때 미래
에 거래 약속을 지키겠다는 증거
로 증권회사에 예탁하는 금액

니다. 일반적인 펀드처럼 지수보다 더 높은 수익을 내려는 투자법을 '액티브 투자', 지수만큼 수익을 내는 투자법을 '패시브 투자'라고 합니다. 맨 앞에 붙은 '상장'이라는 건 이렇게 모은 주식주머니, 즉 펀드를 시장에 상장시켜서 주식처럼 쉽게 거래할 수 있도록 만들었다는 의미입니다.

이렇게 지수를 따라가는 펀드를 시장에 상장하면 엄청난 일이 벌어집니다. 그동안 큰 돈을 굴리는 기관투자가들이 주로 하던 투자를 개인투자자들도 똑같이 할 수 있게 되지요.

개별종목은 잘 모르겠지만 코스피 시장 전체가 오를 것 같을 때 투자할 수 있는 가장 쉬운 방법은 무엇일까요? 코스피200 종목 전체를 사는 것이겠죠. 기관투자가들은 *선물이라는 도구를 활용해서 시장 전체가 오르거나 떨어질 것 같을 때 방향만 맞춰도 수익을 낼 수 있는 투자를 해왔습니다.

그런데 개인투자자들이 선물 시장에 진입하는 건 쉽지 않은 일입니다. 거래를 하기 위해선 일정기간 교육도 받아야 하고, *증거금도 쌓아야 합니다. 아니면 코스피200에 포함된 종목을 다 사면 되겠죠. 하지만 200개 종목을 시가총액 비중에 맞춰서 사려면 거래에 드는 시간도 시간이지만 엄청난 돈이 들 겁니다.

그럴 때 코스피200 ETF를 사면 소액으로도 시장 전체에 투자할 수 있습니다. ETF를 만드는 자산운용사에서 코스피 시가총액 상위 종목인 삼성전자, SK하이닉스, LG화학 등을 시가총액 비중대로 쭉 담습니다. 그리고 이걸 소액으로 나눠 팝니다. 떡집에서 무지개떡 한 판을 크게 만든 다음 조각

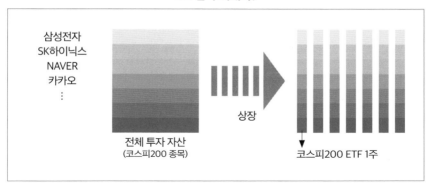

ETF는 무지개떡?

삼성전자
SK하이닉스
NAVER
카카오
⋮

전체 투자 자산
(코스피200 종목)

상장

코스피200 ETF 1주

조각 나눠서 파는 모습을 상상하면 이해하기 쉽습니다.

　예전에는 무지개떡 한 판을 다 사야 하니 개인투자자들에겐 그저 '그림의 떡'이었지만 이제는 무지개떡을 조각 단위로 잘라 파니까 개인투자자들도 사기가 쉬워진 거죠. 코스피200 종목을 단순히 1주씩만 사도 2,600만 원이 필요하지만, 코스피200 ETF는 1주당 4만 원 선에서 거래되고 있습니다. 즉 4만 원으로도 시장 전체에 투자할 수 있는 방법이 마련된 거죠.

　주식시장 전체뿐 아니라 업종이나 테마별로 주식을 묶어 투자할 수도 있습니다. 자산운용사들은 전기차, *2차전지, 반도체 같은 다양한 성장산업에 속한 기업을 묶어 ETF 상품을 내놓고 있습니다. 각 산업군에 어떤 기업이 있는지, 어떤 기업이 규모가 크고 경쟁력이 있는지를 일정한 기준에 맞춰 묶어둔 것입니다.

　ETF는 기업의 규모가 커지거나 쪼그라
드는 것, 새로운 기업이 상장하거나 상장
폐지되는 것처럼 산업의 변화도 반영하니

2차전지
한 번 쓰고 버리는 것이 아니라
방전되면 충전해서 반영구적으
로 사용할 수 있는 전지

다. ETF를 활용하면 기업에 대한 자세한 공부 없이도 주식에 투자할 수 있는 셈입니다.

투자가 번거로운 해외주식에 손쉽게 투자할 수 있다는 것도 장점입니다. 해외주식 투자가 보편화하면서 증권사에서 해외주식을 사고팔기가 쉬워진 것은 사실입니다. 하지만 여전히 어려운 점도 많습니다. 중국 증시에 상장한 일부 주식은 아직도 외국인 개인투자자가 거래할 수 없습니다. 베트남, 필리핀 등 신흥국 주식은 거래 자체도 어렵지만 개별 기업에 대한 투자정보를 얻기도 어렵습니다. ETF를 통해서 시장 전체에 투자하는 게 유용한 이유입니다.

주식 말고도 시장에는 다양한 투자 수단이 있습니다. 채권이나 금·은·농산물 같은 상품시장이 있고, 달러 등에 투자하는 외환시장도 있습니다. 모두 개인투자자들이 직접 투자하기는 어려운 시장입니다. ETF는 이런 다양한 투자 수단을 지수라는 그릇에 담습니다. 안에 담긴 자산의 수익률이 변하면 지수 수익률도 변하도록 만들고, 이걸 주식시장에 상장해서 주식처럼 쉽게 거래할 수 있도록 한 거죠. ETF 덕분에 개인투자자들이 주식뿐만 아니라 다양한 자산에 쉽게 투자할 수 있게 된 겁니다.

ETF 초보자를 위한 꿀팁!

상장지수펀드는 주식 꾸러미인 펀드를 주식시장에 상장한 상품입니다. 상장했기 때문에 주식처럼 실시간으로 거래할 수 있습니다. 주식형 ETF라면 소액으로도 여러 종목에 분산투자할 수 있고, 주식 외에도 다양한 자산에 투자할 수 있습니다.

처음 보면 헷갈리는 E 삼총사,
ETF·ETN·ELS

주식시장의 상품명은 참 어렵고 헷갈리는 게 많습니다. ETF, ETN, ELS는 글자수도 같고, 모두 E로 시작해서 상품의 종류를 헷갈려하는 분들이 적지 않을 텐데요, ETF와 ETN은 비슷한 상품입니다. ETF는 Exchange Traded Fund의 약자고, ETN은 Exchange Traded Note의 약자입니다. 마지막 부분만 다르죠. ETF는 우리말로 상장지수펀드, ETN은 상장지수증권이라고 합니다.

ETF와 ETN은 많은 점에서 비슷합니다. 주식시장에 상장해 있기 때문에 개별종목을 사듯 실시간으로 쉽게 거래할 수 있습니다. 또한 시장 지수 전체에 투자하거나 금·은 같은 원자재 등 다양한 자산에 투자할 수 있다는 점도 같습니다.

ETF와 ETN의 가장 큰 차이점은 상품을 만드는 주체가 다르다는 겁니다. ETF는 자산운용사에서 만들고, ETN은 증권사에서 만듭니다. ETF는 자산운용사가 실제 자산을 담아서 만드는 경우가 많습니다. 예를 들어 코스피200 ETF라면 코스피200에 들어 있는 주식을 자산운용사가 사서 은행에 보관합니다. 그러니 만약 ETF를 상장폐지하거나 자산운용사가 망하더라도 펀드 안에 실제 주식이 있기 때문에 주식을 ETF 투자자들에게 나눠주면 되겠죠. 투자자 입장에선 자산운용사가 망하더라도 손해는 아닌 셈입니다.

증권사가 만드는 ETN은 다릅니다. 실제 코스피200의 종목을 직접 담아서 수익을 내는 게 아니라 코스피200만큼 수익을 내주겠다고 증권사가 약속하는 겁니다. 평상시라면 ETF를 들고 있든, ETN을 들고 있든 기초지수가 똑같다면 같은 수익률을 받을 수 있겠죠. 하지만 만약 증권사가 망한다면 약속을 지킬 사람이 사라지는 것이기 때문에 최악의 경우 투자금을 돌려받지 못할 수도 있습니다. 물론 ETN은 금융당국의 심사를 거친 증권사만 발행할 수 있기 때문에 지금까지 이런 일은 벌어지지 않았습니다.

ETF와 달리 ETN은 만기가 있습니다. 만기일이 오면 그 시점의 수익률을 기준으로 투자금을 돌려받게 됩니다. 장기투자를 계획했던 분이라면 만기 때문에 투자를 멈춰야 하는 상황이 올 수도 있는 것이죠. 그렇기 때문에 ETN에 투자할 때는 내가 계획하는 투자 기간만큼 만기가 넉넉히 남아 있는지 잘 확인해야 합니다.

'E 삼총사'의 마지막인 ELS는 ETF와 ETN과는 완전히 다른 종류의 상품입니다. ELS는 Equity Linked Securities의 약자입니다. 기초자산으로 코스피200이나 홍콩H 지수 같은 지수나 삼성전자 같은 종목을 정한 다음, 이 지수나 종목이 특정 기간 동안 크게 떨어지지 않으면 5~7%가량의 수익을 낼 수 있는 상품입니다. 반면 지수나 종목이 50% 안팎으로 크게 떨어지면 그때부터는 큰 손실을 입을 수도 있습니다. ETF와 ETN은 무엇이든 기초지수로 삼아 수익을 낼 수 있기 때문에 상품에 따라 수익률이나 변동성이 천차만별인 투자 도구라면, ELS는 특정한 구조로 설계된 중수익 상품이라고 보면 됩니다.

질문 TOP
02

패시브 투자와
액티브 투자란 무엇인가요?

주식투자 방식은 크게 두 가지로 나눌 수 있습니다. '액티브 투자'와 '패시브 투자'입니다. 이름에서부터 느낄 수 있듯이 액티브(Active) 투자는 적극적으로 종목을 발굴하는 투자이고, 패시브(Passive) 투자는 종목 발굴 대신 정해진 지수의 수익률을 따라가는 투자입니다.

액티브 투자는 수많은 주식 가운데 종목을 골라 시장보다 높은 수익률을 내려고 노력합니다. 액티브 투자자들은 시장이 비효율적으로 움직이는 부분을 활용합니다. 투자자들이 정보를 충분히 알고 있지 못하거나 시장의 오해 때문에 제값을 받지 못하는 종목에 투자합니다. 반대로 많은 투자자들이 관심을 가지는 종목은 원래 가치보다 과열되는 경향이 있다는 점을 활용해 매수가 몰린 종목을 고르기도 합니다. 방법은 다양하지만 공통점은 시장이 일시적으로 주식 가격을 제대로 평가하지 못하는 상태를 활용해 수익을 낸다는 겁니다. 우리가 보통 '주식투자'라고 했을 때 떠올리는 게 바로 액티브 투자입니다.

액티브 투자는 패시브 투자에 비해 비용이 비쌉니다. 종목을 골라내려면 공부가 필수겠죠. 기업의 사업 내용부터 전망, 경쟁 기업 등 공부해야 할 내용이 엄청나게 많습니다. 이 일을 펀드매니저가 해주는 펀드에 가입한다면, 그만큼 운용보수가 더 비쌀 수밖에 없습니다. 또한 시장 전체에 투자하는 패시브 펀드와 비교해 상대적으로 적은 종목에 투자하기 때문에 변동성이 큰 경우가 많습니다.

패시브 투자는 종목을 고르지 않습니다. 대신 시장 전체에 투자합니다. 패시브 투자자들은 시장에 다양한 사람들이 참여하고 있기 때문에 과거의 시장 정보와 현재 내가 알 수 있는 정보들까지도 모두 반영되어 움직이고 있다고 봅니다. 잠깐은 특정 종목을 골라 투자하는 액티브 투자가 높은 수익을 낼 수 있겠지만, 길게 보면 한 사람이 꾸준히 시장을 이길 확률은 매우 낮다는 거죠.

패시브 투자는 상대적으로 비용이 쌉니다. 투자할 때 의사결정을 내리기보다 시장 전체에 투자하기 때문입니다. 그래서 패시브 펀드의 운용보수는 액티브 펀드의 3분의 1 수준입니다. 또한 시장 전체에 투자하기 때문에 개별종목에 투자할 때보다 변동성이 작습니다.

패시브 투자의 철학을 상품으로 옮긴 게 '인덱스 펀드'입니다. 시장 전체 지수(인덱스)에 투자하는 게 인덱스 펀드의 핵심 아이디어죠. 그리고 인덱스 펀드를 주식시장에 상장해서 실시간으로 거래하도록 만든 게 ETF의 시작입니다. 그렇기 때문에 ETF도 처음에는 패시브 투자 철학을 담은 상품으

액티브 투자 vs. 패시브 투자

	액티브 투자	패시브 투자
시장 전망	적극적으로 시장 전망	시장 전망을 하지 않음
수익률 목표	시장보다 높은 수익률을 추구	시장 수익률을 추구
시장에 대한 관점	시장의 비효율성을 활용	시장의 효율성을 활용
운용보수	높음	낮음
변동성	큼	작음

로 시작했습니다. 세계에서 처음 상장된 ETF가 S&P500 지수를 따라가는 SPY(SPDR S&P500) ETF이고, 국내에서 처음 상장한 ETF는 코스피200을 따라가는 KODEX200과 KOSEF200이라는 점에서도 ETF의 패시브 투자 성격이 잘 드러납니다.

하지만 투자자들은 언제나 더 새롭고 다양한 투자 방법을 원하죠. ETF도 이에 맞춰 점점 다양한 방식의 투자와 자산군으로 영역을 넓혀 왔습니다. 업종별 ETF, 원자재 ETF, 통화 ETF 등이 대표적입니다. 시장 전체에 투자하지만 단기 방향에 맞춰 투자할 때 주로 사용하는 인버스 ETF와 레버리지 ETF는 패시브 투자 철학과는 거리가 있죠.

최근에는 아예 액티브 투자를 표방한 액티브 ETF도 속속 등장하고 있습니다. ETF의 첫 시작이 인덱스 펀드를 상장한 것이었다면, 액티브 ETF는 액티브 펀드를 증시에 상장한 것이라고 보면 됩니다. ETF가 처음에는 패시브 투자 철학을 담는 그릇으로 시작했다면, 이제는 어떤 투자 방식이든 품을 수 있는 투자 수단이 된 것이죠.

액티브와 패시브. 두 가지 투자 방식 가운데 어떤 것이 좋은가 하는 문제

개인에게 패시브 투자를 추천한 워런 버핏

MR. BUFFETT

는 금융시장에서 끊이지 않는 논쟁입니다. 이를 둘러싼 가장 유명한 사건이 워런 버핏과 미국의 *헤지펀드 운용사인 프로테제파트너스의 10년간의 내기입니다. 2007년부터 10년 동안 누가 더 높은 수익률을 내느냐를 두고 내기를 건 것인데요, 버핏은 뱅가드가 운용하는 S&P500 ETF에 투자하는 게, 프로테제파트너스는 5개 헤지펀드에 분산투자하는 게 10년 동안 더 높은 성과를 낼 것이라고 예상했습니다. 각자 32만 달러를 미국 국채에 투자해 10년 뒤 100만 달러를 이기는 쪽이 지정한 단체에 기부하기로 했죠.

결과는 버핏의 압승이었습니다. 2008년 글로벌 금융위기 이후 대형주 중심으로 증시가 상승세를 이어가면서 S&P500 지수는 10년 동안 연평균 7.1%에 달하는 높은 수익을 냈지만, 프로테제파트너스가 고른 헤지펀드들은 연평균 2.2% 오르는 데 그쳤습니다. 버핏은 가족들에게 남길 유언으로 "내가 죽으면 미

헤지펀드

소수의 투자자로부터 자금을 받아 주식, 채권, 파생상품 등 다양한 자산에 투자하는 펀드

국 국채 매입에 10%를 투자하고, 나머지 90% 전부는 미국 S&P 500 인덱스 펀드에 투자하라"고 했다는 이야기도 유명합니다.

버핏은 패시브 투자의 신봉자일까요? 만약 그렇다면 왜 자신은 저평가된 주식에 골라 투자하는 액티브 투자 방식을 고수하는 것일까요? 해답은 그의 다른 발언에서 찾아볼 수 있습니다. 버핏은 '10년 내기'에서 이기는 게 거의 확실해진 2017년 *주주서한에서 "장기적으로 S&P500 지수보다 높은 수익률을 기록할 가능성이 높아 보이는 헤지펀드매니저는 10명 남짓에 불과하다"고 지적했습니다. 액티브 투자자 가운데서도 극히 일부만이 시장을 이길 수 있다는 이야기입니다. 아마도 본인은 이 안에 포함된다는 판단이 섰기 때문에 액티브 투자 방식을 계속 하는 것이겠지요. 하지만 자신의 가족을 비롯한 절대 다수의 개인투자자들은 시장을 이길 만큼 투자에 시간을 쏟아부을 수 없기 때문에 패시브 펀드에 투자하라는 게 버핏의 의중이었을 겁니다.

ETF **ETF 초보자를 위한 꿀팁!**

주식투자에는 크게 두 가지 방식이 있습니다. 종목을 골라 투자하는 액티브 투자와 시장 전체에 투자하는 패시브 투자입니다. 패시브 투자 철학을 담은 인덱스 펀드를 주식시장에 상장한 게 ETF입니다. 하지만 최근엔 액티브 ETF도 나오면서 ETF는 만능 투자 툴로 진화하고 있습니다.

왜 종목보다 ETF로 투자하는 게 더 쉽나요?

많은 전문가들은 "주식은 장기투자하라"고 합니다. 맞는 말입니다. 주식 시장에서는 보통 오래 투자할수록 손실을 볼 가능성이 줄어듭니다.

장기투자로 수익을 낼 가능성과 관련해 삼성자산운용에서 재미있는 분석 결과를 내놓았습니다. 코스피 지수에 1980년 1월 1일부터 2017년 12월 31일까지 매일 하루씩 단기투자를 한 사람이 있다고 생각해보죠. 코스피 지수가 오른 날은 51.3%, 떨어진 날은 48.7%였습니다. 말 그대로 번 날과 잃은 날이 반반입니다. 평균 수익률도 0.03%에 불과했습니다. 40년 가까이 열심히 사고팔았는데도 수익률은 본전이었다는 겁니다.

투자 기간을 한 달로 늘리면 어떻게 될까요? 수익을 낼 확률은 54%로 늘고, 손실을 볼 확률은 46%로 줄었습니다. 다시 투자 기간을 1년으로 잡

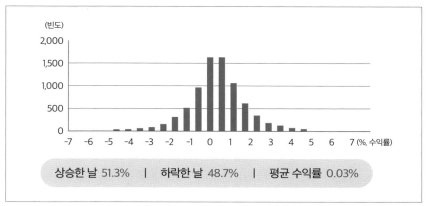

코스피 지수에 하루 단위로 투자했을 때 수익률 분포

상승한 날 51.3% | 하락한 날 48.7% | 평균 수익률 0.03%

자료: 삼성자산운용(KOSPI TR지수 사용, 분석기간: 1980년 1월 1일~2017년 12월 31일)

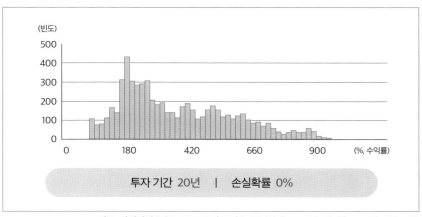

코스피 지수에 2년간 투자했을 때 수익률 분포

투자 기간 20년 | 손실확률 0%

자료: 삼성자산운용(KOSPI TR지수 사용, 분석기간: 1980년 1월 1일~2017년 12월 31일)

으면 수익을 낼 확률은 65%, 손실 확률은 35%까지 줄어듭니다. 투자 기간이 5년일 땐 수익 확률이 84.5%, 10년일 땐 86.2%까지 늘다가 투자 기간을 20년까지 늘리면 수익을 낼 확률이 100%가 됩니다. 1980년 이후 어떤 날 투자를 시작하더라도 20년 동안 투자를 했다면 손해볼 일이 전혀 없었다는 거지요.

그렇다면 어떤 주식에 투자하든 장기투자가 답일까요? 부침이 심한 중소형주가 아니라 한국을 대표하는 대형주에 장기투자한다면 지수에 투자하는 것과 비슷하거나 그 이상의 결과가 나오지 않을까요? 코스피 지수가 1000, 2000, 3000을 돌파했을 때 각각 코스피 지수의 시가총액 상위 종목을 오른쪽 표를 통해 보면서 해답을 살펴보려고 합니다.

1980년 100으로 시작한 코스피 지수가 1000선을 처음으로 돌파한 건 1989년이었습니다. 당시 한국을 대표하는 시가총액 상위 10개 종목에는 은행주가 5개 포함되어 있었습니다. 하지만 1997년 IMF 외환위기를 거치면서 많은 은행이 역사 속으로 사라졌죠. 2021년에는 시가총액 상위 종목 가운데 은행주는 한 종목도 찾아볼 수 없었습니다. 1989년에 주식투자를 시작했다면 시가총액 상위 10위 안에 드는 우량 대형주를 골랐다고 해도 투자에 성공하기는 쉽지 않았을 겁니다. 수많은 종목 가운데 삼성전자를 고른 혜안이 있는 투자자를 뺀다면 아무리 장기투자를 해도 투자에 성공할 수 없었을 것이란 이야기입니다.

대신 네이버·카카오 같은 IT기업이 빠르게 성장했고, 삼성바이오로직스·셀트리온 같은 바이오 기업의 성장세도 돋보였습니다. 주식을 고를 때는 산업의 변화를 예측해서 성장하는 업종에 있는 회사로 꾸준히 종목을 교체해줘야 투자 성과를 낼 수 있다는 걸 알 수 있는 자료지요.

시대별 코스피 시가총액 상위 10개 종목

	1000선 돌파	2000선 돌파	3000선 돌파
날짜	1989년 3월 31일	2007년 7월 25일	2021년 1월 7일
코스피 지수	1003	2004	3030
상장사 수	512	734	800
시총 1위	포항종합제철	삼성전자	삼성전자
시총 2위	한일은행	POSCO	SK하이닉스
시총 3위	제일은행	한국전력	LG화학
시총 4위	서울신탁은행	국민은행	삼성바이오로직스
시총 5위	한국상업은행	현대중공업	네이버
시총 6위	조흥은행	신한지주	셀트리온
시총 7위	삼성전자	우리금융	삼성SDI
시총 8위	금성사	현대차	현대차
시총 9위	현대건설	하이닉스	카카오
시총 10위	유공	SK텔레콤	현대모비스

자료: 한국거래소 *종가기준 최초 돌파일, 우선주 제외

시대의 변화에 따라 업종을 골라내는 것도 어렵지만 같은 업종 안에서도 더 좋은 종목을 고르는 것 역시 쉽지 않습니다. 1989년엔 시가총액 순위가 7위와 8위로 나란했던 삼성전자와 금성사(LG전자)는 같은 전자업종으로 묶였겠지만 30년 뒤 두 종목의 수익률 차이는 크게 벌어졌습니다.

이렇게 개별종목에 투자할 때 따라오는 손실 위험을 '개별종목 리스크'라고 합니다. 개별종목 리스크는 회사가 속한 산업의 전망, 기술의 발전, 경영진의 능력 등을 모두 포함합니다. 지금은 회사가 잘나가더라도 시대의 변

화에 따라 산업 전체가 쪼그라들 수도 있겠죠. 아니면 같은 업종에서 다른 경쟁기업들은 다 잘나가는데 내가 고른 기업이 갑자기 이상한 신사업에 뛰어들어서 돈을 까먹고 있을 수도 있습니다. 모회사는 생각한 대로 돈을 잘 버는데 자회사가 골치를 썩힐 수도 있고요. 이처럼 한 기업에 투자하면 생각지도 못한 변수가 많습니다.

하지만 ETF에 투자하면 개별기업 리스크를 피할 수 있습니다. 업종 전반에 투자하는 ETF를 고르면 내가 투자한 기업에 악재가 생겨 수익률이 뒤처질 위험을 피할 수 있고, 시장 전반으로 투자 대상을 넓히면 산업 변화에 따라 내가 고른 기업이 부진할 위험을 피할 수 있습니다. 이런 리스크를 제외하고 나서야 주식에 장기투자했을 때의 효과를 제대로 맛볼 수 있는 것입니다.

 ETF 초보자를 위한 꿀팁!

주식에 장기투자하면 손실 위험을 줄일 수 있습니다. 하지만 종목을 잘못 고르면 장기투자도 효과를 발휘할 수 없습니다. 1989년으로 돌아가 삼성전자를 골라 낼 안목이 있는 투자자가 아니라면, ETF를 활용해 개별기업 리스크를 줄이는 게 마음 편한 투자법이겠죠.

ETF와 펀드는
어떻게 다른가요?

▶ 저자직강 동영상 강의로 이해 쑥쑥
QR코드를 스캔하셔서 동영상 강의를 보시고
이 칼럼을 읽으시면 훨씬 이해가 잘됩니다!

    ETF의 마지막 글자인 F는 펀드(Fund)를 의미합니다. ETF 역시 펀드의 일종인 거죠. 하지만 ETF는 우리가 일반적으로 투자해왔던 펀드와는 다릅니다.

    보통 펀드를 어떻게 투자하나요? 먼저 은행이나 증권사에 갑니다. 거기서 추천해주는 상품의 설명을 듣고 펀드에 가입합니다. 보통 펀드를 고르는 기준은 펀드의 과거 성과와 펀드의 투자 콘셉트, 그리고 어떤 펀드매니저가 상품을 굴려주느냐 입니다. 보통은 과거에 좋은 성과를 낸 펀드매니저가 앞으로도 높은 수익을 내줄 것으로 기대하고 펀드에 가입합니다.

    이렇게 가입을 결정해도 펀드 매수가가 바로 결정되는 게 아닙니다. 가입한 펀드의 종류나 가입 시점에 따라 하루나 이틀 뒤의 가격으로 펀드에

환매

펀드 가입을 해지하고 운용에 따른 손익이 반영된 투자금을 돌려받는 것

가입하게 됩니다. 가입한 펀드가 어떻게 관리되고 있는지는 펀드를 운용하는 자산운용사가 주기적으로 보내주는 투자설명서를 보면 알 수 있습니다. 펀드매니저가 주식을 골라 운용하는 액티브 펀드에 가입했다면, 지금 펀드 안에 어떤 종목이 들어 있는지는 알 수 없습니다. 1~2개월 전에 펀드가 담았던 종목만 공개됩니다. 펀드를 팔 때도 살 때와 마찬가지로 팔기로 결정한 당일의 펀드 가격이 아니라 1~2일 뒤 가격으로 펀드를 *환매하게 됩니다. 하루 이틀 사이에 시장이 급변한다면 기대했던 것과 많이 다른 수익률을 받아볼 수도 있겠죠.

이런 기존 펀드의 문제점을 해결한 게 ETF입니다. 펀드를 주식시장에 상장한다는, 간단하지만 혁신적인 아이디어로 ETF는 기존 펀드가 가지고 있었던 불편함을 대부분 해결했습니다.

ETF가 주식시장에 상장하면서 펀드를 유통하는 단계가 줄어들었습니다. 은행이나 증권사 같은 상품 판매사를 끼우지 않고도 주식시장에서 바로 펀드에 투자할 수 있게 된 것이죠. 물론 주식처럼 ETF도 증권사가 매매를 도와주고 수수료를 가져가기는 하지만 상품 설명과 추천에 대한 대가로 가져가던 수수료보다는 훨씬 적습니다. 액티브 주식형 펀드 기준으로 은행과 증권사 같은 판매사는 투자 금액의 1% 안팎을 판매 수수료로 떼어가지만, ETF에 투자할 때 증권사가 가져가는 거래수수료는 0.01~0.02% 수준에 불과합니다.

펀드를 거래할 때 드는 수수료도 적지만 운용을 해주는 대가로 자산운용사가 가져가는 운용보수도 ETF가 일반 펀드보다 훨씬 적습니다. ETF에는

40

펀드와 ETF의 차이

	펀드	ETF
매수, 매도 체결	1~2거래일	즉시
투자방식	증권사나 은행을 통해 가입	주식시장에서 거래
운용보수	높음	낮음
투자 종목 공개	1~2개월 뒤	매일
환매수수료	상품에 따라 존재	없음

보통 지수를 그대로 따라가는 패시브 펀드(인덱스 펀드)가 많고, 일반 펀드는 펀드매니저가 종목을 골라 투자하는 액티브 펀드가 많기 때문입니다. 정해진 규칙대로 지수를 따라가는 것보다는 매니저가 종목을 공부해서 투자해주는 게 더 많은 품이 들겠죠. 그래서 액티브 펀드는 패시브 펀드보다 더 비싼 운용보수를 받습니다. 액티브 펀드는 통상 투자 금액에서 연 1.5~2%가량을 운용보수로 뗍니다. 반면 ETF는 상품에 따라 다르지만 보통 연 0.5%를 운용사가 가져갑니다. 시장 대표지수인 코스피200 ETF 중에선 총보수가 연 0.017%까지 낮아진 상품도 있습니다.

ETF는 기존 펀드와 달리 환매수수료도 없습니다. 많은 경우 펀드는 한 번 가입하면 90일 정도 환매 제한 기간을 둡니다. 이 기간 안에 펀드를 팔려고 하면 가입할 때 정한 환매수수료를 내야 합니다. 보통 이익금의 절반에서 70%까지 환매수수료를 냅니다. 하지만 ETF는 산 당일에 팔아도 환매수수료가 없습니다.

ETF는 주식시장에 상장해 있기 때문에 원하는 투자타이밍에 맞춰 바로 투자할 수 있다는 것도 장점입니다. 기존 펀드는 가입과 환매에 적어도 하루에서 이틀이 걸립니다. 내가 오늘 펀드에 가입했는데 내일 시장이 급등했다면 급등한 가격으로 펀드에 가입하게 된다는 의미입니다.

반대로 펀드를 환매할 때 시장이 하루 이틀만에 급락해서 예상보다 손해를 볼 수도 있겠죠. 물론 시장이 반대로 움직여서 예상보다 더 싸게 펀드에 가입하거나 더 비싸게 펀드를 팔게 될 수도 있겠지만, 어쨌든 예측하기 어려운 변수가 끼어든다는 점만은 확실한 단점입니다.

하지만 ETF는 다릅니다. 주식처럼 실시간으로 사고팔 수 있기 때문에 매수 결정을 내린 그 순간의 시장 상황에 맞춰 ETF에 투자하게 됩니다. 심지어 장중에도 변하는 시장 상황에 맞춰 ETF를 사고파는 초단기 투자도 가능합니다.

내가 투자한 상품이 어떻게 운용되고 있는지를 바로 알아볼 수 있다는 것도 ETF의 장점입니다. ETF는 상품이 담고 있는 모든 종목을 매일 공개합니다. 이걸 ETF의 자산구성내역(PDF · Portfolio Deposit File)이라고 합니다. PDF는 자산운용사 홈페이지에서 확인할 수 있습니다.

투자 대상 상품이 다양하다는 것도 ETF의 장점 중 하나입니다. ETF는 '상상하는 모든 주제가 투자 대상'이라고 할 만큼 시장에 다양한 상품이 나와 있습니다.

세계 주식시장 전체에 투자하는 상품부터 선진국, 신흥국 혹은 개별 국가 증시에 투자하는 상품도 있습니다. 특정 업종이나 테마에 투자하는 ETF도 있고, 주식의 시가총액 크기별로 대형주·중형주·소형주에만 투자할 수도 있습니다. 배당을 많이 주는 종목, 변동성이 낮은 종목, 최근 주가 상승이

이어지고 있는 종목 등만 모아서 투자할 수 있는 ETF도 있습니다. 최근엔 펀드매니저가 종목을 골라 투자하는 액티브 펀드까지도 증시에 상장해 액티브 ETF로 거래되기도 합니다.

ETF **ETF 초보자를 위한 꿀팁!**

ETF는 일반 펀드와 달리 증시에 상장해 있기 때문에 실시간으로 거래할 수 있습니다. 투자자가 증시에서 직접 투자하기 때문에 거래 수수료가 쌉니다. 지수를 따라가는 패시브 상품이 많아서 운용보수가 저렴하고, 보유 종목을 투명하게 확인할 수 있는 것도 장점입니다.

ETF 투자가
대세인 이유는 뭔가요?

　세계 첫 ETF는 미국에서 상장되었습니다. 미국증권거래소(AMEX) 파생상품 사업부에서 신상품 개발 담당자로 일했던 네이트 모스트가 ETF를 처음 고안했죠.

　당시 그의 고민은 거래소에 상장된 주식의 거래량을 늘리는 것이었습니다. 시장에서 거래될 만한 새로운 상품을 찾던 중 갑작스레 그의 머릿속에 스친 것은 다름 아닌 인덱스 펀드였습니다. S&P500처럼 시장 대표지수를 따라가는 인덱스 펀드를 시장에 상장하면 거래가 활발하게 이뤄질 것으로 본 것입니다.

　그래서 처음 상장한 ETF도 S&P500을 따라가는 상품이었습니다. 1993년 스테이트 스트리트 글로벌 어드바이저스(SSGA)라는 운용사가 내

최초의 ETF인 SPDR

종목 코드(티커명)	SPY
상장일	1993년 1월 22일
운용사	스테이트 스트리트 글로벌 어드바이저스(SSGA)
운용보수	연 0.09%
운용규모	3,808억 달러

*2021년 7월말 기준

놓은 'SPDR S&P500'가 최초의 ETF입니다. SPDR은 스탠다드 앤드 푸어스 500 종합지수 위탁증권(Standard & Poor's Depository Receipt)의 앞글자를 따서 만들었습니다. 지금은 거미라는 의미의 '스파이더 ETF'라고도 불립니다. ETF는 태생부터 지수 전체를 따라가는 인덱스 펀드이자 지수 규칙에 따라 운용되는 패시브 펀드로 상장했기 때문에 지금도 ETF 상품은 패시브 펀드가 주를 이룹니다.

초기만 해도 시장의 주목을 받지 못했던 ETF가 투자 수단으로 각광받게 된 건 2008년 *글로벌 금융위기를 거치면서부터입니다. 금융위기 이후 미국 중앙은행의 돈풀기가 시작되면서 미국 주식시장 전체가 꾸준히 올랐습니다. S&P500 지수는 2009년부터 10년 동안 200% 넘게 올라 웬만한 펀드매니저들의 수익률을 압도했죠.

투자 상품군도 점점 넓어집니다. 처음에는 미국 내에서 미국 지수형 ETF가 주류였지만 점차 해외 지수를 따라가는 ETF,

> **글로벌 금융위기**
>
> 2008년 미국에서 시작한 경제 위기. 부동산 시장 거품이 꺼지면서 리먼브러더스 등 대형 금융사가 파산하며 경제 전반에 충격을 주었다

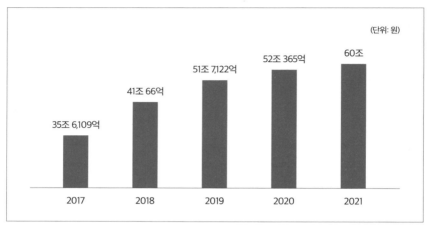

빠르게 성장하는 ETF 시장

(단위: 원)

- 2017: 35조 6,109억
- 2018: 41조 66억
- 2019: 51조 7,122억
- 2020: 52조 365억
- 2021: 60조

자료: 한국거래소 •연말 기준, 2021년은 7월말 기준

주식 가운데서도 특종 업종에 투자하는 테마형 ETF로 상품 종류가 늘어납니다. ETF의 시작은 패시브 펀드였지만 최근에는 액티브 펀드까지 저변이 넓어지고 있습니다. 미국에서는 2008년에 처음으로 액티브 ETF가 상장했습니다. 펀드매니저들이 직접 주식을 골라 매매하는 상품입니다.

상장 초기에는 관심에서 밀려 있었던 액티브 ETF가 주목을 받기 시작한 건 코로나19 바이러스 창궐 직후인 2020년부터입니다. 기술주에 주로 투자하는 아크(ARK)인베스트 수익률이 급등하면서 투자자들이 액티브 ETF를 주목하기 시작한 겁니다. 아크인베스트를 주목하는 투자자들이 많아지면서 2020년말 기준 아크인베스트는 미국 ETF 운용사 가운데 두 번째로 큰 돈을 굴리는 운용사로 거듭나기도 했습니다.

한국에서 ETF가 처음 출시된 건 2002년입니다. 삼성자산운용과 키움자산운용이 각각 KODEX와 KOSEF라는 브랜드를 선보이며 코스피200 ETF

를 내놨습니다. 이후 2011년 유럽 재정위기를 거치면서 시장 단기 방향에 투자하기 좋은 레버리지와 인버스 ETF를 중심으로 시장 규모가 커지기 시작했습니다. 초기 한국 시장에서 ETF는 시장 전체 방향을 맞춰 단기에 수익을 내는 트레이딩 성격이 강한 상품으로 인식되었기 때문입니다. 이후 업종별 테마형 ETF, 채권형 ETF 등으로 투자 저변이 넓어지면서 ETF 시장도 함께 성장하고 있습니다.

최근엔 한국에서도 액티브 ETF가 여럿 상장했습니다. 2021년 5월 주식형 액티브 ETF 8개가 동시에 상장하면서 한국에서도 액티브 ETF 시대가 열린 것입니다. 물론 2017년에도 채권형 액티브 ETF가 상장되어 이미 거래되고 있었고, 주식형 가운데선 인공지능(AI)이 종목을 골라내는 ETF가 있기는 했지만 여전히 투자자들의 관심을 받지는 못하는 상황이었습니다. 실제 매니저가 운용하는 주식형 액티브 ETF가 상장된 건 2021년 5월이 처음이었죠.

자산운용 업계에서는 기존 액티브 펀드가 액티브 ETF로 대체될 것이란 전망도 나옵니다. 투자자 입장에서 생각하면 거래의 편리성이나 포트폴리오 투명성에서 뛰어난 액티브 ETF를 두고 액티브 펀드에 투자할 이유가 없다는 겁니다.

ETF 초보자를 위한 꿀팁!

ETF는 1993년 미국에서 처음 상장했습니다. 한국에서는 2002년 코스피200을 추종하는 ETF가 상장한 게 처음입니다. 시장 대표지수 중심의 패시브 펀드로 시작한 ETF는 점차 테마형 ETF, 액티브 ETF 등으로 상품군을 넓혀가며 대표적인 투자 수단으로 자리매김하고 있습니다.

질문 TOP 06

ETF 상품명으로
어떤 정보를 얻나요?

 ▶ 저자직강 동영상 강의로 이해 쑥쑥
QR코드를 스캔하셔서 동영상 강의를 보시고
이 칼럼을 읽으시면 훨씬 이해가 잘됩니다!

ETF는 상품명만 봐도 누가 운용하는지, 어떤 종목을 담고 있을지 짐작
할 수 있습니다. 2016년에 한국거래소가 ETF 상품명을 일정한 규칙에 따
라 짓도록 규정을 만들었기 때문입니다. ETF의 이름에는 '행복' '희망' '튼
튼'처럼 어쩐지 좋은 수익을 내줄 것만 같은 추상적인 단어 대신 상품의 객
관적인 정보만을 담을 수 있습니다. 'TIGER 일본TOPIX(합성H)'라는 ETF를
예로 들어서 차근차근 살펴보겠습니다.

ETF 상품명에서 첫 부분은 ETF를 운용하는 운용사가 어딘지를 나타냅
니다. ETF를 운용하는 국내 자산운용사는 15곳입니다. 이 자산운용사들
은 각자 ETF의 브랜드를 가지고 있는데요, ETF 상품명의 첫 부분에는 ETF
의 브랜드명이 들어갑니다. 예로 든 TIGER 일본TOPIX(합성H)에서 TIGER

ETF 운용사와 브랜드

순위(ETF 순자산총액 기준)	운용사명	ETF 브랜드
1	삼성자산운용	KODEX
2	미래에셋자산운용	TIGER
3	KB자산운용	KBSTAR
4	한국투자신탁운용	KINDEX
5	한화자산운용	ARIRANG
6	키움투자자산운용	KOSEF
7	NH아문디자산운용	HANARO
8	신한자산운용	SMART
9	교보악사자산운용	파워
10	브이아이자산운용	FOCUS
11	하나UBS자산운용	KTOP
12	유리자산운용	TREX
13	DB자산운용	마이티
14	마이다스에셋자산운용	마이다스
15	흥국자산운용	흥국

자료 : 금융투자협회 •2021년 7월말 기준

는 미래에셋자산운용이 만든 ETF 브랜드 이름입니다. 삼성자산운용은 KODEX, KB자산운용은 KBSTAR, 한국투자신탁운용은 KINDEX, 한화자산운용은 ARIRANG을 각각 ETF 브랜드로 활용하고 있습니다.

ETF 상품명의 두 번째 부분에는 투자 지역이 들어갑니다. 국내 증시에 투자하는 상품은 지역을 따로 표시하지 않아도 됩니다. 하지만 해외 증시에 투자하는 ETF에는 상품명에 투자하는 국가명이 들어갑니다. TIGER 일본

TOPIX(합성H)에는 상품 브랜드명 바로 뒤에 '일본'이 들어가 있죠. 이는 일본 증시에 투자하는 상품이라는 뜻입니다.

투자 지역 다음에는 ETF의 기초지수가 들어갑니다. ETF는 기초지수만큼 수익을 내는 상품입니다. 기초지수가 뭔지 알면 ETF가 어떤 종목을 담고 있을지, 앞으로 어떤 성과를 낼지 가늠해볼 수 있습니다. TIGER 일본 TOPIX(합성H)가 따라가는 지수는 TOPIX 지수입니다. 토픽스는 닛케이 225와 함께 도쿄 증시 대표지수로, 한국의 코스피200과 비슷하다고 생각하면 됩니다.

업종에 투자하는 ETF라면 이 부분에서 ETF의 성격이 드러납니다. 'KODEX 2차전지산업'을 예로 들면, 상품명에서 2차전지 관련 기업을 담고 있을 것이라는 점을 알아챌 수 있겠죠. 국내 시장 대표지수인 코스피200을 따라가는 ETF는 상품명에서 지수를 생략할 수 있습니다. 'KODEX 레버리지'의 기초지수는 코스피200이지만 상품명에는 따로 표시가 없습니다.

기초지수 다음에는 ETF가 기초지수를 어떻게 따라가는지가 나옵니다. 일반적인 상품은 기초지수가 움직이는 만큼 똑같이 오르고 내립니다. 이를 '정방향 ETF'라고 부릅니다. 대부분 상품은 지수를 정방향으로 따라가기 때문에 상품명에 따로 표시하지 않습니다.

그런데 ETF가 기초지수를 반대로 추종할 수도 있습니다. 인버스 상품입니다. 인버스 ETF는 기초지수가 떨어지는 만큼 수익을 내고, 오르는 만큼 손실을 입습니다. 예를 들어 'KOSEF 미국달러선물인버스'는 미국 달러선물이 1% 오르면 1% 손해, 반대로 미국 달러선물이 1% 떨어지면 1% 수익을 내는 상품이라고 해석할 수 있겠죠.

기초지수의 하루 수익률보다 두 배 수익을 내는 상품도 있습니다. 레버리지 ETF입니다. 국내에는 아직 기초지수 하루 등락폭의 두 배를 따라가는 레버리지 상품만 상장되어 있습니다. 인버스 ETF 수익률을 두 배로 부풀린 ETF는 '인버스 레

배당금

주식을 가지고 있는 주주들에게 기업 이익의 일부를 나눠준 금액

버리지'라고 부릅니다. 상품명에는 2X라고 씁니다. 흔히 '곱버스'라고 부르는 상품입니다. 기초지수가 하루에 1% 오르면 레버리지 ETF는 2% 수익을 내고, 2X 상품 수익률은 -2%를 기록할 겁니다.

ETF 상품명의 마지막에는 괄호 안에 이 상품이 합성 ETF인지, 해외 지수를 추종한다면 환헤지를 하는지, 환노출을 하는지가 나와 있습니다. 합성 ETF란 운용사가 ETF에 직접 주식을 담기 어려울 때 증권사와 기초자산만큼 수익을 내도록 계약을 맺어서 운용하는 방식을 뜻합니다. 보통 국내 운용사가 직접 운용하기 어려운 해외 지수 ETF는 합성 방식으로 운용합니다.

환헤지와 환노출이란 ETF가 환율의 영향을 받는지 여부를 의미합니다. 해외 투자는 환율에 따라 원화로 환산한 수익률이 달라집니다. 예를 들어 달러가 약세일 때는 미국 증시 투자 수익률이 나빠지겠죠. 이렇게 투자 결과가 환율에 영향을 미치는 것을 내 투자금이 환율에 노출되어 있다는 의미로 '환노출'이라고 부릅니다. 반대로 '환헤지'는 환율의 영향을 받지 않는다는 의미입니다.

환헤지 ETF는 상품명 맨 마지막에 (H)를 붙입니다. 환율의 흐름과 상관없이 지수등락폭만큼 수익을 냅니다. 맨 처음 예로 든 'TIGER 일본 TOPIX(합성H)'는 운용사가 직접 주식을 담지 않는 합성 ETF이고 환율의 영향을 받지 않는 환헤지 상품이라고 해석할 수 있습니다.

상품명 마지막에 'TR'이라는 글자가 붙을 때도 있습니다. TR은 토털 리

턴(Total Return)의 약자입니다. 토털 리턴은 ETF가 담은 주식에서 나온 *배당금을 재투자한다는 의미입니다. 보통의 ETF는 주식의 배당금 등을 모아 투자자들에게 '분배금'이라는 형식으로 돌려줍니다. 보통은 4월에 가장 많은 분배금이 나옵니다. ETF 상품명에 TR이 붙은 상품은 배당금을 분배금으로 돌려주지 않고 ETF 자산에 합쳐서 다시 굴립니다. 배당으로 꾸준히 현금을 받는 것보다는 배당 재투자로 자산이 불어나는 복리효과를 노리는 투자자들에게 적합한 상품입니다.

ETF **ETF 초보자를 위한 꿀팁!**

ETF는 상품명에 상품에 대한 객관적인 정보가 담겨 있습니다. 브랜드명, 투자 지역, 기초지수, 추적배수, 합성·환헤지 여부가 순서대로 나옵니다. 상품명만 잘 확인해도 ETF의 기본 정보를 파악하는 데 큰 도움이 됩니다.

ETF는
어떻게 사고파나요?

ETF에 투자하는 방법은 크게 두 가지로 나눌 수 있습니다. 직접투자와 간접투자입니다.

직접투자는 주식과 똑같습니다. 증권사에서 주식 거래 계좌를 개설하고, 주식을 사고팔듯 장중에 ETF를 똑같이 사고팔면 됩니다.

장중에 주식을 매매하는 게 힘들거나 증권사 계좌가 없을 때는 ETF에 간접투자하는 방법도 있습니다. 대표적인 게 은행에서 판매하는 'ETF 신탁'입니다. ETF 신탁은 은행이 ETF를 대신 사주는 것입니다. ETF는 펀드지만 주식과 똑같이 시장에서 움직이기 때문에 원래는 은행에서는 판매하기 어렵습니다. 삼성전자를 은행에서 살 수 없는 것과 똑같은 개념입니다.

그래서 은행에서는 자신들의 고객 가운데 ETF에 투자하고 싶은 투자자

증권사 MTS에서 ETF 매수하기

자료: NH투자증권MTS

들을 모아 *신탁을 만듭니다. 그리고 통상 적게는 1%에서 많게는 10%까지 수익이 나면 ETF를 팔고 이 수익을 투자자에게 돌려주는 것을 반복합니다. 증권 계좌 없이 은행 거래만 하는 분이라면 매력적으로 느껴질 수도 있는 상품입니다.

신탁

주식, 부동산 등 재산을 소유한 사람이 신뢰할 수 있는 개인이나 기관에 재산의 관리나 처분을 맡기는 것

은행의 ETF 신탁에 가입할 때와 증권 계좌를 통해 ETF에 투자했을 때 수익률도 동일하게 움직입니다. 대부분의 경우 ETF 신탁에서 은행은 ETF 매수와 매도를 대행해주는 역할을 합니다. 예를 들어 코스피

ETF 신탁 상품에 가입한다면 투자자가 스스로 증권사 계좌를 열어서 코스피200 ETF를 사는 것과 수익률은 똑같습니다. 최근 증권사 고객 수가 많이 늘었다곤 하지만 점포 수나 계좌 수를 비교하면 아직 은행과 한참 차이가 납니다. 증권사 문턱을 높게 느끼는 투자자에겐 ETF 신탁이 ETF에 투자하는 창구 역할을 할 수 있습니다.

하지만 단점도 있습니다. 가장 큰 단점은 수수료입니다. 자산운용업계에선 수수료 깎기 경쟁이 매우 치열한 상태입니다. 코스피200 ETF 가운데 운용보수가 가장 싼 KB자산운용 상품의 총보수는 연 0.017%입니다. 그런데 은행의 ETF 신탁은 수수료를 보통 선취로 1%를 가져갑니다. 100만 원을 투자하면 1만 원은 일단 은행이 떼어가고 나머지 99만 원만 ETF에 투자한다는 것이지요.

신탁은 원하는 가격에 실시간으로 ETF를 사고팔기도 어렵습니다. 투자자가 장중에 실시간으로 ETF를 사고파는 게 아니라, 보통은 은행에서 여러 고객의 주문을 모아 처리하고 일정 수익에 도달하면 환매하는 구조이기 때문입니다. ETF를 신탁으로 매수하면 ETF의 가장 큰 장점인 실시간 거래와 낮은 수수료를 둘 다 포기해야 하는 셈입니다.

또 다른 문제점은 은행의 영업 방식입니다. 물론 모두 그런 것은 아닙니다. 하지만 많은 경우 은행에서는 ETF 신탁 수익률이 1~5%가량을 기록하면 환매하고 다시 신탁에 가입하도록 권합니다. 그렇게 해야 은행이 1% 선취수수료를 다시 뗄 수 있기 때문입니다.

저는 이런 영업방식은 한마디로 트레이딩을 내놓고 권하는 행위라고 생각합니다. 반대로 이야기하면, 수익을 더 낼 수 있는데도 1% 수익이 나면 주식을 팔라고 하는 것과 똑같습니다. 애초에 1~2% 수익을 기대하고 주식에 투자하는 사람이 있을까요? 보통 투자자들은 이렇게 기대수익률이 낮으면 안전할 거라고 생각합니다. 기대수익률이 낮으면 당연히 위험도 같이 낮아지는 게 상식적이기 때문입니다. 더군다나 은행에서 권하는 상품이면 더 안전하다고 생각하지만 알고 보면 그렇지 않은 경우가 있는데, 은행에서 주식형 ETF를 신탁으로 판매하는 게 전형적인 사례입니다.

실제로 은행들의 이런 ETF 신탁 판매 행태는 한 차례 크게 문제가 된 적이 있습니다. 코스피 지수가 크게 상승했던 2017년과 2018년인데요, 시장이 끝없이 오르니까 은행들이 고객들에게 레버리지 ETF가 들어 있는 신탁에 가입하라고 권유합니다. 처음에는 계속 수익이 났겠죠. 특히 레버리지는 지수 상승폭의 두 배를 추종하다 보니 하루 이틀 새에도 5% 이상 수익이 금방 나기도 했습니다.

이렇게 수익이 날 때는 괜찮았습니다. 수수료를 많이 떼기는 하지만 다른 은행상품에 비해 수익이 잘 난다는 느낌을 줬기 때문입니다. 하지만 시장이 빠질 때는 속수무책이었습니다. 레버리지 상품이다 보니 손실폭도 그만큼 컸고, 시장 전체가 빠지다 보니 복구할 수 있는 방법도 없었던 것입니다. 빨리 수익을 낼 수 있는 상품으로 생각하고 가입했던 은행 고객들은 주식시장 변동성에 따라 손실을 입었습니다.

저는 당시의 사태가 은행이 저금리 상황에서 팔 만한 상품이 점점 줄면서 매력적인 수익률을 제공하는 위험자산인 주식으로 상품군을 확장하게 되었고, 그러면서도 위험에 대한 고지는 제대로 하지 않은 결과라고 생각합니다. 결국 은행 고객들만 마음고생을 하고 손해를 봤죠. 이에 따라 금융감독원에서는 이제 적어도 은행에서 레버리지나 인버스 같은 고위험 상품은 아예 팔지 말라고 한 상태입니다.

결론적으로 ETF는 은행에서 사지 말라고 말씀드리고 싶습니다. ETF는 증권사 계좌를 통해서 투자하는 게 가장 싸고 빠릅니다.

물론 예외도 있습니다. 신탁에 ETF 한두 개를 담아서 사고 조금 수익이 나면 팔겠다고 구조를 짜는 게 아니라, 은행이 여러 ETF를 조합해서 자산 배분을 하고, 시황에 따라 상품을 조정해준다면 다른 수수료를 내는 의미가 있겠죠. 실제로 은행들도 2018년 이후 이런 부분을 강화하려고 노력하고 있습니다. 결론적으로 은행이나 증권사에 내는 수수료라는 건 나 대신 뭔가 일을 해준 심부름값이고, 이렇게 본다면 ETF 한 개를 담은 신탁 상품은 은행이 하는 일에 비해 심부름값이 너무 비싸다는 판단입니다. 고작 증권사에 대신 주문을 넣어주는 것뿐이니까요.

ETF 초보자를 위한 꿀팁!

ETF는 개별 주식과 마찬가지로 증권사 계좌를 통해 사고팔 수 있습니다. 은행에서 신탁을 활용해 간접투자하는 방법도 있지만, 직접투자할 때에 비해 수수료가 비싸고, 실시간으로 거래하기도 어렵다는 점을 주의해야 합니다.

ETF가 뭔지 조금은 감을 잡으셨나요? 2장에서는 ETF의 구조에 대해 살펴봅니다. ETF의 수익률을 결정하는 기초지수라는 게 무엇인지, ETF는 누가 만들고 어떻게 운용하는지, ETF도 주식처럼 배당이 나오는지 등을 최대한 쉽게 설명합니다. 이 장을 읽고 나면 ETF를 어떻게 운용하는지 알 수 있습니다. 우리는 ETF를 운용하는 사람이 아니라 활용하는 사람입니다. 그렇기에 모든 내용을 숙지할 필요는 없습니다. 하지만 자신이 투자하는 ETF의 기본 운용 원리를 알면 ETF 투자에 대한 이해도 한층 깊어질 것입니다.

Exchange

ETF 투자를 위해 꼭 알아야 할 기초지식

질문 TOP 08

기초지수란 무엇이고
누가 만드나요?

모든 ETF에는 기초지수가 있습니다. ETF는 기초지수만큼 수익률이 움직이는 상품입니다. ETF가 기초지수를 잘 따라갈수록 좋은 ETF입니다. 처음에 따르기로 한 약속을 잘 지키는 셈이니까요.

그렇다면 기초지수란 무엇일까요? 기초지수는 ETF가 어떤 자산을 어떻게 담을지에 대한 규칙입니다. 기초지수를 살피면 ETF가 어떻게 운용되고 얼마나 수익을 낼지 가늠해볼 수 있습니다. 예를 들어 코스피200은 한국을 대표하는 200개 종목을 시가총액 비율대로 담기로 한 지수입니다. 국내 증시에 상장한 전체 업종을 9개로 나눈 다음 시가총액이 크고 거래량이 많아서 시장과 업종을 대표할 수 있는 종목들을 모은 지수입니다.

기초자산은 주식뿐 아니라 다양한 자산의 가격 변화를 반영할 수 있습

2장_ ETF 투자를 위해 꼭 알아야 할 기초지식 **61**

기초지수의 종류

대표지수	한국	코스피200, 코스닥150
	미국	다우, S&P500, 나스닥100, 러셀2000
	중국	상하이종합, CSI300, 항생
	일본	닛케이225
	베트남	VN
업종지수	업종	IT, 반도체, 자동차, 금융, 건설 등
	테마	친환경, 탈원전, 전기차 등
전략형 지수		고배당, 중소형주, 저변동, 성장주, 가치주 등
기타 지수		원자재(금·은 등), 리츠(부동산), 채권 등

니다. 주식, 채권, 원자재, 파생상품 등 다양한 자산을 담는 규칙을 만들어낼 수 있죠. 기초지수는 크게 대표지수, 업종지수, 전략형 지수로 나눠볼 수 있습니다.

대표지수는 각 나라의 증시를 대표하는 지수입니다. 한국은 코스피 200과 코스닥150이 대표지수입니다. 미국 증시의 대표지수는 다우존스 산업평균 지수(다우지수)와 S&P500, 나스닥100, 러셀2000이 있습니다. 중국은 상하이종합지수, CSI300, 항생지수(HIS)를 대표지수로 꼽을 수 있습니다. 일본은 닛케이225, 베트남은 VN지수가 대표지수가 될 수 있겠죠. 한 나라의 주식시장 전체에 투자하고 싶을 때 주로 고르는 지수들입니다. 이 대표지수들에 어떤 것이 있고, 무엇을 기준으로 지수를 골라야 할지는 5장에서 더 자세히 살펴보려고 합니다.

업종지수 역시 다양합니다. 자동차, IT, 반도체, 금융, 건설 등 전통적인

산업군에 속하는 지수도 있고, 산업의 변
화에 따라 새로 생겨나는 업종지수들도 있
습니다. 2차전지, 친환경 발전 ETF 등은
산업 변화에 따라서 새로 만들어진 업종
ETF입니다. 산업 변화와 투자자의 관심에
따라서 다양한 업종별 ETF가 새로 쏟아져
나오고 있습니다. 이런 이유 때문에 주식
시장의 투자 테마를 반영한다고 해서 '테

KRX

한국거래소의 영문명인 Korea Exchange의 약자

MSCI

글로벌 지수사업자인 모건스 탠리캐피털인터내셔널(Morgan Stanley Capital International)의 약자

마형 ETF'라고도 부릅니다. 테마형 ETF의 종류와 상품에 대해서는 7장에서 더 자세히 다루겠습니다.

전략형 지수는 투자 전략에 따라 주식을 고른 지수를 뜻합니다. 예를 들어 주당 배당금이 매년 높아지는 배당성장주에 투자하겠다는 전략을 세웠다면, 이 전략대로 주식을 고르는 전략형 지수를 만들 수 있습니다. 주식의 시가총액에 따라 대형주·중형주·소형주에 투자하는 전략형 지수도 있고, 변동성이 낮은 주식에 투자하는 저변동성 지수도 만들 수 있습니다. 이밖에 채권과 원자재, 부동산 등 다양한 자산을 따라가도록 지수를 만들 수도 있죠. 이런 내용은 7장에서 깊이 다루려고 합니다.

ETF의 기초지수에는 주식형이라면 최소 10개 종목이 담겨야 합니다. 또한 한 종목이 지수에서 차지하는 비중이 시가총액을 기준으로 30%를 넘기면 안 됩니다. 다만 코스피, 코스피200, 코스닥150, *KRX300, *MSCI 코리아 등 시장 대표지수는 '30% 룰'을 적용받지 않습니다. 2020년 3월에 이런 예외 조항이 생겼습니다. 삼성전자 주가가 올라 코스피 지수에서 차지하는 시가총액 비중이 30%를 넘어가면서, 그대로 두면 코스피200 ETF가 코

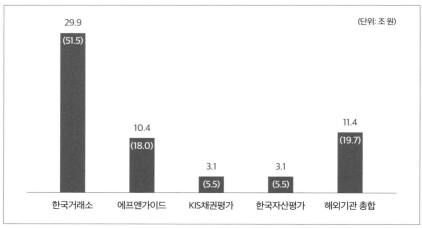

지수사업자별 ETF순자산가치

(단위: 조 원)

- 한국거래소: 29.9 (51.5)
- 에프앤가이드: 10.4 (18.0)
- KIS채권평가: 3.1 (5.5)
- 한국자산평가: 3.1 (5.5)
- 해외기관 총합: 11.4 (19.7)

자료: 에프앤가이드 *2021년 4월말 기준. ( )안은 시장점유율, %

스피200 지수를 따라가기 어려워졌기 때문입니다.

채권형이라면 구성종목 수가 최소 3종목 혹은 10종목 이상이어야 합니다. 국가가 발행하는 국채처럼 신용도가 높은 채권은 기초지수에 3종목만 담아도 되지만, 이밖에 기업이 발행하는 회사채 등은 최소 10종목 이상 담아야 합니다.

그렇다면 이런 기초지수는 누가 만들까요? 지수사업자라고 부르는 지수 개발 기관들이 만듭니다. 대표적인 국내 지수 개발기관으로는 한국거래소, 에프앤가이드, KIS채권평가, 한국자산평가 등을 꼽을 수 있습니다. 한국거래소는 코스피200, 코스닥150은 물론 다양한 업종별 지수 등 국내 증시에서 거래되는 대표지수를 개발했습니다. 국내에서 개발된 지수 가운데 절반가량은 한국거래소가 개발한 것들입니다. 2위 사업자인 에프앤가이드가 20%가량의 시장 점유율을 확보하고 있습니다. 해외의 대표적인 지수

산출기관으로는 모건스탠리캐피털인터내셔널(MSCI), 스탠더드앤드푸어스(S&P), 파이낸셜타임스스톡익스체인지(FTSE) 등이 있습니다.

　ETF를 출시하는 자산운용사들은 이 지수사업자와 협의해 ETF의 기초지수를 개발합니다. 운용사가 ETF 상품의 컨셉을 정해 지수사업자에 의뢰하는 식입니다. 지수사업자들은 매일 지수가 가지고 있는 주식의 가격 변화를 반영해 지수를 산출해줍니다. 이 대가로 자산운용사는 지수사업자에게 지수사용료를 냅니다.

　ETF 운용사가 기존 시장에 없었던 새로운 기초지수를 개발했는데, 이걸 다른 운용사에서 금방 베껴서 상품을 내놓는다면 억울하겠죠. 그래서 한국거래소는 2018년 6월부터 창의적인 지수에 대해 독점사용권을 주고 있습니다. 다른 운용사는 배제한다는 의미에서 '배타적 사용권'이라고도 합니다. 심의를 거쳐 지수 구성 방식이 창의적일수록 최대 6개월까지 지수를 개발한 운용사에서만 해당 ETF를 판매할 수 있습니다.

 ETF 초보자를 위한 꿀팁!

ETF는 기초지수만큼 수익을 내는 상품입니다. 이 기초지수는 주식뿐 아니라 원자재, 채권 등 다양한 자산의 가격을 반영할 수 있습니다. 주식 관련 기초지수는 크게 대표지수, 업종지수, 전략형 지수로 나눌 수 있습니다. 기초지수는 ETF 운용사와 지수사업자가 협의해 만듭니다.

질문 TOP
09

ETF는
어떻게 운용하나요?

▶ 저자직강 동영상 강의로 이해 쑥쑥
QR코드를 스캔하셔서 동영상 강의를 보시고
이 칼럼을 읽으시면 훨씬 이해가 잘됩니다!

    ETF는 장중에 실시간으로 거래가 됩니다. 그렇다면 내가 시장에서 코스피200 ETF를 샀다면 이건 누구에게서 사오는 것일까요? 자산운용사는 ETF를 구성하기 위해 어떻게 주식을 사고파는 걸까요?

    이번엔 ETF의 운용 방식에 대해 알아보려고 합니다. 물론 이 내용을 몰라도 개인투자자가 ETF를 거래하는 데는 아무런 문제가 없습니다. 우리는 시장에서 원하는 ETF를 제 가격에 사고팔기만 하면 되는 것이죠. 하지만 ETF 시장이 어떻게 돌아가고, 증권사와 운용사가 ETF를 만드는 데 어떤 역할을 하는지를 알면 상품에 대한 이해가 더 깊어질 것이라고 생각합니다.

    ETF 시장은 크게 '유통시장'과 '발행시장'으로 구분할 수 있습니다. 유통시장은 이미 만들어진 ETF의 거래가 이루어지는 시장입니다. 일반 주식투

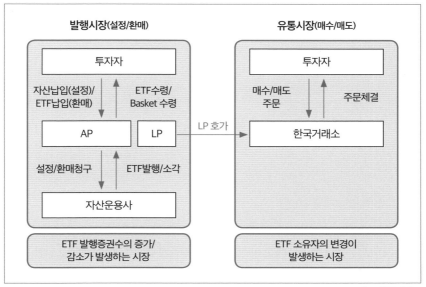

ETF 시장의 구조

발행시장(설정/환매)	유통시장(매수/매도)

투자자

자산납입(설정)/   ETF수령/
ETF납입(환매)   Basket 수령

AP   LP   LP 호가

설정/환매청구   ETF발행/소각

자산운용사

ETF 발행증권수의 증가/
감소가 발생하는 시장

투자자

매수/매도
주문   주문체결

한국거래소

ETF 소유자의 변경이
발생하는 시장

자료: 한국거래소

자자들은 유통시장에서 ETF를 거래합니다. 주식과 마찬가지로 팔려는 사람과 사려는 사람의 가격이 맞으면 거래가 이루어집니다.

그런데 ETF는 주식과 다르게 정해진 가격이 있습니다. 만약 코스피200 ETF라면 거래되는 시점의 코스피200 가격이 ETF에 반영되어 있어야겠죠. 이 ETF의 진짜 가치를 '순자산가치(NAV)'라고 부릅니다. 그리고 발행시장에서 ETF가 순자산가치와 비슷하게 거래될 수 있도록 *호가를 대주는 역할을 증권사가 합니다.

> **호가**
>
> 주식을 거래할 때 매수, 매도자가 각각 원하는 가격. 사려는 사람이 부르는 값을 매수호가, 팔려는 사람이 부르는 값을 매도호가라고 부른다. 매수호가와 매도호가가 맞을 때 거래가 이뤄진다

이 역할을 우리는 유동성 공급자, 영어로 Liquidity Provider의 앞글자를 따서 LP라고 부릅니다.

이렇게 유통시장에서 ETF가 유통되려면 애초에 ETF가 만들어져 있어야겠죠. ETF를 만드는 시장이 발행시장입니다. 시장에서 ETF 수요가 늘어날 때 ETF를 새로 설정하고, ETF 거래가 줄어들 때는 ETF를 없애는 업무가 필요합니다. 이 일은 증권사에서 하는데, 이 역할을 지정 참가회사의 영어표기인 Authorized Participant의 앞글자를 따서 AP라고 합니다.

AP를 맡은 증권사는 ETF를 설정하고 환매할 때 *CU라는 단위를 활용합니다. CU는 Creation Unit의 앞글자를 딴 겁니다. 1CU는 보통 수만 주에서 수십만 주로 정해집니다. AP는 1CU에 지수가 따라가는 구성종목에 맞도록 개별 주식을 사서 CU를 만듭니다. 예를 들어 코스피200 ETF의 CU라면 삼성전자, SK하이닉스, 현대차 등을 이 주식들이 코스피200에서 차지하는 시가총액 비중에 맞춰서 사들여야겠죠. AP가 이렇게 CU를 만들어 ETF 자산운용사에 ETF 설정을 요청합니다. 1CU에 해당하는 주식 수만큼 ETF 주식을 새로 발행해달라는 것이죠. 이렇게 만들어진 ETF 신주를 자산운용사가 AP에 주면 ETF가 새로 생겨나는 겁니다.

개인투자자들은 보통 유통시장에서 ETF를 거래하는 것으로 충분하지만, 거래량이 많은 기관투자가들은 유통시장이 아니라 아예 발행시장에서 ETF를 사고팔기도 합니다. 기관투자가 A가 코스피200 ETF에 투자한다고 가정하고 ETF의 설정과 발행 과정을 살펴볼게요.

기관투자가 A가 코스피200 ETF에 투자합니다. 이 ETF의 설정 단위인

CU는 5만 주인데, A는 5만 주를 투자하기로 했습니다. 그러면 기관투자가 A는 ETF 5만 주에 해당하는 현금을 증권사인 AP에 넘깁니다. 만약 코스피 200 ETF 5만 주에 해당하는 만큼의 주식을 충분히 가지고 있다면 AP에 현금이 아니라 주식을 넘깁니다. AP는 코스피200 ETF 5만 주 분량에 해당하는 주식 수를 맞춰서 자산운용사에 ETF 설정을 신청합니다. 자산운용사가 ETF 5만 주에 해당하는 1CU만큼 ETF 신주를 AP에 주고, 다시 AP가 기관투자가에게 새로 설정된 ETF 주식을 전달하면 새로운 ETF가 설정되는 절차가 끝납니다.

 ETF 초보자를 위한 꿀팁!

ETF가 거래되는 시장은 발행시장과 유통시장으로 나뉩니다. 발행시장에서는 AP가 ETF의 설정, 환매를 담당합니다. 유통시장에서는 이렇게 만들어진 ETF가 거래됩니다. 개인투자자들은 유통시장에서만 거래하지만, 거래단위가 큰 기관투자가들은 발행시장에서 ETF를 거래하기도 합니다.

ETF 거래량이 부족하면
매매하기가 어렵나요?

　ETF는 시장에 상장해 거래되는 펀드입니다. 주식과 똑같이 거래됩니다. 그렇다면 내가 투자한 ETF를 팔고 싶을 때 사려는 사람이 없으면 어떻게 될까요? 반대로 사고 싶을 때 ETF를 팔려는 사람이 없다면 굉장히 곤란할 겁니다.

　이런 이유 때문에 ETF에는 유동성 공급자(LP, Liquidity Provider) 제도가 있습니다. 투자자들이 원하는 시기에 ETF를 사고팔 수 있도록 일정 수준의 유동성을 공급해주는 게 LP가 하는 일입니다. 유동성을 공급한다는 건 거래가 체결될 수 있도록 LP가 장중에 ETF를 사기도 하고 팔기도 한다는 뜻입니다.

　주식을 파는 사람이 부르는 가격을 '매도호가', 사려는 사람이 부르는 가

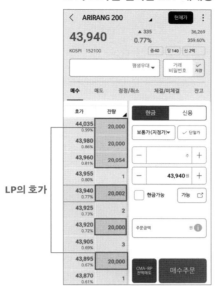

LP가 호가를 걸어둔 ETF 매매창

LP의 호가

격을 '매수호가'라고 하죠. 이 둘의 가격 차이를 '스프레드'라 하고, 이 스프레드를 다시 매수호가로 나눈 값을 '스프레드 비율'이라고 합니다. LP들은 매수·매도호가가 벌어져 스프레드 비율이 커지면 매수와 매도 양방향으로 호가를 제출해야 합니다. 스프레드 비율을 얼마로 유지할지는 LP들이 미리 정해 한국거래소에 신고를 합니다. 통상 스프레드 비율이 1% 이상 벌어지면 LP들이 호가를 냅니다. 스프레드 비율이 작을수록 투자자 입장에선 거래 비용이 줄고 매매가 쉽게 체결될 수 있어 유리합니다.

스프레드 비율이 5분 이상 1% 보다 높아지면 LP들은 매수와 매도 양방향으로 최소 100주 이상씩 호가를 내주어야 합니다. 보통은 1천 주, 많게는 10만 주까지 호가를 냅니다. 증권사 HTS에서 호가창을 보면 LP들이 시장가 위아래로 호가를 내주고 있는 점을 확인할 수 있습니다.

LP들은 ETF 거래에 *유동성을 공급할 뿐 아니라 적정한 가격에 ETF가 거래되도록 도와주는 역할도 합니다. 투자자들이 ETF를 원래 가격보다 더 비싸게 주고 사지 않도록 가격을 지켜주는 것이죠. 'ETF를 원래보다 더 비싸게 주고 사다니, ETF의 원래 가치가 있고 내가 사는 가격은 또 따로 있는 것인가?'라고 생각했다면 맞습니다.

ETF는 여러 가지 주식을 모아둔 것이죠. 그러니까 각 주식의 가격을 더한 게 ETF의 적정 가치가 될 겁니다. 그런데 ETF도 펀드이다 보니 운용보수를 뗍니다. 예를 들어 ETF의 운용보수가 1%라면 이걸 주식 거래일 수로 나눠서 매일매일 조금씩 가져가게 됩니다. 그렇기 때문에 한 ETF의 진짜 가치는 ETF가 담고 있는 주식의 가치에서 수수료를 뺀 게 되는 것이죠. 이 ETF의 진짜 가치를 우리는 '순자산가치', 영어로는 Net Asset Value의 앞글자를 따서 NAV, 읽을 때는 '나브'라고 부릅니다.

ETF의 진짜 가치인 NAV로 모든 사람들이 똑같이 거래하면 간단할 텐데, 문제가 있습니다. ETF도 장중에 거래되지만 동시에 ETF에 담겨 있는 주식들의 가격도 변하잖아요. 그러니까 ETF의 진짜 가치인 이 NAV도 실시간으로 변하게 될 겁니다. 예를 들어 코스피200 ETF라면 삼성전자가 장중에 급등했다면 코스피200 ETF의 가치도 같이 올라줘야겠죠. 그래서 한국거래소에서는 실시간으로 변하는 ETF의 진짜 가치를 장중에 10초 단위로 계속 다시 측정해서 알려주는데 이걸 '추정순자산가치', 영어 약자로는 iNAV라고 부릅니다.

그러니까 ETF를 제값 주고 산다는 것의 의미는 장중에 바뀌는 이 iNAV와 가장 비슷한 가격에 ETF를 산다는 게 되겠죠. 그러면 이 가격을 알아내서 이 가격대로 주문을 넣기만 하면 간단할 것 같은데, 여기서 또 다시 문제가 생깁니다.

ETF는 장중에 실시간으로 거래가 됩니다. 일반적인 주식처럼 ETF도 파는 사람과 사는 사람의 호가가 맞을 때 거래가 체결됩니다. 일시적으로 ETF를 사려는 수요가 엄청나게 몰리면 원래 가격보다 ETF 가격이 높게 거래되고, 반대로 팔려는 사람이 많아지면 원래 가치보다 가격이 낮아지게 되겠죠. 이 iNAV와 시장에서 실제 거래되는 가격의 차이를 우리는 '괴리율'이라고 부릅니다.

괴리율이 높아지면 사람들이 ETF를 너무 비싸게 사는 일이 벌어집니다. 2020년 원유 가격이 급락했던 시기를 기억하나요? 유가가 너무 곤두박질치니까 유가 상승분의 두 배만큼 수익을 내는 원유레버리지 ETF와 ETN에 돈이 갑자기 몰렸고, 그러면서 기초자산인 유가와 상관없이 가격이 움직이기 시작했던 거죠. 예를 들어 유가가 하루에 10% 떨어지면 원유 레버리지 상품은 20% 떨어졌어야 했는데 사람들이 너도나도 사겠다고 하다 보니 5%만 떨어지게 되는 겁니다. 이걸 사면 너무 손해죠. 다음날 유가가 제자리걸음만 해도 일단 15% 이상 손해를 보는 것이기 때문입니다.

예를 들면 이런 상황과 비슷한 겁니다. 옷을 사러 갔는데 사람들이 엄청나게 몰려 있어요. '여기가 요즘 인기있는 곳이구나' 싶어서 괜찮아 보이는 옷을 하나 집어 왔는데, 집에 와서 자세히 보니 가격표 스티커가 2개가 붙어 있는 것이죠. 살살살 떼어 보니 아래에 정가가 붙어 있는데, 그게 제가 산 가격보다 훨씬 싼 거예요. 너무 억울하지 않나요? 사람들이 몰리지 않은 다른 날 같은 옷을 샀다면 정가에 샀을 텐데요.

이렇게 괴리율이 벌어지면 투자자들이 손해를 보기 때문에 LP들이 나섭니다. ETF에 투자자들이 몰려들 때는 최대한 ETF의 원래 가치에 맞춰서 계속 ETF를 팔아주는 거죠. 그러면 아무리 사람들이 몰려도 계속 가격이 높아지는 게 아니라 일정하게 유지될 겁니다. 반대로 사람들이 너무 많이 팔면 ETF를 사주기도 합니다. 결국 LP들은 ETF의 거래량이 부족하거나 수요가 일시적으로 몰렸을 때 제 가격에 ETF가 거래될 수 있도록 가격을 지키는 지킴이 역할을 한다고 보면 됩니다.

 **ETF 초보자를 위한 꿀팁!**

ETF 거래량이 부족하거나 일시적으로 한 방향으로 거래가 몰리면 가격이 왜곡될 수 있습니다. 이럴 때 투자자들의 손해를 막기 위해 LP제도가 있습니다. LP들은 ETF가 원래 가치인 NAV와 비슷하게 거래될 수 있도록 호가를 대는 역할을 합니다.

질문 TOP
11

ETF는 언제, 어떻게 종목을 바꾸나요?

ETF는 처음에 정한 방식대로 투자하기 위해 종종 종목을 바꿔줍니다. 어떤 기업이 2차전지 사업에 뛰어들어 덩치를 불렸다면 2차전지 ETF에 담아야겠죠. 그래서 ETF 운용사와 지수사업자는 처음에 만들었던 지수 구성 방법론에 따라 1년에 두 번 정도 주기적으로 종목을 심사하고, 기준에 맞는 기업은 지수에 넣고 아닌 기업은 빼는 작업을 합니다. ETF 투자자 입장에선 가만히 있어도 운용사가 알아서 좋은 종목을 넣고, 나쁜 종목은 빼는 작업을 대신 해주는 셈이죠.

코스피200을 예로 들어보겠습니다. 코스피200은 1년에 두 번 종목을 정기적으로 바꿉니다. 6월과 12월에 특정 종목이 코스피200에 포함하기 적합한지를 심사하는 건데요, 심사 기준은 코스피200에 포함할 만큼 시가

코스피200 지수 변경 방법

	시기	종목 편출입 기준
정기 변경	6월, 12월	• 산업군별 시가총액 상위 종목 • 산업군별 거래대금 순위 상위 종목
수시 변경	수시	• 상장 후 15거래일 동안 하루 평균 시가총액 규모가 50위 안에 드는 종목 편입 • 상장폐지 결정, 관리종목 지정, 합병, 기업분할 등

자료: 한국거래소

총액이 크고 거래량이 충분하면서 각 산업을 대표하는지 여부입니다. 코스피200에 넣고 뺄 종목은 지수를 변경하기 2~3주 전에 한국거래소가 미리 발표합니다.

1년에 두 번 종목을 바꾸는 정기 변경 외에도 필요할 때 종목을 바꾸는 수시 변경도 합니다. 대형주가 증시에 상장하는 경우 수시 변경으로 코스피200에 조기 편입되는 경우가 많습니다. 상장 뒤 15거래일 동안 하루 평균 시가총액 규모가 50위 안에 들면 코스피200에 수시 편입하는 대상이 됩니다. 이밖에 특정 종목이 합병, 분할하거나 상장폐지할 때도 코스피200 지수를 수시 변경합니다.

ETF들은 이렇게 지수를 구성하는 종목이 바뀌면 구성종목이 바뀌는 날을 기준으로 지수에 새로 들어온 종목은 사고, 지수를 빠져나간 종목은 파는 작업을 합니다. 기초지수를 최대한 잘 따라가려면 미리 종목을 바꾸는 것보다 지수 구성종목이 바뀌는 시기에 맞춰 종목을 사고파는 게 유리하기 때문입니다.

종목을 골라 투자하는 액티브 투자자들은 이런 ETF의 매매패턴을 활용

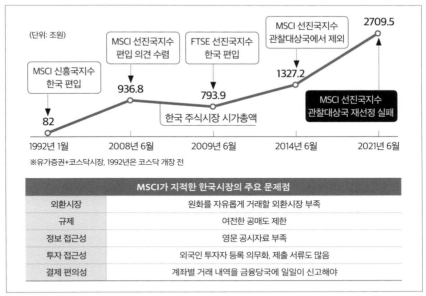

한국의 MSCI 선진국지수 편입 추진 일지

(단위: 조원)

- MSCI 신흥국지수 한국 편입 — 82 — 1992년 1월
- MSCI 선진국지수 편입 의견 수렴 — 936.8 — 2008년 6월
- FTSE 선진국지수 한국 편입 / 한국 주식시장 시가총액 — 793.9 — 2009년 6월
- MSCI 선진국지수 관찰대상국에서 제외 — 1327.2 — 2014년 6월
- 2709.5 — MSCI 선진국지수 관찰대상국 재선정 실패 — 2021년 6월

※유가증권+코스닥시장, 1992년은 코스닥 개장 전

MSCI가 지적한 한국시장의 주요 문제점	
외환시장	원화를 자유롭게 거래할 외환시장 부족
규제	여전한 공매도 제한
정보 접근성	영문 공시자료 부족
투자 접근성	외국인 투자자 등록 의무화, 제출 서류도 많음
결제 편의성	계좌별 거래 내역을 금융당국에 일일이 신고해야

자료: 한국경제신문

해서 초과수익을 내는 기회로 삼기도 합니다. 예를 들어 코스피200 지수 정기 변경에서 새로 편입될 만한 종목을 예상해 해당 종목을 미리 사는 거죠. 사서 기다리고 있으면 코스피200 ETF들이 지수 변경일에 맞춰 그 종목을 매수할 테니까요. 반대로 코스피200 지수에서 빠질 것으로 예상되는 종목은 주가가 단기적으로 부진할 것이라고 예상하는 식입니다.

지수 변경은 특정 종목이 아니라 한 국가의 시장 전체에 영향을 미치기도 합니다. 모건스탠리캐피털인터내셔널(MSCI) 지수 변경이 좋은 사례입니다. MSCI 신흥국 지수에서 한국 증시의 비중이 줄고 중국 증시의 비중이 늘면 국내 증시에 투자하는 외국인 자금이 빠져나갑니다. 전 세계에서 MSCI

신흥국 지수를 추종하는 자금은 2조 달러(약 2,210조 원)에 달합니다. 자금 규모가 워낙 거대한 만큼 MSCI 신흥국 지수에서 한국 기업들이 차지하는 비중이 조금만 바뀌어도 외국인 수급에 영향을 미치게 됩니다.

한국 증시가 신흥국 지수가 아니라 선진국 지수로 편입되도록 노력해야 한다는 주장이 나오는 것도 이런 이유 때문입니다. 전 세계에서 MSCI 선진국 지수를 추종하는 자금은 MSCI 신흥국 지수를 추종하는 자금보다 두 배 이상 많습니다. 때문에 한국 증시가 신흥국 지수에서 선진국 지수로 편입된다는 것만으로도 60조 원에 달하는 외국인 자금이 새로 들어올 것이라는 게 시장 전문가들의 예상입니다.

 ETF 초보자를 위한 꿀팁!

ETF는 처음에 정한 투자원칙에 맞도록 종목을 넣고 빼는 과정을 거칩니다. 보통 1년에 두 번 정도 심사를 거쳐 결정합니다. 지수 변경일이 되면 이에 맞춰 ETF가 종목을 사고팝니다. 액티브 투자자들은 이런 ETF의 매매 패턴을 이용해 초과수익을 내는 기회로 삼기도 합니다.

한 주당 가격이 비싸면 좋은 ETF인가요?

국내에 상장한 해외 ETF 중에서 투자자 관심이 높은 상품 중 하나가 나스닥100 ETF입니다. 그런데 나스닥100 ETF 중에 하나를 고르려고 보니 주당 가격이 다릅니다. TIGER 미국나스닥100은 주당 7만 원 선인 데 비해 KBSTAR 미국나스닥100은 주당 1만 원 선입니다. 두 ETF가 따라가는 기초지수는 나스닥100으로 동일하고 환헤지 여부라든지 다른 상품 구조도 똑같습니다. 그런데 왜 어떤 ETF는 7만 원이고 다른 ETF는 1만 원대인 걸까요? 주당 가격이 높으면 비싼 ETF인 걸까요?

결론부터 말씀드리면, 아닙니다. ETF의 주당 가격은 ETF가 담고 있는 주식의 가치와는 상관이 없습니다. ETF는 상장할 때 주당 가격을 자산운용사에서 마음대로 정합니다. 보통은 상장할 때 주당 가격을 1만 원으로 정합니

나스닥100 ETF 상장일과 주당 가격

상품명	운용사	상장일	주당 가격
TIGER 미국나스닥100	미래에셋자산운용	2010.10.18	7만 7,600원
KODEX 미국나스닥100선물(H)	삼성자산운용	2018.08.30	1만 9,200원
KINDEX 미국나스닥100	한국투자신탁운용	2020.10.29	1만 3,300원
KBSTAR 미국나스닥100	KB자산운용	2020.11.06	1만 2,900원
KODEX 미국나스닥100TR	유리자산운용	2021.04.09	1만 1,400원

자료: 한국거래소 *2021년 7월말 기준

다. 그래서 같은 지수를 추종하는 ETF라고 하더라도 상장 시점에 따라 주당 가격은 서로 달라질 수 있습니다. 앞에서 예로 든 TIGER 미국나스닥100은 2010년 10월에 상장했습니다. KBSTAR 미국나스닥100은 2020년 11월에 상장했고요. TIGER 미국나스닥100은 주당 1만 원에서 시작해 10년 동안 꾸준히 올라 7만 원대를 넘겼지만, KBSTAR 미국나스닥100은 비교적 상장한 지 얼마 안 됐기 때문에 아직도 1만 원대를 유지하고 있는 것이죠. 둘 다 주당 1만 원으로 시작했지만 운용한 기간에 따라서 주당 가격이 달라진 셈입니다. 주당 가격이 다르더라도 두 상품의 하루 등락폭은 나스닥100 지수와 거의 비슷하게 움직입니다. 그러니 ETF의 주당 가격은 ETF의 수익률이나 가치와는 무관한 것이죠.

그렇다면 모든 ETF는 상장할 때 1만 원일까요? 보통은 그렇지만 모두다 그런 것은 아닙니다. 대표적인 게 국내증시 대표지수인 코스피200을 따

코스피200 ETF 상장일과 주당 가격

상품명	운용사	상장일	주당 가격
KODEX200	삼성자산운용	2002.10.14	4만 3,300원
KOSEF200	키움투자자산운용	2002.10.14	4만 3,400원
TIGER200	미래에셋자산운용	2008.04.03	4만 3,400원
KINDEX200	한국투자신탁운용	2008.09.25	4만 3,500원
TREX200	유리자산운용	2009.01.23	4만 4,300원
KBSTAR200	KB자산운용	2011.10.20	4만 3,400원
ARIRANG200	한화자산운용	2012.01.10	4만 3,900원
파워200	교보악사자산운용	2012.02.13	4만 4,500원
HANARO200	NH아문디자산운용	2018.03.30	4만 3,300원

자료: 한국거래소 •2021년 7월말 기준

르는 ETF들입니다. 국내에 코스피200을 추종하는 ETF가 처음 상장한 건 2002년입니다. KODEX200과 KOSEF200이 2002년 10월 14일에 상장하며 국내 ETF 시장의 문을 열었죠. 그 뒤로 TIGER200, KINDEX200이 2008년에 상장했고, 가장 최근 상장한 코스피200 ETF는 2018년에 만들어진 HANARO200입니다. 이렇게 상장시기가 길게는 16년까지 차이가 나지만 이 ETF들의 주당 가격은 거의 비슷합니다. 상장할 때 ETF의 주당 가격을 1만 원이 아니라 코스피200 지수에 100을 곱한 가격을 기준으로 했기 때문입니다.

채권형 ETF도 주당 가격을 높게 잡는 경우가 많습니다. 채권형 ETF는 주식형 ETF에 비해 가격 상승폭이 적고 변동성도 낮기 때문에 애초에 주당 가격을 높여놓는 것이죠. 채권형 ETF는 상품에 따라 처음 상장할 때 주당 가격을 5만 원이나 10만 원으로 정하는 경우가 많습니다. 이 역시 상품마다 제각기입니다.

결론적으로 ETF의 주당 가격은 ETF가 담고 있는 자산의 가치와는 무관합니다. ETF가 상장할 때 자산운용사가 주당 가격을 얼마로 정했느냐, ETF의 운용기간이 얼마나 오래되었느냐에 따라 주당 가격이 달라지는 것뿐이니까요. 그러니 ETF끼리 주당 가격을 비교하는 것도 의미가 없겠지요.

다만 이런 점은 고려해볼 수 있을 것 같습니다. 내가 투자하려는 금액이 소액이라면 아무래도 주당 가격이 낮은 ETF가 투자하기 유리할 겁니다. 같은 돈이라면 주당 가격이 낮은 ETF를 더 많이 살 수 있으니 ETF를 분할 매수하거나 분할 매도할 때도 편리하겠죠. 그래서 해외에선 주당 가격이 높아진 ETF를 *액면분할하거나, 추종하는 지수가 같은 ETF라도 주당 가격을 낮춰 새로 상장하기도 합니다. 미국 증시에 상장한 'DIREXION DAILY SEMICONDUCTOR BULL 3X(*티커명 SOXL)'은 필라델피아 반도체 지수 하루 변동폭의 세 배만큼 수익률이 움직이는 ETF입니다. 이 ETF는 2021년 3월 1일 ETF 1주를 15주로 쪼개는 액면분할을 했습니다. 반도체 지수가 상승세를 이어가면서 SOXL의 주당 가격이 670달러(약 76만 원)를 넘어섰기 때문입니다. 150만 원으로도 1주밖에 투자할 수 없는 가격이죠. 1주를 15주로 쪼개는 액면분할을 한 뒤 SOXL의 주당 가격은 40달러 선으로 내려갔습니다.

나스닥100지수를 추종하는 미국 상장 ETF 가운데 하나인 'Invesco

QQQ Trust(티커명 QQQ)'는 주당 가격이 300달러를 넘습니다. 역시 소액으로 투자하기는 부담스러운 가격이죠. 그래서 이 ETF를 운용하는 인베스코(Invesco)에서는 주당 가격을 낮춘 QQQM을 내놨습니다. QQQ의 미니 버전이라는 뜻에서 M을 붙인 거죠. 이 ETF의 주당 가격은 QQQ의 3분의 1 수준입니다.

> **ETF** **ETF 초보자를 위한 꿀팁!**
>
> ETF의 주당 가격은 상장할 때 자산운용사가 마음대로 정합니다. 보통은 1만 원을 기준으로 합니다. 그렇기 때문에 주당 가격과 ETF의 가치는 아무런 상관이 없습니다. 하지만 주당 가격이 낮은 ETF는 소액으로 투자하기 편하다는 장점이 있습니다.

ETF 이름에 있는
선물이란 게 뭔가요?

ETF 상품을 살펴보다 보면 같은 지수를 추종하는 ETF인데도 한 운용사에서 두 가지 종류의 상품을 상장한 걸 볼 수 있습니다. 예를 들어 삼성자산운용은 KODEX 미국S&P500이라는 ETF도 있고, KODEX 미국S&P500선물(H)이라는 상품도 가지고 있죠. ETF 상품명에 있는 '선물'이란 건 무엇을 의미할까요? 선물이 붙어 있는 ETF와 아닌 ETF 가운데 우리는 어떤 것을 선택해야 할까요?

상품이나 주식의 거래 방식에는 크게 세 가지가 있습니다. 첫째, 돈을 주고 바로 상품이나 주식을 받으면 '현물거래'입니다. 우리가 보통 하는 주식 거래는 현물거래입니다. 돈을 내면 바로 주식을 매수할 수 있으니까요. 둘째, 상품이나 주식을 먼저 받고 나중에 돈을 내는 건 '신용거래'입니다. 흔히 말하는 외상입니다. 셋째, 돈을 먼저 내고 주식이나 상품을 미래에 받는 게 '선물거래'입니다. 사려는 상품이나 주식 가격의 10분의 1을 먼저 주고, 미래에 정해진 가격에 상품이나 주식을 받는 거죠. 나머지 10분의 9는 선물거래 만기 때 물건을 받는 시점에 냅니다.

선물거래를 설명할 때 가장 흔하게 하는 설명이 '농부와 식당'의 예입니다. 쌀을 재배하는 농부와 쌀이 필요한 식당이 있다고 가정해보죠. 농부는 풍년이 들어 평년보다 쌀 가격이 떨어질 것을 걱정합니다. 반면 식당은 자연재해로 쌀 가격이 급등할 게 걱정이죠. 이런 두 사람이 만나 가을에 쌀을 정해진 가격에 사자고 합의하는 겁니다. 그리고 그 약속으로 식당은 농부에게 쌀값의 10분의 1을 증거금으로 주는 것이죠. 농부는 쌀값이 떨어질 리스크를, 식당은 가격이 오를 리스크를 피할 수 있는 셈입니다. 이렇게 가격이 오를까봐 걱정하는 투자자와 가격이 떨어질까봐 걱정하는 투자자가 존재한다면 어느 상품을 가지고도 선물거래가 가능합니다.

ETF 안에는 주식을 현물로 담을 수도 있고, 선물로 담을 수도 있습니다. 주식을 직접 담은 현물 ETF는 상품명에 아무런 표시가 없지만 선물을 담은 ETF에는 '선물'이라는 단어가 들어갑니다. 그렇다면 현물로도 만들 수 있는 ETF를 왜 굳이 선물을 담아 만드는 걸까요?

운용사 입장에서 보면 선물을 담는 게 운용 면에서 편리합니다. 코스피200 ETF가 현물로 설정된다면 코스피200에 들어가는 200개 종목을 시가총액에 맞춰 구성하고, 종목이 변경될 때마다 언제 넣고 뺄지 결정을 해야합니다. 하지만 선물을 담으면 이런 문제가 사라집니다. 특히 해외 지수를 따라가는 ETF라면 거래비용 면에서도 선물을 담는 게 유리합니다.

ETF 자금의 10%만 투자해도 지수 전체를 따라갈 수 있다는 점도 장점

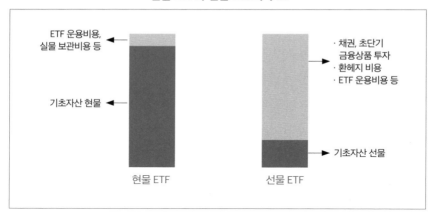

현물 ETF와 선물 ETF의 구조

ETF 운용비용, 실물 보관비용 등

기초자산 현물

현물 ETF

· 채권, 초단기 금융상품 투자
· 환헤지 비용
· ETF 운용비용 등

기초자산 선물

선물 ETF

입니다. 선물은 증거금으로 전체 투자 금액의 10분의 1만 냅니다. 나머지 90% 자금은 현금으로 보유하면서 채권이나 초단기 금융상품에 투자해 이자를 받아 추가수익을 낼 수 있습니다. 이렇게 나온 추가수익은 ETF의 배당과 비슷한 개념인 분배금으로 투자자들에게 돌아갑니다.

　ETF에 남은 90%의 자금을 환율의 영향을 받지 않도록 환헤지를 하는데 활용할 수도 있습니다. 해외 지수를 따라가는 ETF 가운데 선물 상품들이 대부분 환헤지를 하는 이유입니다. 환헤지를 하는 상품은 상품명 마지막에 '(H)'가 붙습니다. 반면 현물 ETF들은 투자금의 대부분을 주식을 사는 데 써야 하기 때문에 환헤지를 하기 어렵습니다.

　주식이 아닌 원자재 ETF라면 ETF 운용사가 현물을 사기가 어렵다는 점도 운용사가 현물이 아닌 선물 ETF를 택하는 이유입니다. 예를 들어 금 ETF라면 금 현물을 사서 운용사가 보관할 수도 있고, 금 선물을 살 수도 있겠죠. 그런데 운용사가 금을 사서 보관을 하려면 보관할 장소도 필요하고, 금을

원유 선물 롤오버 과정

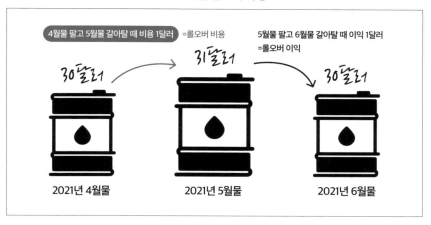

운반하는 데도 돈이 들 겁니다. 이런 비용들은 모두 ETF와 금 가격 간의 괴리를 만드는 요인이 됩니다. 그래서 국내에 상장한 금 ETF들은 모두 선물을 담아 운용하고 있습니다. 미국 시장에는 운용사가 금고에 금을 보유하는 현물 ETF도 상장해 있습니다. 국내에도 원자재 현물 ETF가 한 개 상장해 있습니다. TIGER 구리 실물입니다. 구리 실물을 조달청 창고에 보관하는 ETF입니다.

그렇다면 선물 ETF는 장점만 있을까요? 선물 ETF의 가장 큰 단점은 퇴직연금 계좌에서는 투자가 막혀 있다는 점입니다. 퇴직연금 계좌에선 대부분 선물 ETF를 투자할 수 없습니다. 파생상품의 ★위험평가액이 40%를 초과하는 상품은 퇴직연금 계좌에 담을 수 없게 되어 있는데, 대부분의 선물 ETF는 이 기준을 만족시키지 못하기 때문입니다. 자산운용사들이 이미 운용하기 쉬운 선물

위험평가액

파생상품이나 거래 상대방 등에 문제가 생겼을 때 회수할 수 없는 금액

ETF를 가지고 있는데도 같은 지수를 따라가는 현물 ETF를 상장하는 건 이런 이유 때문입니다.

롤오버 이익이나 비용이 발생할 수 있다는 점도 선물 ETF에 투자할 때 주의해야 할 점입니다. 선물은 만기가 있습니다. 하지만 우리가 선물에 투자할 때는 만기까지 기다려서 주식이나 금을 현물로 받는 게 목적이 아닙니다. 가지고 있는 선물을 만기가 돌아오기 전까지 팔고, 만기가 남은 선물을 다시 사서 투자를 이어가는 게 목적이죠. 이렇게 만기를 뒤로 미루기 위해 선물을 사고파는 걸 '롤오버'라고 합니다.

롤오버 과정에서 만기가 더 많이 남은 다음달 만기 선물이 이달 만기 선물보다 비싸진 상태라면, 다음달 만기 선물로 갈아타는 과정에서 그만큼 비싼 값을 치러야 합니다. 이 값이 ETF에는 손실로 반영되는데 이걸 '롤오버 비용'이라고 합니다. 이와 반대로 만기가 더 많이 남은 선물 가격이 떨어진 상태라면 롤오버 이익이 날 수도 있지만 선물시장에서 이런 일은 흔치 않습니다.

🔲 **ETF 초보자를 위한 꿀팁!**

ETF에는 선물을 담을 수도 있고, 현물을 담을 수도 있습니다. 운용사 입장에서 선물 ETF는 운용이 간편하고, 추가 수익을 낼 수 있으면서, 환헤지를 할 수 있다는 것이 장점입니다. 반면 퇴직연금 계좌에서는 투자하기가 어렵고, 롤오버 비용이 생길 수 있다는 단점도 있습니다.

질문 TOP 14

ETF도
배당을 주나요?

▶ 저자직강 동영상 강의로 이해 쑥쑥
QR코드를 스캔하셔서 동영상 강의를 보시고
이 칼럼을 읽으시면 훨씬 이해가 잘됩니다!

주식에 투자하면 *배당을 줍니다. 그렇다면 ETF는 어떨까요? ETF 역시
주식을 담고 있기 때문에 배당과 비슷한 '분배금'이 있습니다.

분배금은 ETF가 담고 있는 자산에서 매매차익이 아닌 다른 수익이 났을
때 투자자에게 배당처럼 나눠주는 돈을 의미합니다. ETF가 주식을 담고 있
다면 주식에서 나온 배당금이 분배금의 재원이 될 테고, 채권을 담고 있다
면 채권 이자가 분배금의 재원이 되는 식입니다.

이렇게 배당이 분배금의 전부라면 기
초지수가 같은 ETF들은 모두 분배금이 같
아야겠죠. 똑같은 주식을 들고 있을 테니
까요. 하지만 실제 ETF의 분배금 내역을

> **배당**
>
> 기업이 영업으로 생긴 이익 중
> 일부를 주주들에게 지분율에 따
> 라 나눠주는 것

2020년 코스피200 ETF 분배금 지급 내역

상품명	운용사	2020년 분배금 지급 내역	주당 분배금
KOSEF200	키움투자자산운용	600원(4월) 250원(10월)	850원
TIGER200	미래에셋자산운용	60원(1월) 440원(4월) 60원(7월) 80원(10월)	660원
TREX200	유리자산운용	630원(4월)	630원
ARIRANG200	한화자산운용	100원(1월) 400원(4월) 60원(7월) 50원(10월)	610원
KINDEX200	한국투자신탁운용	600원(4월)	600원
HANARO200	NH아문디자산운용	100원(1월) 370원(4월) 55원(7월) 70원(10월)	595원
KODEX200	삼성자산운용	50원(1월) 425원(4월) 55원(7월) 50원(10월)	580원
KBSTAR200	KB자산운용	70원(1월) 370원(4월) 60원(7월) 60원(10월)	560원
파워200	교보악사자산운용	420원(4월) 80원(7월) 60원(10월)	560원

자료: 각 사 홈페이지

보면 생각보다 많은 차이가 납니다. 코스피200 ETF를 예로 들어 살펴볼게요. 2020년 코스피200 ETF들이 분배금을 얼마나 줬는지를 보면, 분배금이 제일 많았던 상품이 키움자산운용의 KOSEF200이었는데 주당 850원을 지급했습니다. 분배금이 가장 적게 나온 상품은 KB자산운용의 주당 560원이었어요. 같은 지수를 따라가는 ETF인데도 어떤 운용사 상품이냐에 따라 분배금이 주당 300원 정도의 차이가 난 거죠.

같은 주식을 가지고 있는 ETF들인데도 왜 이렇게 분배금에 차이가 날까요? 분배금의 주요 재원은 배당금이지만 이 밖에도 영향을 미치는 다른 요

ETF 분배금 구성 요소

분배금 = 배당금 + 대차 수수료 + 현금 운용수익 + 이벤트 대응 수익

소들이 있기 때문입니다. 주식 대차 수수료, 현금 운용수익, 이벤트 대응수익도 분배금을 구성하는 요소들인데요, 하나씩 살펴봅시다.

먼저 '주식 대차 수수료'는 ETF가 가지고 있는 주식을 빌려주고 받는 수수료입니다. 주식 공매도를 원하는 기관투자가에게 주식을 빌려주는 것이죠. 공매도는 특정 주식이 떨어질 것 같을 때 이 주식을 가지고 있는 사람에게 주식을 빌려서 먼저 판 다음, 나중에 그 주식을 사서 갚는 것입니다. 주가가 떨어지면 공매도한 사람에게 이득이지만 그 반대라면 손해를 보겠죠.

공매도 투자를 하는 기관투자가들이 주식을 빌릴 때 좋은 파트너가 바로 ETF 운용사들입니다. ETF 안에는 다양한 종류의 주식이 다 들어 있으니 주식을 골라서 빌리기가 쉽겠죠. 게다가 액티브 펀드라면 아무리 수수료를 받더라도 내가 가진 종목을 공매도하라고 주식을 빌려주는 게 내키지 않을 겁니다. 하지만 ETF는 패시브 펀드다 보니 이런 걱정도 없습니다. 초과수익을 낼 필요 없이 지수만 정확하게 따라가는 게 목표니까요. 제도적으로 ETF가 보유하고 있는 주식의 절반까지는 주식을 빌려줄 수 있게 되어 있는데요, 이렇게 주식을 빌려주고 받는 수수료가 대차수수료입니다.

두 번째로 '현금 운용수익'은 말 그대로 ETF가 가지고 있는 현금을 굴려서 나온 수익을 의미합니다. ETF마다 다르지만 ETF는 현금을 조금씩 들고 있습니다. 주식 거래 수수료를 내야 할 수도 있고, ETF가 따라가는 지수를 만든 지수 사업자에게 주는 지수 사용료도 내야 할 때도 있을 테니 만약을

위해 남겨두는 것이죠. 이렇게 빼둔 현금은 그냥 두지 않고 조금이라도 수익을 내기 위해 초단기 상품에 넣습니다. 여기서 나온 수익도 분배금 재원이 됩니다.

마지막으로 '이벤트 대응 수익'입니다. 여기서 이벤트는 특정 종목이 지수에 들어오거나 빠질 때, 혹은 특정 종목의 거래가 정지되었을 때처럼 시장에 생기는 평소와 다른 상황을 의미합니다. 이벤트에 ETF 운용사가 어떻게 대응하느냐에 따라 지수보다 높은 수익을 낼 수도 있겠죠. 이렇게 낸 수익도 분배금의 재원으로 포함됩니다. 그래서 운용사마다 분배금의 규모가 달라지는 것이죠.

그렇다면 분배금은 왜 주는 것일까요? '예상보다 돈을 많이 벌었다면 그냥 높은 수익률을 찍어주는 게 좋은 것 아닌가' 하고 생각할 수 있지만, 우리는 여기서 ETF의 목적을 다시 생각해볼 필요가 있습니다. 바로 기초지수를 잘 따라가는 것입니다. 매년 배당으로 지수 상승분보다 더 이익이 난 부분은 덜어내줘야 꾸준히 지수를 따라갈 수 있습니다.

분배금이 나오는 시기는 배당금이 나오는 시기와는 조금 다릅니다. 일반적으로 주식형 ETF는 매년 1월, 4월, 7월, 10월, 12월의 마지막 거래일을 분배금 지급 기준일로 설정합니다. 이 날에 ETF를 가지고 있는 사람에게 분배금을 준다는 의미죠. 여기서 하나 주의해야 할 점은 결제 기준이라는 겁니다. 주식을 사면 결제까지는 이틀이 걸리지요. ETF도 마찬가지입니다. 적어도 영업일 기준 이틀 전에 ETF 매수 주문을 넣어야 분배금을 받을 수 있습니다.

그렇다면 분배금은 지급 기준일마다 매번 줄까요? 그건 아닙니다. 보통 주식형 ETF는 4월에 분배금을 가장 많이 줍니다. 국내 상장사 대부분이

12월 결산법인인데, 12월 결산법인의 배당금은 4월에 들어오기 때문입니다. 나머지 1월, 7월, 10월, 12월에는 ETF 운용 상황에 따라서 분배금을 조금 주거나 아니면 그냥 넘길 수도 있습니다.

배당락

배당 기준일이 지나 배당을 받을 권리가 사라지는 것. 통상 배당 기준일이 지나면 배당을 받은 투자자들의 매도로 주가가 떨어진다

주식이 배당을 하면 그만큼 *배당락이 생기듯, ETF도 분배금을 지급하면 그만큼 가격이 떨어집니다. 이걸 '분배락'이라고 합니다. 분배락은 분배금 지급 기준일 다음날에 생깁니다. ETF가 올해 얼마나 분배금을 줄지는 정확히 알 수 없습니다. 다만 과거에 분배금을 얼마나 줬는지를 살펴보면 대략 비슷한 규모의 분배금을 지급할 것으로 예상할 수 있습니다. 분배금 지급 내역은 ETF 운용사 홈페이지에서 확인할 수 있습니다.

ETF 초보자를 위한 꿀팁!

주식이 배당을 하듯 ETF도 분배금을 투자자들에게 나눠줍니다. 주식형 ETF는 주로 배당금이 들어오는 4월에 분배금을 많이 지급합니다. 분배금을 지급하는 시기와 규모는 ETF마다 제각각입니다. ETF의 과거 분배금 지급 내역을 확인하면 올해 분배금 규모를 예상할 수 있습니다.

ETF가 어떤 상품인지 알았다면 투자를 해야겠죠? 이제부턴 ETF 실전 투자 전략을 살펴봅니다. 3장에서는 시장의 국면에 따라, 투자자가 처한 상황에 따라 선택할 수 있는 ETF 투자법에 대해 알아봅니다. 종목이나 산업에 대한 이해 없이 시장 방향에 대한 예측만으로 투자하고 싶을 때는 ETF가 제격입니다. 상승장일 때, 횡보장일 때, 하락장일 때 각각 수익을 낼 수 있는 ETF를 소개합니다. 시장의 흐름을 따라가면서도 초과수익을 내는 전략, 개별종목 공부가 충분히 되지 않았을 때 업종 투자부터 시작하는 법등 투자자의 상황에 맞춘 ETF 활용 방식도 고민해봅니다.

Exchange

3장

돈 버는 ETF를 위해
꼭 알아야 할
투자전략

ETF

질문 TOP 15
증시가 오를 것 같을 땐 어떤 ETF를 살까요?

▶ 저자직강 동영상 강의로 이해 쏙쏙
QR코드를 스캔하셔서 동영상 강의를 보시고
이 칼럼을 읽으시면 훨씬 이해가 잘됩니다!

어떤 기업이 오를지는 모르겠지만 시장 분위기가 좋아보일 때가 있죠. 그럴 땐 ETF가 제격입니다. 시장 전체에 손쉽게 투자할 수 있으니까요. 기업이나 업종은 잘 모르겠지만 주식시장이 장기적으로 성장한다는 믿음이 있다면 각국의 대표지수 ETF에 투자하는 게 가장 편안한 선택일 겁니다. 국가도 고르지 못하겠다면 글로벌 증시 전체에 투자하는 방법도 있습니다. 주요국 대표지수와 글로벌 주식시장 전반에 투자하는 ETF에 대해서는 5장에서 더 자세히 다루려고 합니다.

증시의 성장을 믿고 장기투자할 땐 지수형 ETF가 유리하지만, 단기적으로 주식시장이 오를 것이란 확신이 있을 땐 레버리지 ETF도 좋은 투자처입니다. '레버리지'는 지렛대라는 뜻입니다. 지렛대를 활용하면 내가 그냥 물

코스피200, 코스피200선물 레버리지 ETF

상품명	운용사	상장일	운용보수 (연, %)	시가총액 (억 원)
KODEX 레버리지	삼성자산운용	2010.02.22	0.64	1조 5,300
TIGER 레버리지	미래에셋자산운용	2010.04.09	0.09	270
KINDEX 레버리지	한국투자신탁운용	2012.01.27	0.3	110
TIGER200선물 레버리지	미래에셋자산운용	2017.04.25	0.09	1,310
HANARO200 선물 레버리지	NH아문디자산운용	2018.08.14	0.45	560
KOSEF200선물 레버리지	키움투자자산운용	2016.09.12	0.46	280
KBSTAR200선물 레버리지	KB자산운용	2016.09.12	0.6	260
ARIRANG200 선물 레버리지	한화자산운용	2016.09.29	0.06	150

자료: 한국거래소 •2021년 7월말 기준

건을 들 때보다 같은 힘으로도 더 무거운 물건을 들 수 있잖아요. 마찬가지로 투자에서 레버리지는 빚을 내서 같은 돈으로도 투자 수익률을 더 크게 가져가는 방법을 말합니다.

내가 투자한 금액보다 더 큰 효과를 내는 상품은 모두 레버리지 상품입니다. 한국에서는 지수 하루 등락폭의 두 배를 추종하는 ETF만 있지만 미국에는 세 배, 네 배짜리 레버리지 ETF도 있죠. 또한 ETF에는 두 배짜리 레버리지만 있지만 주식형 펀드에서는 지수 하루 등락폭의 1.5배만큼 수익을 내는 상품도 있는데, 이런 것도 레버리지 상품의 일종입니다.

레버리지 상품의 종류는 다양하지만 보통 한국에서 레버리지 ETF라고 하면 코스피200 지수 하루 등락폭의 두 배를 추종하는 상품을 말합니다. 국내에서 거래대금기준 부동의 1위인 삼성자산운용의 KODEX 레버리지가 대표상품입니다. 코스피200만 있냐고요? 아닙니다. 코스닥150, 코스피200 IT지수, 달러인덱스 등 다양한 레버리지 상품이 국내에 상장해 있습니다. 이런 레버리지 상품은 상품명 마지막에 '레버리지'라고 써 있기 때문에 알아보기가 쉽습니다.

그렇다면 레버리지 ETF는 어떻게 운용하길래 지수 하루 등락폭의 두 배를 추종할 수가 있는 걸까요? 보통 레버리지 ETF는 선물을 이용해서 지수 수익률의 두 배를 따라가게 설계합니다. 예를 들어 코스피200 레버리지 ETF에 1억이 들어왔다고 해볼게요. 그러면 1억으로 일단 코스피200에 해당하는 종목이나 코스피200 ETF를 담습니다. 그 다음 이 주식을 담보로 돈을 1천만 원 빌립니다. 그리고 이 1천만 원으로 코스피200 선물에 투자합니다. 선물은 증거금이 10%만 있어도 계약을 체결할 수 있는데요, 이걸 이용해서 적은 돈으로도 코스피200에 두 배 투자한 것과 같은 효과를 낼 수 있는 것이죠.

아니면 애초에 1억으로 선물만 2천만 원어치를 산 다음에 나머지는 채권이나 초단기 금융상품에 투자해서 초과수익을 노릴 수도 있을 겁니다. 이렇게 코스피200 선물로만 운용하는 상품은 레버리지 중에서도 코스피200선물 레버리지라고 합니다. 같은 코스피200 레버리지 ETF라도 상품명에 선물 레버리지라고 쓰여 있는 게 있는데, 이런 ETF는 코스피200 선물로만 운용한다는 뜻입니다. 현물을 기반으로 선물을 섞어서 운용하는 현물 레버리지 상품에는 이런 표시 없이 그냥 레버리지라고만 쓰여 있습니다. 같은 코스피200 레버리지라도 선물과 현물 레버리지 상품은 기초지수도 알고 보면 조금 다릅니다.

현물 레버리지 상품의 기초지수는 코스피200이지만 선물 레버리지 상품의 기초지수는 코스피200선물입니다. 현물과 선물은 비슷하게 움직이지만 약간 차이가 벌어질 때도 있거든요. 현물, 선물 이런 게 헷갈리고 복잡하다면 이런 개념은 그냥 듣고 넘겨도 됩니다. 실제 개인투자자들이 투자할 때 운용방식이 수익률에 미치는 영향은 미미한 수준입니다.

ETF 초보자를 위한 꿀팁!

장기적으로 주식시장이 상승할 것이라고 생각하면 증시 대표지수에 투자하면 됩니다. 단기적으로 시장이 오를 것이란 확신이 있다면 투자금보다 더 높은 수익을 내는 레버리지 ETF가 좋은 투자 수단입니다. 주가지수뿐 아니라 달러, 원자재 등 다양한 자산의 레버리지 상품도 있습니다.

레버리지 ETF를 사려면
받아야 하는 교육

레버리지는 참 매력적인 상품입니다. 추세 상승장에선 레버리지 ETF만큼 높은 수익을 내는 상품이 없거든요. 그만큼 시장 방향에 확신이 있을 때, 또한 짧은 기간 동안 잘 활용하면 내 자산을 불려주는 효자상품이 될 수도 있습니다. 레버리지 ETF가 거래대금 기준으로 부동의 1위를 차지하는 것도 이런 이유 때문입니다.

레버리지 ETP 교육을 이수할 수 있는 금융투자교육원 홈페이지

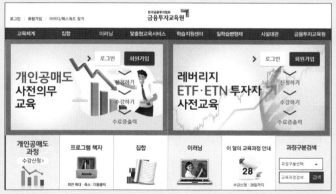

자료: 금융투자교육원

그런데 개인투자자 사이에서 레버리지 ETF 인기가 높아지는데 투자위험에 대한 인식은 낮다 보니 금융당국에선 레버리지 상품에 대한 문턱을 높이기 시작했습니다. 그래서 2021년부터는 레버리지 상품을 사려면 기본 예탁금이 1천만 원은 있어야 하고, 사전교육도 이수해야 합니다. 레버리지 관련 사전교육은 금융투자교육원 홈페이지에서 받을 수 있습니다. 홈페이지에서 한눈에 알아보는 레버리지 ETP 가이드를 수료하면 교육이 끝납니다. 여기서 ETP는 ETF와 ETN를 합쳐서 부르는 말입니다.

3천 원을 내면 강의를 수료할 수 있고, 하루 동안 4시간의 강의를 들으면 됩니다. 강의를 모두 듣고 이수번호를 받으면 각자 쓰는 증권사 HTS나 MTS에서 이 번호를 등록하고, 증권사에 맡긴 금액이 1천만 원을 넘겼다면 바로 레버리지 상품을 매매할 수 있습니다.

증시가 떨어질 것 같을 땐 어떤 ETF를 사면 되나요?

▶ 저자직강 동영상 강의로 이해 쏙쏙
QR코드를 스캔하셔서 동영상 강의를 보시고
이 칼럼을 읽으시면 훨씬 이해가 잘됩니다!

주식시장은 오르고 내리기를 반복합니다. 특정 종목이나 주가 지수가 떨어질 것이라고 예상될 때 수익을 낼 수 있는 방법은 무엇이 있을까요? 대표적인 방법은 '공매도'입니다. 우리가 보통 주식을 거래할 때는 싸게 사서 비싸게 파는 게 목적입니다. 그러나 공매도는 반대입니다. 비싸게 판 다음 싸게 사는 게 목적입니다.

공매도의 과정을 예를 들어 살펴볼게요. A라는 주식이 현재 주당 10만 원입니다. 저는 이 주식이 원래 가치에 비해 지나치게 고평가되어 있다고 판단했습니다. 그래서 A라는 주식을 가지고 있는 사람에게 주식을 빌립니다. 물론 돈을 빌릴 때와 마찬가지로 이자(대차 수수료)도 쳐줍니다. 이렇게 빌린 주식을 시장에 팝니다. 빌린 주식을 파는 걸 공매도, 영어로는 숏(short)이라

국내 상장 주요 인버스 ETF

상품명	운용사	상장일	운용보수 (연, %)	시가총액 (억 원)
KODEX 인버스	삼성자산운용	2009.09.16	0.64	1조 420
TIGER 인버스	미래에셋자산운용	2010.03.29	0.09	650
KINDEX 인버스	한국투자신탁운용	2011.09.08	0.15	60
KODEX 코스닥150선물인버스	삼성자산운용	2016.08.10	0.64	4,700
TIGER 코스닥150선물인버스	미래에셋자산운용	2016.08.10	0.32	230
KODEX WTI원유선물인버스(H)	삼성자산운용	2019.06.13	0.35	90
TIGER 원유선물인버스(H)	미래에셋자산운용	2015.04.29	0.69	40
KODEX 골드선물인버스(H)	삼성자산운용	2017.11.09	0.45	40
KOSEF 미국달러선물인버스	키움투자자산운용	2011.04.01	0.49	110
KODEX 국채선물10년인버스	삼성자산운용	2013.05.31	0.07	450

자료:한국거래소 •2021년 7월말 기준

고 합니다.

예상대로 A 주식이 하락하면 떨어진 가격에 주식을 사서 주식을 갚습니다. 공매도한 주식을 다시 사들이는 건 '숏커버링'이라고 합니다. 이렇게 되면 저는 A주식이 떨어진 금액에서 주식을 빌릴 때 낸 이자를 제외한 만큼을 수익으로 가져갑니다. 물론 예상과 반대로 주가가 오르면 주가가 오른 만큼에 이자까지 더해 손실을 입겠죠.

개별종목이 떨어질 것 같을 때는 주식으로 공매도를 하고, 지수가 떨어질 것 같을 땐 지수 선물을 공매도할 수도 있습니다. 하지만 개인투자자들

국내 상장 주요 인버스레버리지 ETF

상품명	운용사	상장일	운용보수 (연, %)	시가총액 (억 원)
KODEX 200선물인버스2X	삼성자산운용	2016.09.22	0.64	2조 1,510
TIGER 200선물인버스2X	미래에셋자산운용	2010.03.29	0.09	1,270
KBSTAR 200선물인버스2X	KB자산운용	2016.09.22	0.60	320
KOSEF 200선물인버스2X	키움투자자산운용	2016.09.22	0.46	90
KOSEF 미국달러선물인버스2X	키움투자자산운용	2015.11.16	0.64	170
TIGER 미국달러선물인버스2X	미래에셋자산운용	2016.12.27	0.47	90
KODEX 미국달러선물인버스2X	삼성자산운용	2016.12.27	0.45	60

자료: 한국거래소 •2021년 7월말 기준

은 이런 공매도를 하기가 쉽지 않습니다. 개인에게 주식을 빌려준다는 곳을 찾기 어려울 뿐 아니라, 주식을 빌릴 수 있다고 해도 이자가 비싸서 그 이자 이상의 수익을 내기도 어렵죠.

이럴 때 쉽게 공매도 같은 효과를 낼 수 있는 게 인버스 ETF입니다. 인버스 ETF는 지수 하루 등락폭을 반대로 따라가는 상품입니다. 지수가 하루에 1% 오르면 1% 손해를 보고, 1% 떨어지면 1% 수익이 납니다. 국내에는 30여 종의 인버스 ETF가 상장해 있습니다. 상품명 마지막에 '인버스'가 포함되어 있다면 인버스 ETF입니다. 인버스 ETF를 활용하면 주가지수뿐 아니라 국채, 달러, 원유 등 다양한 자산의 하락에 투자할 수 있습니다.

인버스에 레버리지를 추가해 하루 등락폭을 두 배로 부풀린 상품도 있습니다. 흔히 이야기하는 '곱버스'입니다. 지수가 하루에 1% 떨어지면 2% 수익이 나는 상품입니다. 상품명 마지막에 인버스2X가 포함되어 있다면 인버스레버리지 ETF입니다. 인버스레버리지 ETF도 레버리지 ETF의 일종이기 때문에 금융투자교육원의 사전교육을 이수해야 합니다. 국내에 상장한 인버스레버리지 ETF는 10여 개입니다.

인버스 ETF는 하락장에서 수익을 내려는 목적 외에 투자 리스크를 줄이는 데도 활용할 수 있습니다. 지수가 많이 올랐을 때는 시장의 하락에 대비해 전체 투자 포트폴리오에서 인버스 ETF 비중을 늘리고, 지수가 크게 떨어지면 시장 상승에 대비해 인버스 ETF 비중을 줄이는 식입니다. 이렇게 하면 지수가 떨어져 다른 종목에서 손실을 보더라도 인버스 ETF에서 수익을 내서 전체 수익률을 방어할 수 있습니다.

ETF 초보자를 위한 꿀팁!

개인투자자는 주가지수나 개별종목 주가가 떨어질 것으로 예상해도 활용할 수 있는 수단이 많지 않습니다. 공매도, 선물매도 등은 개인이 접근하기 어려운 시장이기 때문입니다. 하지만 인버스나 인버스레버리지ETF를 활용하면 시장이 하락할 때도 수익을 낼 수 있습니다.

질문 TOP
17

주식시장이 횡보할 때 수익 나는 ETF도 있나요?

▶ 저자직강 동영상 강의로 이해 쑥쑥
QR코드를 스캔하셔서 동영상 강의를 보시고
이 칼럼을 읽으시면 훨씬 이해가 잘됩니다!

　　한국 증시는 2010년대 초반부터 10여 년 동안 지루한 박스권 안에서 움직였습니다. 코스피 지수가 2100선을 넘으면 시장이 고꾸라지고, 1900선까지 떨어지면 반등하기를 반복했습니다. '한국 증시는 투자 매력이 떨어진다'는 인식이 생긴 것도 이 시기였지요.

　　지루한 박스권 장세가 이어졌던 10년 동안은 ETF를 활용한 '지수 서퍼'들의 전성기였습니다. 서퍼들이 파도를 타듯, 시장의 파도를 활용해 ETF로 수익을 내는 투자자들을 뜻하는 말입니다. 당시 지수 서퍼들은 코스피 지수가 박스권 안에서 계속 움직일 것이라고 가정하고 ETF를 사고팔았습니다. 코스피 지수가 2100에 가까워지면 코스피200 인버스 ETF를 매수하고, 코스피 지수가 1900에 가까워지면 인버스 ETF를 매도합니다. 그리고 코스피

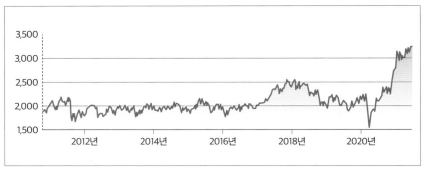

10년 동안 '박스피'를 거친 코스피 시장

자료: 한국거래소

200 ETF나 코스피200 레버리지 ETF로 갈아타죠. 아주 단순하지만 *박스권 장세에서는 효과를 발휘했던 전략이었습니다.

'지수 서핑' 전략의 치명적인 단점은 이 전략의 전제가 틀릴 때 생깁니다. 지수가 박스권에 갇혀 있을 것이라는 가정이지요. 시장이 박스권을 뚫고 상승하거나 하락하는 순간 손실폭이 커집니다. 2017년 하반기 코스피 지수가 상승장을 탔을 때 많은 '지수 서퍼'들이 손실을 입었던 것도 이런 이유 때문입니다. 예상과 달리 코스피 지수가 10여 년 만에 2500선을 넘어서면서 인버스 ETF를 매수한 투자자들의 손실이 커졌기 때문입니다.

횡보장을 예상해서 인버스 ETF를 매수했더라도 시장이 예상과 다르게 움직일 가능성을 대비해 5~10%가량의 손절 폭을 미리 정해두는 게 리스크를 줄일 수 있는 방법입니다.

시장 상황에 따라 ETF를 사고파는 방법 외에 횡보장에서 수익을 내는 ETF도 있습니다. 커버드콜 ETF가 대표적입니다. 커

박스권

주가가 일정한 가격 내에서 오르고 내려서 마치 '박스'에 갇혀 있는 것처럼 보이는 현상

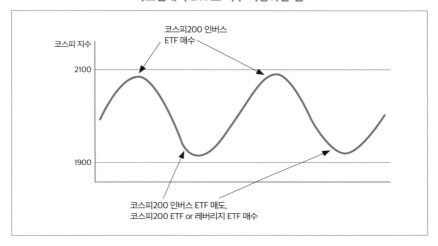

박스권에서 ETF로 지수 서핑하는 법

코스피 지수

코스피200 인버스
ETF 매수

2100

1900

코스피200 인버스 ETF 매도,
코스피200 ETF or 레버리지 ETF 매수

버드콜은 주식을 매수하면서 동시에 콜옵션을 매도해 안정적인 수익률을 추구하는 전략입니다.

복잡한 개념들을 하나하나 풀어보겠습니다. 콜옵션은 만기일에 정해진 가격으로 기초자산을 살 수 있는 권리입니다. 예를 들어 현재 기초자산이 1천 원이고 콜옵션의 행사가가 3천 원일 때 콜옵션을 매수하면 옵션 만기일에 3천 원에 기초자산을 살 수 있는 권리를 갖게 되는 겁니다. 반대로 콜옵션을 매도하면 옵션 만기일에 기초자산을 3천 원에 살 수 있는 권리를 남에게 파는 거죠.

제가 이 콜옵션을 매도했다고 가정해볼게요. 옵션 만기일에 기초자산이 4천 원이 됐다면 제게 콜옵션을 사간 사람은 어떻게 행동할까요? 콜옵션의 행사가가 3천 원이니 콜옵션을 행사하는 게 이득일 겁니다. 이 사람이 콜옵션을 행사하면 저는 기초자산 가격이 오른 만큼 손해를 보겠죠.

콜옵션 매도시 수익률 그래프

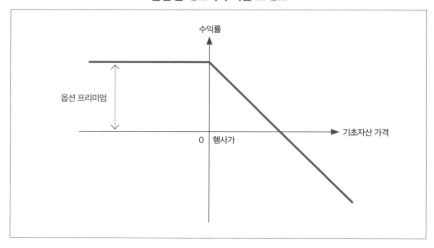

반대로 기초자산이 3천 원보다 아래라면 콜옵션을 사간 사람 입장에선 콜옵션을 행사할 권리를 포기하는 게 합리적입니다. 그러면 저는 콜옵션을 매도할 때 처음에 받은 옵션 프리미엄만 가져가게 됩니다. 즉 콜옵션 매도자인 제 입장에선 기초자산이 3천 원 이상으로 오르지만 않는다면 옵션 프리미엄을 받으면서 수익을 낼 수 있고, 기초자산이 3천 원 이상으로 급등하면 손실이 커지게 되는 겁니다.

그렇다면 다시 커버드콜 전략으로 돌아가보겠습니다. 커버드콜은 콜옵션을 매도하는 동시에 기초자산을 매수합니다. 그러면 어떻게 될까요? 기초지수가 횡보하거나 완만하게 상승세를 이어갈 때 수익이 쌓이는 기초지수보다 더 높은 수익을 낼 수 있는 구조가 됩니다.

'TIGER200 커버드콜 5% OTM'의 예를 들어 자세히 알아보겠습니다. 이 상품은 코스피200 종목을 담습니다. 동시에 옵션 만기일에 지금보다

국내 상장 커버드콜 ETF

상품명	운용사	상장일	운용보수 (연, %)	시가총액 (억 원)
KODEX 미국S&P 고배당커버드콜(합성H)	삼성자산운용	2017.8.10	0.30	340
마이다스 200커버드콜5% OTM	마이다스에셋 자산운용	2011.02.15	0.45	90
TIGER 200커버드콜5%OTM	미래에셋자산운용	2012.10.25	0.38	80
TIGER 200커버드콜ATM	미래에셋자산운용	2018.2.9	0.38	70
마이티 200커버드콜ATM레버리지	DB자산운용	2018.3.20	0.51	70
KBSTAR 200고배당커버드콜ATM	KB자산운용	2018.2.27	0.40	60

자료:한국거래소 •2021년 7월말 기준

5% 높은 가격에 코스피200 지수를 매수할 수 있는 권리(콜옵션)를 매도합니다. 한 달 뒤 코스피200 지수가 제자리거나 5% 미만으로 완만히 상승했다면, 콜옵션 매도로 얻은 옵션 프리미엄이 추가수익이 됩니다.

코스피200 지수가 떨어졌다면 담고 있는 주식들도 떨어졌을 테니 손실을 입었겠지만, 코스피200 ETF와 비교하면 옵션 프리미엄만큼은 수익을 방어했을 겁니다. 하지만 코스피200 지수가 한 달 뒤 5% 이상 급등했다면, 콜옵션 매도에서 손실이 나기 때문에 코스피200 지수도 따라가지 못하는 결과가 나옵니다. 코스피200 지수 상승폭이 크면 클수록 콜옵션 매도로 인한 손실폭이 커지기에 급등장에선 수익률이 나쁠 수밖에 없는 상품입니다.

ETF의 이란성 쌍둥이 형제 격인 ETN 상품 가운데선 이런 식으로 옵션을 활용한 상품의 종류가 더 많습니다. 시장 변동성이 적을 때 안정적으로

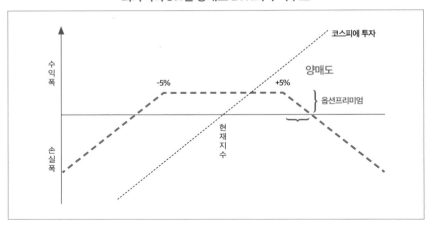

외가격이 5%인 양매도 ETN의 수익구조

코스피에 투자

수익폭

양매도

-5%   +5%

옵션프리미엄

현재지수

손실폭

수익을 낼 수 있는 '양매도 ETN'이 대표적입니다. 커버드콜 전략은 콜옵션만 매도하지만 양매도는 말 그대로 콜옵션과 ＊풋옵션을 양쪽에서 모두 매도합니다. 주식은 담지 않습니다.

양매도 ETN 대표상품인 'TRUE 코스피 양매도 5% OTM'은 매월 옵션 만기일에 외가격(OTM)이 5%인 콜옵션과 풋옵션을 동시에 매도합니다. '5% OTM 콜옵션을 매도한다'는 의미는 한 달 뒤 옵션 만기일에 지금 지수보다 5% 높은 가격에 지수를 매수할 수 있는 권리를 상대방에게 판다는 뜻입니다. 옵션 만기일에 지수가 5%보다 더 많이 오르면 콜옵션을 산 사람은 원래 약속한 가격에 지수를 사들여 차익을 남기겠지만, 그보다 덜 오르면 지수를 사들일 권리를 포기하는 게 합리적이겠죠. 그러면 콜옵션을 매도한 투자자는 옵션 프리미엄을 남길 수 있습니다. 비슷한 방식으로 풋옵션도 매도해 양쪽에서 옵

풋옵션

자산을 특정 시점에 미리 정한 가격으로 팔 수 있는 권리

션 프리미엄을 남깁니다. 매달 코스피 지수가 5% 이상 빠지거나 오르지 않는다면 옵션 프리미엄으로 연 5~6%가량 수익을 쌓을 수 있는 겁니다. 변동성이 낮은 횡보장에서 수익을 쌓고, 변동성이 큰 급락·급등장에선 손실을 입는 상품입니다.

옵션을 활용한 전략은 개인투자자들이 이해하기 어렵고, 실제로 투자하기는 더 어렵습니다. 옵션시장의 진입장벽이 높기 때문입니다. 이런 이유 때문에 개인보다는 기관투자가들이 주로 활용합니다. 커버드콜 ETF나 양매도 ETN은 변동성이 낮은 시장 상황에서 기관투자가들이 안정적으로 수익을 내기 위해 사용했던 전략을 개인들도 손쉽게 따라할 수 있도록 만든 상품이라고 생각하면 됩니다.

ETF **ETF 초보자를 위한 꿀팁!**

시장이 횡보할 때도 ETF를 활용하면 수익을 낼 수 있습니다. 박스권 장세를 예상하면 박스권 상단에서는 인버스를, 하단에서는 정방향이나 레버리지 상품을 매수할 수 있습니다. 커버드콜 ETF나 양매도 ETN은 옵션을 활용해 시장이 횡보할 때 수익을 낼 수 있도록 구조를 짠 상품입니다.

남들보다 더 벌고 싶을 때 어떤 ETF가 좋나요?

주식투자를 하면서 제일 배가 아플 때는 언제일까요? 손실을 볼 때도 물론 속이 쓰리지요. 하지만 제가 만난 자산운용사 대표님들과 매니저님들의 이야기를 종합해보면, 투자자들이 가장 속상해하는 순간은 '돈을 벌긴 벌었는데 다른 사람들이 나보다 더 벌었을 때'라고 하더라고요. 손실을 입더라도 시장 전체가 빠져서 남들도 손해를 보고 있을 때는 고객들이 견디지만, 시장은 엄청나게 활황인데 그만큼 수익을 내지 못할 때 운용사가 가장 많이 항의를 받는다는 이야기입니다. 절대적인 수익률이 중요한 게 아니라 남들보다 더 버는 게 중요하다는 거죠.

남들만큼 혹은 남들보다 더 많이 번다는 것의 의미는 무엇일까요? 주식에 투자한 사람들의 평균 수익률은 한 시장의 대표지수로 가늠해볼 수 있습

핵심-위성 전략

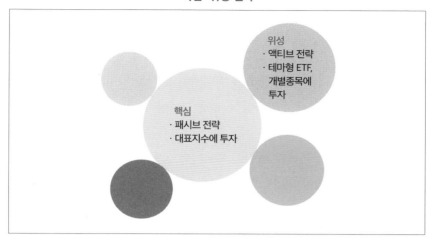

위성
· 액티브 전략
· 테마형 ETF,
  개별종목에
  투자

핵심
· 패시브 전략
· 대표지수에 투자

니다. 한국 주식시장에 투자한 사람들의 평균 수익률은 코스피200, 코스닥 150같은 시장 대표지수가 될 테고, 미국 주식시장이라면 S&P500, 나스닥 100이 주식투자자들의 평균 수익률이겠죠. 그러니 남들보다 더 번다는 것은 시장 대표지수 상승률보다 더 높은 수익을 낸다는 의미입니다.

그렇다면 투자자들의 영원한 숙제죠. 시장보다 더 높은 수익률을 내려면 어떻게 해야 할까요? 정답은 없지만 시장보다 높은 수익률을 내는 게 목표인 펀드매니저 같은 기관투자가들이 많이 쓰는 방법이 있습니다. '핵심-위성 전략'이라는 투자법입니다.

'핵심, 위성'이라는 말에서 알 수 있듯이 이 전략은 핵심에 자산의 대부분을 투자하고, 가벼운 위성은 시장에 대한 자신의 판단에 따라 바꿔서 투자합니다. 무거운 지구가 중심을 지키고, 이 주변을 가벼운 달이 도는 모습을 상상해보면 됩니다. 핵심에는 시장 전체를 따라가는 시장 대표지수를 담아서 남들만큼 수익을 내는 데 집중합니다. 나머지 위성에는 잘나갈 것 같은 업종의 ETF를 담을 수도 있고, 개별종목을 담을 수도 있겠죠. 예상대로 위성에 투입한 돈이 마치 별동대처럼 큰 성과를 내면 전체 수익률을 끌어올릴 수 있어서 좋고, 예상이 틀려서 위성에서 손실을 입더라도 든든한 본진인 핵심이 있으니 시장 수익률에서 크게 벗어나지 않을 수 있다는 게 장점입니다.

핵심자산과 위성자산의 비중은 투자자의 성향에 따라 다릅니다. 하지만 적어도 핵심의 비중이 절반은 넘겨야 '핵심'이라고 볼 수 있겠죠. 시장 수익률만큼 수익을 내는 게 목표인 투자자라면 핵심의 비중이 100%에 가까울 것이고, 시장보다 높은 수익을 내는 게 목표인 투자자라면 핵심의 비중이 50%에 더 가까울 겁니다. 핵심자산에 들어갈 만한 ETF는 다양한 주식에 분산투자하는 대표지수가 적합합니다. 한국 증시라면 코스피200, 미국 증시라면 S&P500이나 나스닥100, 혹은 글로벌 증시 전체나 선진국 증시 전체에 투자하는 ETF를 핵심자산으로 삼을 수 있겠죠.

예를 들어보겠습니다. 앞으로 전기차는 지금보다 늘어날 수밖에 없을 것같으니 여기에 들어가는 2차전지 산업에 투자하려는 투자자가 있습니다. 이런 사람이라면 코스피200 ETF를 80% 정도 사고 나머지는 2차전지 ETF에 투자하는 거죠. 2차전지가 더 좋을 것 같다면 여기서 2차전지 비중을 늘릴 수도 있고요. ETF끼리 섞을 수도 있지만 종목에 대한 공부가 되었다면 종목을 섞어도 됩니다.

예를 들어 2차전지 기업 중에서도 1등인 LG에너지솔루션이 더 좋을 것같다고 생각하면 '코스피200에 70%, 2차전지 ETF에 20%, LG에너지솔루션에 10%', 이런 식으로 확신하는 만큼 비중을 늘리거나 줄여서 입맛에 맞는

맞춤형 펀드를 만들 수도 있겠죠. 간단한 구조이지만 종목 몇 개를 골라서 시장보다 높은 수익을 내는 것보단 이 편이 수익을 낼 확률이 높을 겁니다.

실제 국내주식형 액티브 펀드를 운용하는 많은 펀드매니저나 대규모 자금을 운용하는 연기금들도 이런 식으로 투자를 합니다. 우리가 가입하는 대부분의 액티브 주식형 펀드가 목표로 삼는 수익률은 코스피200 지수입니다. 액티브 펀드매니저가 펀드 수익률을 평가받는 기준은 '한 해에 얼마나 수익을 냈느냐'가 아닙니다. '코스피200보다 얼마나 더 높은 수익을 냈느냐, 못 냈느냐'입니다. 그러다 보니 코스피200에서 소외되지 않도록 코스피200 중심으로 투자하면서 시장보다 더 높은 수익을 내도록 매니저가 좋게 보는 업종은 더 담고, 안 좋게 보는 업종은 덜 담는 게 기본입니다.

ETF가 만들어지기 전에는 개인투자자가 이런 기관투자가들의 전략을 따라하는 게 쉽지 않았습니다. 코스피200을 따라가려면 단순히 200개 종목을 한 주씩만 사도 엄청나게 많은 자금이 필요할 겁니다. 그래서 각광받았던 게 주식형 펀드입니다. 하지만 ETF가 등장하면서 개인투자자도 소액으로 시장 전체에 투자할 수 있게 되었습니다. 예전에는 주식형 펀드를 골라 가입을 했다면, 이제는 우리의 각자 입맛에 맞는 주식형 펀드를 만들어 내는 시장이 열린 겁니다.

ETF 초보자를 위한 꿀팁!

주식시장에서 소외되지 않는 편리한 방법 중 하나는 '핵심-위성 전략'입니다. 시장대표지수에 자산의 절반 이상을 담고, 나머지는 내가 좋게 보는 투자처에 넣어두는 전략입니다. 예상이 맞으면 수익을 끌어올릴 수 있어서 좋고, 예상이 틀려도 수익률을 방어할 수 있는 장점이 있습니다.

질문 TOP
19

개별종목 투자에도
ETF가 도움 되나요?

　한 신문기사가 눈에 띕니다. '차량용 반도체 품귀 현상' '반도체 대란' '반도체 공급부족' 등의 메시지를 담고 있습니다. 주식투자자라면 자연스럽게 '반도체 공급부족 → 반도체 가격 상승 → 반도체 생산 기업 실적 개선'으로 이어지는 큰 그림을 머릿속에 그려나가기 시작하겠죠.

　'반도체 생산 기업을 사야겠다'고 판단하면, 문제는 여기서부터 시작됩니다. 반도체 생산 기업들이 좋아질 것 같다는 판단은 들지만, 어떤 기업의 실적이 얼마나 개선될지 아는 것은 전혀 다른 문제입니다. 또한 같은 반도체 기업이라도 메모리 반도체, 시스템 반도체 등 생산하는 반도체의 종류도 다르죠. 반도체를 설계하는 기업이 좋아지는 건지, 반도체를 생산하는 기업이 좋아지는 건지도 헷갈립니다. 투자할 때 공부가 필요하다는 점은 누구나

밸류체인 기업

특정 제품을 생산하기 위해 필요한 제조 공정에 참여하는 기업들. 예를 들어 반도체 밸류체인에는 반도체 소재 부품 장비 제조 기업이 포함된다

배터리 셀

전기에너지를 충전할 수 있는 2차전지 배터리의 기본 단위. 양극, 음극, 분리막, 전해질 등을 알루미늄 케이스에 넣어서 만든다

배터리 모듈

배터리 셀을 외부 충격으로부터 보호하기 위해 일정한 개수로 묶어서 케이스에 넣은 것. 배터리 모듈에 냉각시스템 등 각종 보호장비를 더하면 배터리 팩이 되는데, 전기차에는 배터리가 팩 형태로 장착된다

알지만 공부만 하다가 투자시점을 놓칠까 봐 걱정도 되고요.

이럴 때 세울 수 있는 투자 전략이 '플러그 앤 플레이(Plug&Play)' 전략입니다. 투자타이밍을 놓치지 않도록 먼저 업종 ETF로 발을 담가두고, 충분히 공부가 되었을 때 종목으로 투자를 옮겨가는 방식입니다. 반도체 업황이 좋아질 것 같다면 먼저 반도체 ETF에 투자하면서 ETF에 담긴 개별종목의 사업분야와 수익모델의 차이점을 공부하는 겁니다. 이렇게 하면 투자 타이밍을 놓치지 않으면서도 원하는 기업에 투자할 수 있는 안목을 기를 때까지 시간도 벌 수 있겠죠.

종목에만 투자하는 투자자라도 ETF를 활용할 수 있는 방법은 열려 있습니다. 그것은 바로 ETF의 보유종목을 확인하는 겁니다. 개인투자자가 처음 한 업종을 공부할 때 관련 기업의 *밸류체인 기업을 상세하게 파악하기는 쉽지 않습니다.

2차전지를 예로 들어보겠습니다. 각국 정부가 친환경 정책에 강력한 규제를 도입하는 한편 많은 자금을 쏟아부으면서 전기차 기업이 빠르게 성장하고 있습니다. 전기차를 만드는 데는 다양한 기업이 참여합니다. 특히 2차전지는 전기차 핵심 부품에 해당합니다. 이 2차전지를 만드는 데도 다양한

주요 2차전지 ETF의 상위 10개 보유종목

KODEX 2차전지산업			TIGER 2차전지테마		
순위	종목	비중(%)	순위	종목	비중(%)
1	LG화학	17.70	1	SK아이이테크놀로지	9.88
2	삼성SDI	16.20	2	포스코케미칼	9.79
3	포스코케미칼	13.86	3	삼성SDI	9.60
4	SK이노베이션	11.35	4	SKC	9.22
5	SK아이이테크놀로지	8.40	5	LG화학	8.91
6	에코프로	7.77	6	SK이노베이션	8.16
7	에코프로비엠	5.84	7	에코프로비엠	7.50
8	일진머티리얼즈	3.23	8	엘앤에프	6.19
9	엘앤에프	2.77	9	일진머티리얼즈	4.89
10	SKC	2.55	10	솔브레인	3.96

자료: 삼성자산운용 •7월말 기준   자료: 미래에셋자산운용 •7월말 기준

공정이 필요합니다. 니켈, 코발트, 망간 등 배터리의 원재료를 생산하는 것부터 시작해서 분리막, 양극재, 음극재 등 배터리 소재가 필요합니다. 배터리 소재를 활용해 *배터리 셀을 만들고, 셀을 모아 *배터리 모듈을 만드는 게 배터리 제조기업이 하는 일입니다.

2차전지를 만드는 데 필요한 다양한 기업들 가운데 투자할 수 있는 상장사는 뭐가 있을까요? 이런 기업들을 찾아내고 모으는 작업을 자산운용사가 미리 해둔 게 ETF의 자산구성내역(PDF)입니다. ETF는 투자하려는 업종과 테마에 적합한 기업을 걸러냅니다. 예를 들어 2차전지 ETF라면 2차전지 관련 매출 비중이 일정 수준을 넘어야 하거나 기업의 공시, 기업홍보(IR)자

료, 기사 등에서 2차전지와 관련한 키워드가 자주 등장하는 기업을 추리는 식입니다. 내가 투자하려는 업종에 맞는 기업들을 운용사가 미리 걸러놓았으니 여기에서 골라 투자 대상을 좁힐 수 있습니다. 특히 국내 상장 기업이 아니라 정보를 얻기 어려운 해외 상장 기업에 투자할 때 이런 방식이 더 유용하겠죠.

ETF 구성종목은 기업이나 산업의 변화까지 반영합니다. 대부분 ETF들은 1년에 한 번이나 두 번 포트폴리오를 변경합니다. 여기서 보유종목이 아직도 투자할 만한 기업인지, 투자할 만한 다른 기업은 없는지를 점검합니다. ETF에 어떤 종목이 들어오고 나가는지와 이유를 살펴보면 기업의 변화를 감지할 수 있을 겁니다.

ETF **ETF 초보자를 위한 꿀팁!**

특정 업종이 성장할 것이란 확신은 있지만, 종목에 대한 공부가 덜 되어 있을 때는 ETF에 먼저 투자하고 나중에 종목으로 포트폴리오를 변경하는 전략을 취할 수 있습니다. 투자 타이밍을 놓치지 않으면서도 공부할 시간을 벌 수 있는 게 장점입니다.

해외 우량기업 투자를 ETF로 할 수 있나요?

해외주식 가운데 정말 좋아 보이는 기업인데 국내에선 투자하기 어려운 주식이 있습니다. 중국이나 베트남 같은 신흥국 시장에 상장한 기업들이 특히 그렇습니다. 성장성 높은 기업들이 많이 상장해 있지만 외국인 투자자인 우리 입장에선 현지 제도 때문에 투자하기 어려운 종목들이 많습니다. 이럴 때는 ETF를 활용해 쉽게 간접투자하는 방법을 고려해볼 수 있습니다.

중국의 '닝더스다이'를 예로 들어보겠습니다. 닝더스다이, 영어 약자로 더 친숙한 'CATL'인데요, CATL은 세계 최대 전기차 시장인 중국 내수시장에서 압도적으로 배터리를 많이 팔면서 2020년까지 4년 연속으로 글로벌 배터리 시장점유율 1위를 차지하고 있습니다. 2021년 7월말 기준, 최근 1년 동안 주가를 보면 상승폭도 엄청났다는 점을 알 수 있습니다.

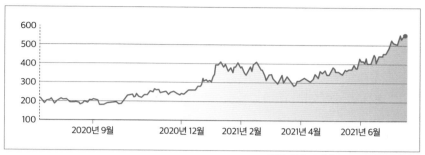

CATL의 주가 그래프

| 600 |
| 500 |
| 400 |
| 300 |
| 200 |
| 100 |

2020년 9월   2020년 12월   2021년 2월   2021년 4월   2021년 6월

자료: 야후파이낸스 •2021년 7월말 기준

2011년에 창업해서 업력도 길지 않은 CATL이 어떻게 이렇게 짧은 시간 안에 세계 1위 배터리 생산 기업이 될 수 있었을까요? 무엇보다도 중국정부의 엄청난 지원이 있었기 때문입니다. 중국정부는 2016년부터 중국 배터리를 탑재한 전기차에만 보조금을 주는 식으로 중국 배터리 업체들을 지원해왔습니다.

그런데 중국은 세계 전기차 시장에서 가장 큰 비중을 차지하는 세계 최대 시장입니다. 이 시장에서 엄청난 보호막으로 혜택을 받게 된 중국 배터리 기업들이 빠르게 성장했고, 이 과정에서 가장 많은 혜택을 받은 게 CATL입니다. 지금도 중국 전기차 배터리 시장의 52%가량은 CATL이 점유하고 있습니다.

이렇게 중국 정부의 보호 속에서 CATL은 빠르게 덩치를 불리는 한편 기술력도 높여왔습니다. 자금력을 바탕으로 배터리 소재 관련 기업들도 엄청나게 인수합병했죠. 그러다 보니 수직계열화로 비용이 줄고, 영업이익률은 높일 수 있었습니다. 예를 들어 국내 기업들은 배터리를 만들 때 니켈이 필요하면 니켈을 가공해서 파는 소재 업체에 비용을 지불해야 하지만, CATL은 이런 소재를 본인들이 가공할 수 있는 능력이 있으니 비용을 줄일 수 있다는 겁니다. 그래서 CATL의 영업이익률은 10% 중반대지만 LG화학에서 분사한 LG에너지솔루션은 2021년 영업이익률 '목표치'가 5%대입니다.

게다가 중국 기업이라는 엄청난 강점이 있죠. 싸게 생산한다는 것입니다. 그래서 글로벌 전기차 기업들도 일본이나 한국 배터리 기업들뿐 아니라 CATL의 배터리도 점점 사용하는 추세입니다. 대표적인 곳이 테슬라입니다. CATL은 일본의 파나소닉, 한국의 LG화학에 이어 2020년 2월 테슬라의 배터리 공급사로 합류했습니다. 같은 해 7월부터는 테슬라의 상하이 기가팩토리에서 생산하는 테슬라 전기차에 배터리를 납품하기 시작했습니다. 납품 물량은 제한이 없이 테슬라가 요구하는 만큼 공급하기로 했는데요, 중국에서 테슬라가 많이 팔리면 그만큼 CATL도 수익을 내는 구조입니다. 또한 단순히 배터리를 공급하는 역할에서 그치지 않고 테슬라와 CATL은 100만 마일 배터리, 그러니까 한 번 장착해서 161만 km까지 주행하는 내구성이 아주 좋은 배터리를 개발하는 것을 목표로 협력하고 있습니다.

이쯤 되면 'CATL, 사야 하나?' 하고 째려보게 되는 매력적인 종목인데요, 하지만 문제가 있습니다. CATL은 중국의 창업판이라는 시장에 상장해 있습니다. 이 창업판은 중국 선전거래소에 속한 시장입니다. 한국거래소 아래에 코스피와 코스닥이 있듯이 거래소 안에는 대형주 중심의 메인보드, 중소형주 중심의 중소판, IT 벤처 중심의 창업판이 있습니다. 한국 개인투자자들은 선전과 홍콩 거래소를 잇는 선강퉁 제도를 활용해서 홍콩 거래소에서 선전 거래소에 상장한 주식을 살 수 있습니다.

하지만 다 살 수 있는 게 아니라 메인보드 중에서도 B주로 분류된 주식만 외국인들이 투자할 수 있습니다. 메인보드의 A주나 중소판, 창업판에는

CATL에 투자하는 국내 상장 ETF

상품명	운용사	상장일	운용보수 (연, %)	시가총액 (억 원)	CATL 비중(%)
KODEX 심천chiNext	삼성자산운용	2016.11.08	0.47	720	15.75
ARIRANG 심천차이넥스트(합성)	한화자산운용	2016.11.08	0.50	90	15.70
TIGER 차이나전기차 SOLACTIVE	미래에셋자산운용	2020.12.08	0.49	1조 5,000	6.21

자료: 한국거래소 •2021년 7월말 기준

중국인이나 허가받은 외국인만 투자할 수 있습니다. 우리가 지금까지 이야기했던 CATL을 개인투자자들은 못 산다는 겁니다. 아쉽죠.

이럴 때 유용한 게 ETF입니다. CATL을 많이 담고 있는 ETF를 사면 CATL에 투자하는 것과 비슷한 효과가 있겠죠. 국내에 상장한 ETF 가운데 CATL을 가장 높은 비중으로 담고 있는 상품은 CATL이 상장한 시장인 창업판 지수죠. 창업판을 영어로 차이넥스트라고 하는데, 이 차이넥스트 지수만큼 수익을 내는 KODEX 심천chiNext와 ARIRANG 심천차이넥스트가 있습니다.

이 상품들은 CATL을 15%가량 담고 있습니다. 두 번째로 비중이 높은 건 동방재부정보라는 중국의 금융정보 플랫폼 기업인데요, 중국 내에서도 개인 주식투자자들이 늘면서 최근 주가가 빠르게 급등한 종목입니다. 이밖에 의료기기 기업인 마이루이의료, 안과병원 체인인 아이얼 안과 그룹 등 중국 창업판의 시총 상위 종목들이 순서대로 담겨 있습니다.

CATL 비중이 높은 차이넥스트 지수 자체도 매력적이지만 조금 더 중국의 전기차와 배터리 관련된 기업에 집중해서 투자하고 싶을 때는 TIGER 차이나전기차 솔랙티브 ETF를 고려해볼 수 있을 것 같습니다. 국내 상장 ETF 가운데 유일하게 중국 전기차 관련 기업 전반에 투자하는 ETF입니다. 지금까지 말씀드린 CATL을 6%가량 담고 있습니다. 가장 많이 담고 있는 종목은 전기차 완성차업체인 BYD로 10%가량 담고 있고, 이밖에도 중국의 배터리 소재 장비 부품기업에 고루 투자하고 있습니다.

이런 기업들은 국내에서 정보를 얻기도 쉽지 않은 데다 중국 증시 특성상 CATL처럼 개인투자자들이 직접 투자하기도 어렵습니다. 개별 주식은 잘 모르겠지만 중국 전기차 시장이 성장할 것 같다면, 또한 글로벌 전기차 시장에서 중국 기업들이 입지를 넓혀갈 것 같다면, 이렇게 중국 전기차 기업들을 모아둔 ETF 투자를 고려해볼 만합니다.

 ETF 초보자를 위한 꿀팁!

중국이나 베트남 같은 신흥국 증시는 외국인 투자자가 직접 투자하기가 어렵습니다. 이럴 때 ETF를 활용하면 손쉽게 간접투자할 수 있습니다. 투자하고 싶은 종목이 담긴 ETF를 찾고, 이 가운데 원하는 종목의 비중이 높으면서 투자 아이디어가 마음에 드는 ETF를 고르면 됩니다.

ETF 상품은 다양합니다. 같은 지수를 따라가는 상품이라도 운용사마다 운용보수나 ETF 규모가 달라 실제 수익률이 달라질 수 있습니다. 비슷한 콘셉트의 ETF라도 운용사가 어떻게 ETF를 구성하느냐에 따라 수익률이 갈리기도 합니다. 또한 같은 지수를 따라가는 상품이더라도 한국에 상장한 ETF에 투자할 때와 미국에 상장한 ETF에 투자할 때는 세금이 다르게 매겨집니다. 4장에서는 좋은 ETF를 고르는 방법에 대해 살펴봅니다.

Exchange

4장

ETF로 수익률을
높이기 위한
투자 노하우

좋은 ETF 고르는 기준이 있나요?

▶ 저자직강 동영상 강의로 이해 쏙쏙
QR코드를 스캔하셔서 동영상 강의를 보시고
이 칼럼을 읽으시면 훨씬 이해가 잘됩니다!

ETF에 투자할 때 가장 고민되는 부분 중 하나가 '어떤 운용사의 상품을 고를까'입니다. 투자자들 사이에서 인기 있는 지수는 대부분 여러 운용사에서 상품을 내놓고 있기 때문입니다. 같은 지수를 추종하는 ETF가 아니더라도 비슷한 컨셉의 상품이 여러 개 상장되어 있기도 하고요.

여러 ETF 가운데 좋은 ETF를 고를 때는 ETF의 규모, 총보수, 구성종목을 우선 고려해야 합니다. 여기에 더해 ETF의 괴리율, ETF 운용기간 등도 ETF를 매수할 때 추가로 고려해볼 만한 점들입니다.

ETF 규모

먼저 ETF의 규모는 클수록 좋습니다. ETF의 규모가 크다는 것은 많은 투자자들이 투자하고 있다는 의미입니다. 따라서 하루에 거래되는 ETF의 거래량도 많을 가능성이 높습니다. ETF 거래량이 많으면 원하는 시점에 거래가 빨리 체결될 가능성도 큽니다.

ETF 거래량이 많으면 ETF를 제값에 가깝게 거래할 수 있는 확률이 높습니다. ETF가 시장에서 원활하게 거래되기 위해 만들어진 제도 중 하나가 유동성 공급자(LP, Liquidity Provider) 제도입니다. ETF 거래량이 부족해 투자자들이 ETF를 거래하지 못하는 일이 없도록 LP 역할을 맡은 증권사가 매수호가와 매도호가를 내주는 제도입니다. LP들은 사려는 사람이 부르는 값(매

ETF 매수호가와 매도호가가 벌어지는 경우

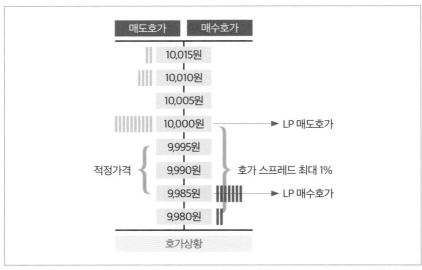

자료: 한국거래소

수호가)과 팔려는 사람이 부르는 값(매도호
가)의 차이가 1% 이상 벌어지면 그 사이에
서 호가를 내주어야 합니다. 그러다 보면
그 사이에 호가가 비는 구간이 생기겠지
요. 반면 거래량이 많은 ETF는 서로 팔려

총보수

운용사 보수, 신탁업자 보수 등
ETF 투자자가 내야하는 보수의
합. 총보수는 ETF 수익률에 일간
단위로 반영된다

는 사람이 많기 때문에 비는 구간 없이 호가가 촘촘하게 형성될 겁니다. 때문에 내가 원하는 가격에 ETF를 사고팔 확률이 높아지는 겁니다.

　ETF에 투자할 때 드는 비용이 줄어들 수 있다는 점도 장점입니다. ETF에는 운용사가 가져가는 총보수 외에도 펀드를 실제 운용할 때 사용되는 비용인 기타비용이 있습니다. 그런데 기타비용은 펀드 규모에 비례해서 커지는 게 아닙니다. 그렇다 보니 규모가 크면 클수록 투자자 한 사람이 내야 하는 기타비용이 줄어들겠지요.

ETF 총보수

　당연한 이야기지만 보수는 낮을수록 좋습니다. 싸게 투자할수록 내가 가져가는 수익률은 높아지겠지요. ETF 총보수는 운용 기간에 따라 부과됩니다. *총보수가 연 1%라면 이걸 365로 나눠서 하루씩 ETF 가격에서 빠져나간 채 거래됩니다. 우리도 모르는 새 투자 기간에 비례해 매일매일 수수료를 내고 있는 셈입니다.

　단기투자를 할 때는 총보수가 수익률에 큰 영향을 미치지 않습니다. 하지만 장기투자로 갈수록 보수가 총 수익률에 미치는 영향이 덩달아 커집니다. 보수를 덜 낸 만큼 이 돈을 재투자할 수 있고, 여기서 투자 수익률의 차이가 눈덩이처럼 벌어지거든요. 1억 원을 30년 동안 굴릴 때를 가정해서 실

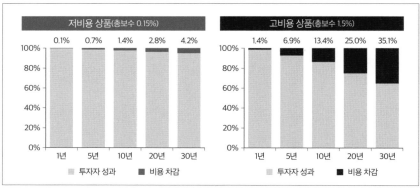

보수 차이가 투자 성과에 미치는 영향

저비용 상품(총보수 0.15%)

고비용 상품(총보수 1.5%)

투자자 성과   비용 차감

자료: 삼성자산운용

제 보수를 적게 내는 상품과 많이 내는 상품의 차이가 얼마나 벌어지는지 살펴보죠.

위의 자료는 1억 원을 투자해 매년 5% 수익을 내서 30년 동안 굴렸을 때를 가정한 시뮬레이션 결과입니다. 총보수로 0.15%를 뗐을 때는 30년 뒤 총보수로 전체 투자 성과의 4.2%를 운용보수로 내지만, 총보수가 1.5%인 상품에 장기투자하면 30년 뒤 투자 성과에서 보수가 차지하는 비중이 35%가 됩니다. 보수를 제외한 나머지 부분을 투자자가 가져가는 것이니 그만큼 내가 가져갈 수 있는 몫이 줄어든다는 의미겠지요. ETF에 장기투자할 때 총보수를 따져봐야 하는 이유입니다.

ETF 구성종목

같은 지수를 추종하는 ETF를 비교할 때는 구성종목을 따지는 게 의미가 없습니다. 지수가 같으면 그 안에 담긴 자산도 같을 테니까요. 코스피200,

나스닥100 등 시장 대표지수를 따라가는 ETF를 담을 때는 특히 그렇습니다. 하지만 2차전지, 미디어, 반도체 같은 테마형 ETF를 고를 때는 운용사가 해당 테마를 어떻게 해석했느냐에 따라 다른 주식을 담기도 합니다. 이럴 때는 ETF에 담긴 구성종목을 보고 내가 투자하려는 의도에 맞는 종목을 담고 있는 ETF인지 확인해야 합니다. 구성종목을 확인하는 방법은 5장에서 조금 더 자세히 설명하겠습니다.

기타 고려사항

이 밖에도 ETF의 괴리율, ETF 운용기간, ETF 운용사의 평판 등도 ETF를 고를 때 따져보면 좋은 점들입니다. ETF의 괴리율은 시장 가격과 ETF 순자산가치(NAV)의 차이를 뜻합니다. ETF의 제값이 순자산가치라면 시장에서 사려는 사람과 팔려는 사람의 가격이 맞아서 움직이는 게 시장가격입니다. 순자산가치와 시장가격의 차이를 '괴리율'이라고 합니다. 순자산가치보다 시장가격이 높아진 상태를 '할증거래', 순자산가치보다 시장가격이 낮아진 상태를 '할인거래'라고 합니다.

ETF 괴리율을 계산하는 방법

$$\text{ETF 괴리율(\%)} = \frac{\text{시장가격} - \text{순자산가치}}{\text{순자산가치}} \times 100$$

ETF의 괴리율은 1% 안쪽에서 움직이는 게 안전합니다. 원래 가치와 큰 차이 없이 거래되고 있다는 의미니까요. 대부분 ETF는 유동성공급자(LP)들이 호가를 양방향으로 내어주기 때문에 괴리율이 1% 안에서 안정적으로 움직입니다.

하지만 가끔 특수한 경우도 생깁니다. 2020년 4월의 원유 ETF가 대표적인 사례입니다. 당시 국제유가가 사상 처음으로 마이너스가 되면서 원유에 투자하려는 투자자들이 몰렸습니다. 낮은 가격에 매수해 수익을 내려는 투자자들이었죠. 원유 ETF의 순자산가치는 크게 떨어졌지만, 투자자가 몰리면서 시장가격은 그만큼 떨어지지 않았습니다. 'KODEX WTI원유선물(H)'는 괴리율이 20%를 웃돌기도 했습니다. 투자자들이 WTI 원유 선물의 원래 가격보다 20%나 비싼 가격에 ETF를 사고 판 것이죠. 유가가 20% 이상 뛰어야 ETF 투자자들이 본전을 찾을 수 있었다는 이야기입니다. 이런 ETF는 괴리율을 확인한 다음 매수하지 않는 게 자산을 지키는 길이겠죠.

ETF의 운용 기간이 길수록 ETF 운용 전략이 실제 시장 상황에서 어떤 성과를 냈는지를 알 수 있습니다. 종목 교체를 꾸준히 제대로 해서 시장 흐름에 뒤처지지는 않았는지, 시장이 급락하거나 급등할 때는 어떤 성과를 냈는지 등을 파악할 수 있죠.

📦 ETF 초보자를 위한 꿀팁!

같은 지수를 추종하는 ETF라도 운용사마다 각자 ETF를 내놓고 있습니다. ETF를 고를 때는 운용 규모가 크고, 총보수와 괴리율이 낮은 상품을 골라야 합니다. 해당 ETF가 내가 생각하는 투자 방향에 맞는지 구성종목도 살펴야겠죠.

ETF에 담긴 종목은
어떻게 확인하나요?

ETF의 장점 중 하나는 상품이 투자하고 있는 모든 종목과 투자 비중을 매일매일 확인할 수 있다는 점입니다. 액티브 주식형 펀드는 펀드가 지금 어떤 주식을 담고 있는지 알기 어렵습니다. 구성종목을 확인할 수는 있지만 2~3개월 이전의 포트폴리오일 뿐입니다.

펀드가 보유한 주식을 매일 공개하면 개인투자자들이 종목을 바로 따라서 사는 추종매매를 할 우려도 있고, 펀드매니저가 애써 찾아낸 투자 아이디어를 다른 투자자들과 공유하게 되는 셈이기 때문입니다. 이런 이유로 종목이 공개되지 않으니 투자자들은 펀드매니저의 과거 성과를 믿고 투자할 수밖에 없습니다.

반면에 국내에 상장한 모든 ETF는 투자종목을 모두 들여다볼 수 있습니다. ETF의 투자종목을 담은 문서를 자산구성내역(PDF · Portfolio Deposit File)이라고 합니다. 국내에선 패시브 전략으로 지수를 따라가는 ETF뿐만 아니라 펀드매니저가 주식을 골라 투자하는 액티브 ETF도 보유종목을 일간 단위로 공개합니다.

투자자 입장에선 속이 시원할 수 있지만, 운용사 입장에선 추종매매 우려와 투자 전략이 노출되는 위험이 있지요. 그래서 액티브 ETF 시장이 한국보다 활성화된 미국에서는 2019년부터 ETF라도 공모 펀드처럼 보유종목을 나중에 공개할 수 있는 제도를 운영하고 있습니다. 한국에서도 액티브 ETF 시장 활성화를 위해 이런 제도를 도입할지 검토하고 있습니다.

다시 본론으로 돌아가서, 그렇다면 ETF의 구성종목인 PDF는 어떻게 확인할 수 있을까요? 해당 상품을 운용하는 자산운용사 홈페이지나 한국거래소 홈페이지, 증권사 홈트레이딩시스템(HTS)이나 모바일트레이딩시스템(MTS)에서도 확인할 수 있습니다. 다만 운용사가 증권사와 특정 수익률을 내도록 계약을 맺어 운용하는 합성 ETF는 원화 예금을 제외하면 PDF에 '*스왑 계약'이라고만 표시되는 경우가 있습니다. 이런 경우에는 자산운용사 홈페이지나 ETF의 투자설명서에서 기초지수에 담긴 종목을 확인하는 게 정확합니다.

ETF의 구성종목을 살필 때는 모든 종목을 하나하나 살펴볼 필요는 없습니다. (물론 하나하나 살펴보면 가장 좋지만, 우리는 항상 시간이 없습니다.) 대신 적어도 상위 10개 종목 정도는 살펴봐야 합니다. 대부분 ETF는 시가총액 비중이나 중요도에 맞춰 보유주식 비중을 정합니다. 상위 10개 종목의 흐름이 ETF 전체 수익률에 큰 영향을 미친다는 이야기입니다.

내가 생각하는 투자 아이디어에 맞는 종목을 담고 있는지도 따져봐야 합니다. ETF 상품의 '간판'이 비슷하더라도 구성종목이 다른 사례가 많기 때문입니다. 특히 업종이나 테마형 ETF에서 이런 일이 많습니다.

예를 들어 종목명에 같은 미디어가 포함된 ETF라도 'TIGER 미디어컨텐츠'에는 CJ ENM, 하이브, JYP Ent., 스튜디오드래곤 등 소위 연예기획사와 영화·드라마 제작사 등 '엔터주'들이 보유종목 상위에 포진해 있습니다. 반면 'KODEX 미디어&엔터테인먼트'는 카카오, 네이버, 넷마블, 엔씨소프트 등 IT 플랫폼 기업과 게임주 등이 주로 담겨 있습니다. 운용사별로 테마에 대한 해석이 다르고, 관련주를 선정하는 기준도 다르기 때문입니다.

ETF의 종목 보유 비중을 보면서 ETF의 미래 성과를 예상할 수도 있습니다. 예를 들어 시가총액 상위 대형주의 비중이 높은지, 혹은 중소형주에도 비중을 고루 배분하고 있는지 등을 확인하면 해당 ETF의 변동성이나 미래 성과를 예측할 수 있겠죠. 대형주 비중이 높다면 상대적으로 변동성이 낮고, 대형주 중심 장세에서 좋은 성과를 낼 것으로 기대할 수 있을 겁니다. 반면 중·소형주에도 고루 투자한다면 상대적으로 변동성이 크고 중·소형주 장세에서 돋보이는 성과를 내겠지요.

ETF **ETF 초보자를 위한 꿀팁!**

ETF가 담고 있는 자산의 종류와 비중은 매일 공개됩니다. ETF의 투자 자산을 담은 문서를 자산구성내역(PDF)이라고 합니다. PDF는 자산운용사나 한국거래소 홈페이지, 증권사 홈트레이딩시스템(HTS)이나 모바일트레이딩시스템(MTS) 등에서 확인할 수 있습니다.

반도체 ETF에는
왜 삼성전자가 없나요?

반도체 업황에 ETF로 투자한다고 했을 때 가장 먼저 떠올릴 수 있는 선택지는 반도체 ETF입니다. 국내 증시에서 반도체 기업을 꼽으라면 삼성전자와 SK하이닉스가 대표적이겠지요. 하지만 알고 보면 반도체 ETF에는 삼성전자가 담겨 있지 않습니다. 국내에 상장한 대표적인 반도체 ETF는 삼성자산운용의 KODEX 반도체와 미래에셋자산운용의 TIGER 반도체, 이 2개인데 둘 다 마찬가지입니다.

두 상품은 모두 'KRX 반도체 지수'를 따라갑니다. 한국거래소가 코스피와 코스닥 시장에 상장한 반도체 칩, 부품, 장비 제조기업 20곳을 골라 만든 지수입니다. 구성종목을 보면 SK하이닉스, DB하이텍, 원익IPS, 리노공업 등에 투자하고 있습니다.

KRX 반도체 지수의 상위 10개 구성종목

순위	종목명	비중(%)	순위	종목명	비중(%)
1	SK하이닉스	18.52	6	LX세미콘	4.54
2	DB하이텍	7.93	7	티씨케이	4.18
3	리노공업	6.01	8	이오테크닉스	3.29
4	원익IPS	5.40	9	한미반도체	2.70
5	고영	4.71	10	서울반도체	2.40

자료: 한국거래소 •2021년 7월말 기준

여기서 삼성전자가 빠진 이유는 삼성전자 실적에서 반도체가 차지하는 비중이 크기는 하지만 휴대폰이나 가전 등을 합친 다른 사업부의 매출 비중이 더 크기 때문입니다. 이런 이유로 한국거래소는 삼성전자를 반도체가 아니라 IT업종으로 분류하고 있습니다. 그러니까 반도체 대장주인 삼성전자와 SK하이닉스에 분산투자하려는 목적을 가진 투자자라면 이 ETF가 적합하지 않겠죠. ETF에 투자할 때 종목명이 아니라 구성종목을 반드시 확인해야 하는 이유입니다.

대신 이 상품은 반도체 장비나 소재주 비중이 높은 만큼 삼성전자나 SK하이닉스가 반도체 관련 투자를 늘릴 때 더 높은 수익률을 기대할 수 있는 ETF입니다.

그렇다면 삼성전자와 SK하이닉스에 분산투자하려면 어떤 상품을 고르는 게 좋을까요? IT ETF가 대안이 될 수 있습니다. 국내 상장 IT ETF에는 TIGER200 IT, KODEX200 IT TR, KODEX IT가 대표적입니다. 3개 모두 구성종목은 비슷합니다. 삼성전자와 SK하이닉스, 삼성SDI를 각각 20% 안팎으로 담고 있습니다. 세 종목의 움직임에 따라 ETF 가격도 영향을 받을

코스피200 IT 지수의 상위 10개 구성종목

순위	종목명	비중(%)	순위	종목명	비중(%)
1	삼성SDI	23.32	6	LG	5.66
2	삼성전자	19.58	7	삼성에스디에스	4.54
3	SK하이닉스	17.48	8	LG디스플레이	3.66
4	LG전자	12.43	9	LG이노텍	2.30
5	삼성전기	7.82	10	DB하이텍	1.72

자료: 한국거래소 •2021년 7월말 기준

것이라는 이야기입니다.

세 ETF의 차이점을 살펴보면 추종지수가 다릅니다. 200이 붙은 상품은 코스피200 안에서 IT 기업을 골라 투자합니다. 200이 안 붙은 'KODEX IT' 는 코스피 전체 기업을 대상으로 투자합니다. 그러니까 중·소형주가 돋보일 때는 200이 안 붙은 상품이 유리할 테고, 대형주가 시장을 주도할 때는 200 IT가 더 유리할 것으로 예상할 수 있습니다.

ETF ETF 초보자를 위한 꿀팁!

ETF 종목명을 보고 투자하더라도 실제 ETF에 담겨 있는 종목은 예상과 다를 때 가 있습니다. 반도체 대장주로 꼽히는 삼성전자가 반도체 ETF에 담겨 있지 않은 게 대표적인 사례입니다. 때문에 ETF에 투자할 때는 종목명뿐만 아니라 구성 상 위 종목도 함께 살피는 게 중요합니다.

ETF와 관련된 구체적인 정보는 어디서 얻나요?

▶ 저자직강 동영상 강의로 이해 쑥쑥
QR코드를 스캔하셔서 동영상 강의를 보시고
이 칼럼을 읽으시면 훨씬 이해가 잘됩니다!

　　마음에 드는 ETF가 있다면, 투자하기 전에 상품에 대한 정보를 반드시 확인해야 합니다. 'ETF 안에 어떤 종목이 담겨 있는지, 수수료는 어느 정도이고 과거 성과는 어떤지, 언제 만들어진 ETF인지' 등이 좋은 ETF인지를 판단하는 기준이 됩니다. 반대로 ETF 데이터를 살펴보다 보면 투자에 대한 아이디어를 얻을 수도 있습니다. 새로 나온 ETF는 뭐가 있는지, 요즘 투자자들이 몰리는 ETF는 어떤 것들이 있는지, 요즘 잘나가는 종목이 많이 담긴 ETF는 어떤 게 있는지 등을 살피다 보면 괜찮아 보이는 ETF가 눈에 들어오기도 합니다. ETF와 관련한 정보를 확인할 수 있는 사이트를 자세히 소개하겠습니다.

세이브로

제가 추천하는 첫 번째 사이트는 세이브로입니다. 세이브로는 예탁결제원이 운영하는 증권정보포털입니다. 예탁결제원은 기관투자자와 개인투자자가 가지고 있는 국내외 주식·채권을 맡아주는 역할을 하는데요, 그만큼 국내 투자자들이 어떤 주식을 얼마나 가지고 있는지에 대해 가장 많은 정보가 모여 있겠죠. 국내에 상장한 개별 ETF에 대한 정보와 해외주식과 ETF에 대한 유용한 투자 정보가 이 사이트에 속속들이 숨어 있습니다.

먼저 세이브로 메인에서 ETF 메뉴를 고릅니다. 첫 번째로 나오는 게 종목발행현황입니다. 여기서는 ETF 유형별로 ETF를 분류해서 볼 수 있습니다. 즉 운용사별, ETF가 만들어진 지 얼마나 오래됐는지를 따지는 설정기간별, ETF 크기를 의미하는 순자산별, 수수료별로 ETF를 골라낼 수 있습니다. 물건을 살 때 원하는 조건을 선택해서 검색하듯이 수많은 ETF 중에서 내가 원하는 ETF를 골라낼 수 있도록 분류를 해둔 겁니다.

예를 들어 현대차 그룹주와 관련된 ETF가 있는지가 궁금할 때는 유형에서 그룹주를 선택하고, 여기서 현대차를 클릭하면 원하는 결과가 나옵니다. 또다른 예로 코스피200 ETF에 투자하고 싶은데 운용사 상품을 한눈에 비교하고 싶다면, 시장지수에서 코스피200을 선택하고 검색을 누르면 순자산 수익률, 수수료, 운용사까지 한눈에 비교할 수 있습니다.

한 가지 종목을 가장 많이 담고 있는 ETF가 뭐가 있는지 들여다볼 수 있는 기능도 있습니다. ETF 시장정보에서 종목보유현황을 보면 되는데요, 예를 들어 카카오에 많이 투자하면서도 좀 비슷한 종목들을 담은 ETF가 없을까 궁금할 때 카카오를 검색하는 거죠.

검색해 보니, 카카오를 가장 많이 담고 있는 ETF는 TIGER 소프트웨어

자료: 세이브로

로 자산의 무려 25.93%가 카카오입니다. 그렇다면 이 ETF에 다른 종목은 어떤 것들이 담겨 있는지, 또한 최근 성과는 어떤지를 살펴보면서 ETF를 발굴할 수 있습니다.

ETF 체크

ETF 체크는 2021년 4월에 코스콤이 만든 ETF 정보 플랫폼입니다. 국내 상장 ETF뿐 아니라 미국 상장 ETF 정보도 함께 담고 있습니다. 첫 화면에서 최근 자금이 가장 많이 유입된 ETF는 어떤 것이 있는지, 기관과 외국인이 어떤 ETF를 가장 많이 사들였는지 등을 확인할 수 있습니다.

ETF CHECK 홈페이지

자료: ETF체크

    기간별로 수익률이 가장 높았던 ETF, 시가총액이 가장 큰 ETF, 거래량
이 많은 ETF, 자금유입이 많은 ETF, 분배금을 많이 주는 ETF 등 다양한 기
준으로 ETF를 줄세우는 기능도 유용합니다.

    두 ETF를 맞비교할 수 있는 기능도 있습니다. ETF의 기초지수와 비용,
상장일, 시가총액, 주당 가격 등을 한눈에 손쉽게 비교할 수 있는 기능입니
다. 비슷한 기초지수의 상품 가운데 어떤 상품을 골라야 할지 헷갈릴 때 쓰
기 편합니다.

ETF.com 홈페이지

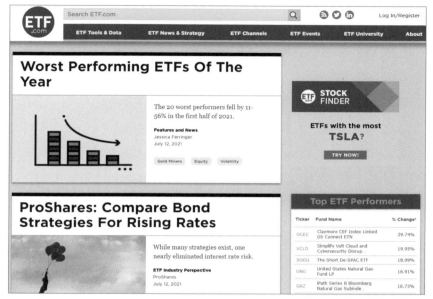

자료: ETF.com

ETF.com

미국 상장 ETF에 투자하는 분이라면 꼭 알아두어야 하는 사이트입니다. 영어로 된 미국 사이트라 진입장벽이 높지만, 미국 상장 ETF에 대한 각종 자료와 최근 기사들까지 다양한 정보가 담겨 있습니다. 사이트를 활용하는 가장 간단한 방법은 검색창에서 궁금한 ETF명을 쳐보는 겁니다. 검색창에서 ETF의 티커명을 검색한 후 클릭하면 ETF에 투자할 때 알아야 할 거의 대부분의 정보가 나옵니다. 최근 수익률은 어땠는지, 많이 담고 있는 상위 10개 종목에는 어떤 것이 있는지, 운용사는 어디고 운용보수와 펀드 규모는 얼마인지도 나와 있죠.

이 사이트의 유용한 점 중 하나는 비슷하거나 투자자들이 많이 비교했던 ETF를 나열해서 보여준다는 점입니다. 한 ETF 상품을 누르면 경쟁 ETF는 어떤 것들이 있는지, 같은 지수를 추종하는 ETF는 어떤 게 있는지 확인할 수 있습니다. ETF 상품 2개를 비교하고 싶을 때는 메뉴의 ETF Toll&Data 항목을 클릭해 들어가면 됩니다.

특정 종목을 많이 가지고 있는 ETF가 뭔지 알 수 있는 기능도 있습니다. ETF Tool&Data에서 stock finder에 들어가면 됩니다. 앞서 세이브로의 기능과 마찬가지로 특정 종목을 가장 많이 담고 있는 ETF를 수익률별, 비중별, 금액별로 알아볼 수 있습니다.

전체 미국 상장 ETF를 정렬할 수 있는 기능도 있습니다. ETF Tool&Data, ETF Screener&Database에 들어가면 됩니다. 수익률이나 자금 유입 기준으로 ETF를 줄세울 수 있습니다.

🗂️ ETF 초보자를 위한 꿀팁!

ETF에 투자하기 전에는 반드시 해당 상품의 과거 수익률, 담고 있는 종목, 추종하는 지수를 미리 살펴야 합니다. 최근 자금이 많이 들어오거나 나간 상품을 보면서 투자 아이디어를 얻을 수도 있습니다.

환율 변화에 따른 위험을 ETF로 줄일 수 있나요?

　해외 증시에 투자할 때 환율의 변화는 수익률에 직접적인 영향을 미칩니다. 증시 활황으로 주식에선 수익이 나더라도 원화가 강세일 때는 손실이 날 수도 있고, 반대로 환율 때문에 수익률이 불어날 때도 있지요.

　100만 원으로 나스닥 ETF에 투자한다고 가정해보겠습니다. 이때 원달러 환율은 달러당 1천 원이었습니다. 한 달 뒤 나스닥 지수는 그대로였는데, 원달러 환율이 달러당 900원으로 떨어졌습니다. 원달러 환율이 떨어졌다는 것은 달러보다 원화가 비싸진 원화 강세 상황이지요. 이때는 나스닥 지수가 그대로더라도 환노출형으로 투자를 했다면 10% 손실이 납니다. 100만 원을 달러당 1천 원일 때 환전을 해서 1천 달러로 가지고 있다가, 다시 환율이 달러당 900원일 때 환전을 해서 90만 원을 손에 쥔 것과 같기 때문입니다.

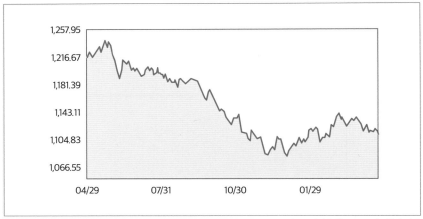

2020년 7월~2021년 7월 원달러 환율 그래프

1,257.95

1,216.67

1,181.39

1,143.11

1,104.83

1,066.55

04/29   07/31   10/30   01/29

자료: 하나은행 *2021년 7월말 기준

반면 환율의 영향을 받지 않는 환헤지형으로 투자했다면 나스닥 지수 수익률에 따라 이익도 손실도 없었을 겁니다.

해외에 상장한 주식이나 ETF를 매수할 때는 자산이 환율의 영향을 받을 수밖에 없습니다. 현지 통화로 바꾸어 투자하고, 언젠가는 원화로 가지고 오게 될 테니까요. 하지만 국내에 상장한 해외 ETF에 투자할 때는 환율의 영향을 받도록 할지, 아니면 환율의 영향을 받지 않도록 할지를 선택할 수 있습니다. 환율의 영향을 받는 것을 '환노출', 환율의 영향을 받지 않는 것을 '환헤지'라고 합니다.

해외 ETF가 환노출형인지 환헤지형인지는 상품명을 보면 알 수 있습니다. 상품명 마지막에 (H)가 붙어 있으면 환율의 영향을 받지 않는 환헤지형인데, 헤지(Hedge)의 앞글자인 H를 따서 붙인 겁니다. 해외 ETF인데 아무런 표시가 없으면 환노출형입니다.

환헤지 상품이 좋은지, 환노출 상품이 좋은지는 단언하기 어렵습니다. 앞선 나스닥 ETF 사례처럼 투자시점보다 원화가 강세일 때는 환손실을 입지만, 반대로 원화가 약세가 되면 환이익이 발생하기 때문입니다.

원화 강세가 예상된다면 환헤지형, 원화 약세를 예상한다면 환노출형으로 투자한다면 참 좋겠죠. 하지만 환율은 투자 전문가들도 '신의 영역'이라고 입을 모을 만큼 예측하기가 어렵습니다. 각국의 금리 수준, 수출입 규모, 경제 기초체력(펀더멘털), 정치 외교 요인 등 다양한 요소가 뒤엉켜 환율을 결정하기 때문입니다.

다만 과거에는 투자자들이 환헤지형을 선호했다면, 이제는 점점 환노출형을 더 많이 선호하는 추세입니다. 환헤지를 하는 데도 비용이 들기 때문입니다. 환헤지를 위한 정확한 비용은 공개되지 않습니다. 환헤지 비용을 따로 발라내기가 어렵기 때문입니다.

환헤지를 할 때는 장내 파생상품뿐 아니라 장외 파생상품도 활용합니다. 장외 파생상품은 한국거래소처럼 일정한 시장 없이 투자자들이 직접 거래합니다. 이 때문에 수수료 등 비용이 정해져 있지 않습니다. 환헤지 비용은 기타비용이라는 항목으로 ETF 수익률에 녹아서 청구됩니다. 우리가 거래하는 ETF 가격은 이미 기타비용을 제하고 난 수익률입니다.

환헤지를 하지 않는 게 글로벌 분산투자의 본래 취지에 더 부합한다는 의견도 있습니다. 통화도 자산의 일종입니다. 자산을 원화로 모두 가지고 있는 것보다는 미국 등 해외주식에 투자할 때 현지 통화로 자산을 배분하는 게 장기적으로 리스크를 줄일 수 있다는 취지입니다.

일반적인 경우 주가와 원달러 환율이 반대로 움직인다는 점도 환노출 투자를 할 때 유의해야 할 점입니다. 주식은 위험자산으로, 달러는 안전자산으로 분류됩니다. 경제 상황에 문제가 생겨 주가가 떨어지면 안전자산인 달러에 돈이 몰립니다. 달러가 강세를 보이는 상황입니다. 이럴 때 미국 증시에 환노출형으로 투자한 투자자는 주식으로는 손실을 입지만 환율로는 이익이기 때문에 주가 손실 폭을 만회할 수 있습니다.

ETF **ETF 초보자를 위한 꿀팁!**

국내 상장 해외 ETF에 투자할 때는 환율의 영향을 받게 할 수도 있고(환노출), 받지 않게 할 수도(환헤지) 있습니다. 해외 ETF 상품명 마지막에 (H)가 붙어있으면 환헤지이고, 없으면 환노출형입니다. 원화가 다른 통화 대비 강세일 때는 환헤지형이 유리하고, 약세일 때는 환노출형이 유리합니다.

한국에도 ETF가 있는데 왜 미국에서 사나요?

당연한 이야기지만 ETF는 국내 증시에만 있는 게 아닙니다. 세계 각국의 주식시장에 ETF가 상장해 있지요. 해외주식을 '직구'하듯, 해외 증시에 상장한 ETF도 주식과 똑같이 '직구'할 수 있습니다. 국내에도 나스닥 지수를 따라가는 ETF가 있고, 해외에도 나스닥 지수를 따라가는 ETF가 상장해 있는 거죠.

그런데 여기서부터 조금 헷갈립니다. 국내 상장 해외 ETF와 해외 상장 ETF는 각각 어떻게 불러야 할까요?

국내에 상장한 ETF 가운데 나스닥, S&P500, 닛케이처럼 해외 시장 지수를 따라가는 ETF들을 표현할 때는 '국내 상장 해외 ETF'라고 부르는 게 정확합니다. 하지만 이렇게 긴 이름 대신 보통은 '해외 ETF'라고 부릅니다.

상장 시장에 따른 ETF 분류

국내 상장 ETF

KODEX 200
TIGER 2차전지테마

해외 ETF

TIGER 미국나스닥100
KODEX 미국S&P500선물(H)

해외상장 ETF = 글로벌 ETF

미국 ETF

QQQ
SPY

　　국내 투자자들이 해외 상장 ETF로 투자 영역을 넓힌 기간은 그리 오래 되지 않았습니다. 미국 주식투자가 빠르게 늘어난 2020년부터 해외 상장 ETF 투자도 빠르게 늘었습니다. 때문에 완전히 정립된 용어는 아닙니다. 다만 보통 투자자들 사이에서 해외 ETF는 해외에 상장한 ETF가 아니라 국내에 상장한 해외 ETF를 부를 때 보통 쓰인다는 점을 알고 있다면, ETF와 관련한 다른 정보를 접할 때 헷갈릴 일이 줄어들겠죠.

　　해외에 상장한 ETF들은 해외 ETF가 아니라 '글로벌 ETF'라고 부릅니다. 해외와 글로벌이 무슨 차이냐고 묻는다면 정확한 답변을 하기는 어렵습니다. 누군가 정한 건 아니니까요. 다만 보통 투자자들이 이렇게 둘을 구별합니다. 혹은 미국 시장에 상장한 ETF라면 글로벌 ETF보다는 미국 ETF로 부르는 경향이 있습니다.

　　그렇다면 국내에도 해외 지수를 따라가는 ETF가 있는데, 왜 굳이 미국 같은 해외 증시에 상장한 ETF에 투자하는 사람들이 늘어나는 걸까요? 미국 ETF 시장은 한국과 비교해 엄청나게 큰 시장이기 때문입니다. 국내에는 470여 개 ETF가 상장해 있습니다. 미국 증시에는 국내 증시보다 다섯 배

상관계수

두 변수 사이의 움직임이 얼마나 관계가 있는지를 나타내는 수치. 상관계수가 0에 가까울수록 관계가 없고, 1에 가까울수록 같은 방향으로, -1에 가까울수록 반대 방향으로 움직이는 관계가 있다는 의미다

아크 ETF

캐시 우드 대표가 이끄는 미국 자산운용사인 아크인베스트먼트가 내놓은 액티브 ETF

이상 많은 2,500여 개 상품이 거래되고 있습니다. 그만큼 투자하는 대상이나 전략이 다양합니다.

ETF의 거래규모도 한국 증시와 미국 증시는 차이가 큽니다. 2021년 4월말 기준 국내 ETF 시장의 하루 평균 거래대금은 4조 1,004억 원 수준인데, 미국 ETF 시장은 하루 평균 거래대금이 무려 90조 원에 달합니다. 그만큼 미국 ETF 시장은 ETF 상품 자체의 거래량도 많고 상품 규모도 큽니다. 상품 규모가 큰 만큼 상대적으로 ETF 총보수도 한국에 비해 저렴한 상품이 많습니다.

한국에선 상장할 수 없는 상품이 미국 증시에선 거래되는 경우도 있습니다. 한국과 미국의 ETF에 대한 규제가 다르기 때문입니다. 대표적으로 한국 증시에서는 레버리지 ETF가 두 배까지만 상장할 수 있습니다. 기초지수 하루 수익률의 두 배를 따라가는 ETF만 상장할 수 있는 것이지요. 반면 미국에선 세 배, 네 배짜리 레버리지나 인버스 ETF도 상장돼 거래중입니다.

액티브 ETF의 종류도 미국이 더 다양합니다. 2020년 가장 주목받은 ETF 운용사인 '아크 인베스트'가 대표적입니다. 캐시 우드 대표가 이끄는 아크 인베스트의 액티브 펀드들은 기술주 상승과 함께 높은 수익을 내며 화제를 모았습니다. 하지만 국내에선 액티브 전략으로 운용하는 펀드라고 하더라도 기초자산과 *상관계수를 0.7 이상으로 유지해야 합니다. 액티브 ETF의 기초지수가 코스피 지수라면 코스피 지수와 70% 이상 비슷하게 움

직여야 한다는 뜻입니다. 기초지수보다 저조한 성과를 내도 안 되지만 훨씬 뛰어난 수익을 내도 안 된다는 거죠. 높은 수익률로 주목받은 *아크 ETF 같은 상품은 국내에선 나오기 어려운 셈입니다.

이 밖에도 국내 세금 부과 체계 등 다양한 이유로 해외 상장 ETF를 선호하는 투자자들이 있습니다. 다음 장에서는 국내 상장 ETF와 해외 상장 ETF 가운데 어떤 상품에 투자하면 좋을지 판단 기준을 좀더 자세히 살펴보겠습니다.

ETF **ETF 초보자를 위한 꿀팁!**

국내에 상장한 해외지수를 따라가는 ETF를 해외 ETF라고 하며, 미국 등 해외 증시에 상장한 ETF를 글로벌 ETF라고 부릅니다. 국내에도 다양한 상품이 있지만 미국은 ETF 시장 규모가 크고 상장한 상품의 종류도 다양합니다.

질문 TOP
27

미국과 국내 상장 ETF 중
뭐가 좋나요?

▶ 저자직강 동영상 강의로 이해 쏙쏙
QR코드를 스캔하셔서 동영상 강의를 보시고
이 칼럼을 읽으시면 훨씬 이해가 잘됩니다!

　　미국 증시에선 ETF 선택의 폭이 다양합니다. 하지만 만약 한국에서도 동일한 상품이 있다면 어디서 사는 게 더 유리할까요? 예를 들어 나스닥 100지수를 추종하는 ETF는 미국 증시에도 상장해 있고, 국내 증시에도 상장해 있지요.

　　다음의 6가지 요인을 살펴가며 우리는 어떤 시장에서 ETF를 매수하는 게 좋을지 따져보겠습니다.

수익률

　　첫 번째로 고려할 요인은 수익률입니다. ETF의 수익률은 상품이 추종하는 지수를 따라갑니다. 예를 들어 나스닥 지수가 1% 오르면 나스닥 지수를 추종하는 상품 역시 당일에 1% 올라야 합니다. 동일한 조건이라면 나스닥 지수가 1% 오를 때 한국 나스닥 ETF도 1%, 미국 나스닥 ETF도 1% 오른다는 얘기입니다.

물론 상품마다 추적오차, 즉 추종하는 지수와 실제 ETF 가격 간의 차이도 존재합니다. 하지만 개인이 이 추적오차를 따져서 투자할 만큼 수익률에 큰 영향을 미치지는 않습니다. ETF 상품 자체의 수익률은 한국에 있는 상품이나 미국에 있는 상품이나 똑같다는 것입니다.

환율

두 번째로 고려해야 할 요인은 환율입니다. 미국 증시에서 ETF를 매수하기 위해서는 달러로 환전을 해야 합니다. 즉 나스닥 지수가 10% 올라도 환율에 따라 원화로 바꾸면 10% 이상이나 이하의 수익을 손에 쥘 수 있다는 얘기입니다. 또한 환전할 때는 대부분 증권사나 은행이 환전 수수료를 달러로 환전할 때 한 번, 원화로 환전할 때 한 번 더 뗀다는 점도 비용 측면에서 염두에 둬야 합니다.

한국 증시에 있는 ETF는 유형에 따라 이런 환율의 영향 없이 투자할 수 있는 상품이 있습니다. ETF 뒤에 괄호로 H라고 붙어있는 상품이 있는데요, 이런 상품은 환율이 투자 수익률에 영향을 주지 않도록 환헤지를 했다는 의미입니다. 이런 표시가 없다면 환율의 영향을 받는 상품입니다.

국내 ETF는 상품에 따라 환헤지와 환노출을 선택할 수 있지만, 미국 ETF는 무조건 환율의 영향을 받습니다.

세금

세 번째로 세금 측면입니다. 이 부분이 가장 복잡합니다. 먼저 한국 증시에서 ETF를 사고팔 때 세금에 대해서 먼저 설명드리겠습니다. 국내주식형 ETF는 비과세입니다. 시장 대표지수인 KODEX200이나 TIGER200에선 수익이 나도 세금을 떼지 않습니다. 반면 국내에 상장했더라도 국내주식형이 아니라 나스닥 ETF 같은 해외주식형 ETF라면 *배당소득세를 냅니다.

주식으로 얻는 수익은 크게 매매차익과 배당이 있습니다. 한국 증시에 상장한 해외지수 ETF는 매매차익과 배당. ETF에선 배당을 '분배금'이라고 하는데 이 둘 모두에 15.4%의 배당소득세가 과세됩니다. 다른 해외 ETF에서 손해를 봤더라도 한 ETF에서 수익이 나면 과세합니다. 그리고 이 해외 ETF에서 나온 소득과 은행이자, 국내주식 배당 등 전체 금융소득을 합쳐서 2천만 원 이상일 때는 금융소득종합과세 대상도 됩니다.

미국 ETF는 개인이 보유한 해외 개별종목과 ETF를 합쳐서 수익을 평가합니다. 그러니까 A상품에서 1천만 원을 벌고 B상품에서 700만 원을 손해 보면 300만 원 번 것으로 쳐줍니다. 이렇게 계산해서 총 250만 원 이상 벌었다면, 250만 원을 넘은 부분에 대해서 22% 양도세를 냅니다. 그러니까 아까 300만 원을 벌었다면 250만 원을 뺀 50만 원에 세율 22%를 곱해서 11만 원을 세금으로 냅니다.

22%라는 세율이 수치상으로는 높아 보이지만 금융소득종합과세 대상이 아니기 때문에 고액자산가라면 오히려 이 편이 세금을 덜 낼 수 있는 방법입니다. 이와 별도로 배당, 즉 ETF 분배금에 대해서는 15.4%의 배당소득

국내 상장 해외 ETF와 미국 상장 ETF의 세금 비교

국내 상장 해외 ETF	833만 원 × 15.4 / 100 = 128만 2,820원
미국 상장 ETF	(833만 원 - 250만 원) × 22 / 100 = 128만 2,600원

833만 원보다 수익이 더 날 것 같다 → 국내 상장 해외 ETF

833만 원보다 수익이 덜 날 것 같다 → 해외 상장 ETF

금융소득 종합과세 대상자다 → 해외 상장 ETF

세를 냅니다. 이 경우 배당소득세는 앞서 한국 ETF와 마찬가지로 금융소득 종합과세 대상에 포함됩니다.

정리하면, 아예 수익이 833만 원 미만으로 날 것 같은 소액투자자나 금융소득이 많아서 금융소득종합과세를 내는 고액자산가라면 해외에 상장한 ETF에 투자하는 것이 세금상 유리합니다. 833만 원은 국내 ETF 기준 15.4%의 배당소득세를 낼 때와 미국 ETF 기준 250만 원 공제 후 22% 양도소득세를 내는 게 똑같아지는 금액입니다. 반대로 매매차익이 833만 원보다는 크지만 금융소득종합과세 대상자가 아닌 경우에는 국내 ETF가 낫습니다.

그런데 2023년부터는 금융세제 선진화 추진방향에 따라 국내외 주식에 대한 세금 체계가 달라집니다. 국내 상장 ETF와 해외 상장 ETF에 대한 세금도 달라질 예정인데요, 바뀌는 세법에 따르면 국내와 해외를 가리지 않고 모두 20%의 금융투자소득세를 과세할 예정입니다. 그동안 과세체계 때문에 국내 상장 해외 ETF가 불리하다는 지적이 많았는데, 이게 사라지는 겁니다. 대신 투자자들 입장에선 경우에 따라 세금이 더 높아질 수 있겠죠. 예를 들어 금융소득종합과세 대상이 아니면서 국내에 상장한 해외 ETF에 투자한 사람들은 그 전까지 15.4%만 세금을 냈는데, 2023년부터는 20%를 내게 되는 거니까요.

ETF 자체 특성(수수료, 괴리율, 주당 가격)

ETF를 매수하는 시장을 결정하는 네 번째 요인은 ETF 자체 특성입니다. ETF마다 수수료도 다르고 괴리율, 주당 가격, 거래량 등도 다르죠. 이 가운데서도 장기투자할 분들은 아무래도 수수료를 민감하게 볼 것 같습니다. 수수료와 괴리율이 낮은 상품이 장기적으로 안정적인 성과를 낼 수 있는 ETF입니다. 소액으로 분산투자를 할 예정이라면 주당 가격이 낮은 상품이 유리하겠죠.

거래편의성

다섯 번째 요인은 거래편의성입니다. 이 부분은 어쩔 수 없이 한국 ETF가 압승입니다. 최근 증권사에서 해외주식 서비스를 적극적으로 늘리면서 해외주식 매수 문턱이 많이 낮아진 게 사실입니다. 하지만 여전히 해외주식을 사려면 새벽이나 저녁 늦게 매매해야 한다는 어려움이 있죠. 물론 예약매매도 가능하지만 아무래도 매수할 때 시장가를 참고하려면 미국 증시가 개장하는 시간에 맞춰서 매매하는 게 편할 테고요.

연금계좌에서 매수 가능 여부

마지막 여섯 번째는 연금계좌에서 나스닥 ETF를 매수하고 싶을 경우입니다. 이때는 선택의 여지가 없습니다. 현재 연금계좌에서는 해외 증시에 상장한 ETF는 투자할 수 없기 때문입니다. 무조건 한국 증시에 상장한 해외 ETF에 투자해야 합니다. 예를 들어 연금계좌에서 나스닥 지수에 투자하려면 무조건 국내 자산운용사가 만든 나스닥 ETF에 투자해야 한다는 얘기입니다.

[ETF] ETF 초보자를 위한 꿀팁!

국내에 상장한 ETF와 해외에 상장한 ETF는 환율, 세금, 거래편의성 등에 따라 나중에 손에 쥘 수 있는 수익률이 달라집니다. 세금의 경우 연간 수익이 833만 원 미만인 투자자나 금융소득종합과세를 내는 고액자산가라면, 해외에 상장한 ETF에 투자하는 것이 유리합니다.

해외 상장 ETF 투자시
절세 노하우가 있나요?

해외 상장 ETF에 투자할 때는 국내 상장 ETF와는 다르게 세금이 부과됩니다. 이번엔 해외 상장 ETF에 투자할 때 세금을 줄일 수 있는 방법에 대해 알아보겠습니다. 해외 상장 ETF라고 이야기했지만, 주식과 ETF의 과세 체계가 동일하기 때문에 해외주식에 투자할 때 세금을 줄이는 절세법이라고 이해하면 됩니다.

해외 증시에 투자할 때는 한 해에 주식이나 상장지수펀드(ETF)로 250만 원 이상 수익을 낼 경우 양도차익 과세 대상이 됩니다. 여기서 250만 원 기준은 평가손익이 아니라 이미 매도를 했을 때가 기준입니다. 예를 들어 내가 테슬라를 보유하고 있는데 오른 상태로 가지고만 있다면 과세 대상이 아닙니다. 그런데 중간에 한 번이라도 주식이나 ETF를 팔아서 이익이든 손실

이든 실현을 했다면 이 실현한 금액이 과
세 기준이 됩니다.

양도소득세

재산을 다른 사람에게 넘기면서
발생하는 소득에 대해 부과되는
세금

250만 원 이상 수익을 냈는지 판단하
는 기준은 매년 1월 1일부터 12월 31일
까지 주식을 매도한 금액을 합쳐서 계산합니다. 예를 들어 올해 A종목으로
500만 원을 벌고, B종목으로 300만 원 손해를 봤다면 이 둘을 합친 수익금
은 200만 원입니다. 그러면 올해 수익이 250만 원보다 적으니 과세 대상이
아닙니다.

이렇게 한 해의 수익이 250만 원을 넘었다면 *양도소득세를 내야 합니
다. 세율은 22%입니다. 250만 원을 공제하고 나머지 금액에 대해서 세금
을 냅니다. 다시 예를 들어볼게요. A종목으로 500만 원을 벌고 B종목으로
100만 원 손해를 봤습니다. 그러면 수익은 400만 원이겠죠. 여기서 250만
원까지는 공제하고 나머지 150만 원이 과세 대상입니다. 여기에 대해 22%
양도소득세를 내는 것이므로 내야 하는 세금은 33만 원입니다.

주식관련 세금의 두 축 가운데 하나인 양도소득세는 이렇게 정리가 되
었습니다. 그렇다면 배당소득세는 어떨까요?

ETF의 분배금이나 주식의 배당금을 받은 것에 대해서는 배당소득세를
내야 합니다. 현지에서 배당에 대해 떼는 세금이 한국의 배당소득세율인
14%보다 낮을 때는 그 차이만큼을 국세청이 원천징수합니다. 그런데 미국
은 배당소득세가 15%입니다. 이미 미국에서 많이 떼어갔으니까 한국 국세
청에선 배당소득세를 따로 부과하지 않습니다.

그렇다면 해외주식이나 ETF에 투자할 때 양도차익에 대해 세금을 조금
덜 내는 방법은 없을까요? A 종목은 팔아서 500만 원 수익을 냈지만 주가

가 떨어져서 못 팔고 있는 주식이 있는 분들을 위한 절세 팁이 있습니다. 손실이 나고 있는 주식이나 ETF를 팔고 다시 사는 겁니다.

해외 주식이나 ETF에 투자할 때 절세법

종목 / 손익		종목 / 손익	
A	+500만 원	A	+500만 원
B	-100만 원	B	-100만 원
C	-200만 원 ← 매도하지 않은 평가 손실	C	-200만 원

합계 400만 원
세금: 400만 원 - 250만 원 = 150만 원
X22% = 33만 원

합계 200만 원
세금 없음!

예를 들어볼게요. 제가 총 3개 종목에 투자하고 있어요. A에선 500만 원 수익, B종목에선 100만 원 손실이 났습니다. 그러면 총 400만 원에 대해 세금을 내야겠죠. 그런데 C종목은 아직 팔지는 않았지만 200만 원 평가손실이 난 상태입니다. 보유하면 오를 것 같아서 가지고 있는 종목이에요. 그럴 때 이 종목을 팔았다가 다시 사면 이 200만 원 손실도 세금을 내는 양도차익으로 잡힙니다.

그러니까 C종목을 팔았다가 다시 매수한 순간 C종목의 손실이 반영되어서 전체 양도차익은 200만 원이 됩니다. 공제금액인 250만 원보다 적으니까 이 경우 세금을 안 내도 되는 것이죠. 물론 매매과정에서 증권사 수수료 등 매매비용이 조금 들겠지만요. 결론적으로 해외주식이나 ETF에 투자 중인데 손실을 보고 있는 종목이 있다면 팔았다가 다시 사는 게 세제상 유리하다는 이야기입니다.

'나는 장기투자를 하기 때문에 주식이나 ETF를 매매하지 않겠다'는 분들도 연말에 일부, 특히 세금 공제 한도인 250만 원 미만으로 차익을 실현했다가 다시 매수하면 세금을 줄일 수 있습니다. 사서 쭉 들고 있다가 한 번에 차익을 실현하면 250만 원 이상에 대해서 모두 세금을 내야 하지만, 연말에 차익실현을 했다가 다시 사면 250만 원 미만에 대해선 세금을 안 내도 되고, 또 중간에 사고판 만큼 마지막에 실현하는 차익의 규모가 더 적을 테니 그만큼 세금도 덜 내겠죠.

여기서 하나 주의해야 할 점은 양도세는 올해 1월 1일부터 12월 31일까지 매도한 주식에 대해서 세금을 매긴다고 앞서 이야기했지만, 이건 결제가 끝났을 때 기준입니다. 우리가 국내주식을 매도해도 현금으로 인출할 수 있는 건 이틀 뒤입니다. 주식 결제에 영업일 기준 이틀이 걸리기 때문인데요, 해외주식 결제 역시 영업일 기준 미국과 일본은 3일, 홍콩은 2일, 중국은 1일이 걸립니다.

만약에 절세하려고 12월 31일에 주식을 팔더라도 올해 안에 주식 결제가 끝나지 않은 게 되니 세금에 미치는 영향이 없습니다. 그러니까 연말에 절세를 위해서 주식을 팔았다 다시 살 계획이 있다면 휴장 등을 고려해서 일주일 전쯤 넉넉하게 주식 매매 계획을 세우는 게 좋을 것 같습니다.

그렇다면 세금신고는 어떻게 해야 할까요? 해외주식 양도소득세 신고는 매년 5월 한 달 동안 받습니다. 국세청 홈페이지 홈택스를 통해서 전자신고를 하거나 관할 세무서에 가서 서류를 제출하면 되는데요, 이게 굉장히 복잡합니다. '양도소득과세표준 신고 및 자진납부계산서'와 '주식 등 양도소득금액 계산명세서', 이렇게 2개를 내야 합니다. 그리고 그 양식도 매우 복잡합니다.

그래서 많은 증권사에서는 해외주식 양도소득세 대행신고 서비스를 운영하고 있습니다. 복잡한 양식을 증권사가 대신 기입해서 좀더 간편하게 신고할 수 있도록 도와주는 거죠. 이 내용은 증권사마다 다르니 거래하는 증권사가 대행신고 서비스를 운영하고 있는지 살펴보고 활용해보면 좋을 것 같습니다.

　해외주식으로 돈을 벌었는데 소득 신고를 안하면 어떻게 될까요? 이 경우에는 '신고불성실 가산세'라는 게 붙습니다. 신고를 아예 안 했으면 20%, 번 돈을 줄여서 신고했으면 10% 가산세가 붙습니다. 그러니까 내년 5월 신고기한에 맞춰 잊지 않고 신고한 후 납부하는 게 좋겠죠.

ETF 초보자를 위한 **꿀팁!**

해외 상장 ETF나 주식에 투자할 때는 국내와 다르게 세금이 부과됩니다. 세금 공제 범위가 250만 원이라는 점을 활용해서 손실이 난 종목을 샀다가 파는 식으로 절세할 수 있습니다. 양도소득세 신고는 직접 해야 하기 때문에 증권사 등을 통해 세금신고하는 법을 익혀둬야 합니다.

모든 ETF는 기초지수를 따라갑니다. 기초지수는 크게 시장 대표지수, 업종이나 테마형 지수, 전략형 지수로 나눠볼 수 있습니다. 5장에서는 시장 대표지수를 살펴봅니다. 한국 주식시장에 투자하려면 코스피200 지수에 투자하는 것처럼 미국, 중국 등 해외 증시에도 대표지수가 있습니다. 5장을 모두 읽고 나면 대표지수의 종류와 특징에 대해 알 수 있습니다. 더불어 국가단위가 아닌 선진국, 신흥국, 나아가 글로벌 증시 전체에 투자하는 상품에 대해서도 알아봅니다.

Exchange

5장

ETF가 추종하는 주요국의 대표지수를 파악하자

코스피와 코스닥은
어떻게 다른가요?

한국 주식시장은 유가증권 시장과 코스닥 시장으로 나뉩니다. 유가증권 시장에 상장한 기업의 종합주가지수를 '코스피 지수', 코스닥 시장에 상장한 기업의 종합주가지수를 '코스닥 지수'라고 부릅니다.

유가증권 시장은 한국을 대표하는 우량기업들이 상장한 시장입니다. 2020년 시장이 상승세를 이어가면서 시가총액이 2천조 원을 넘어섰습니다. 1980년 1월 4일의 시가총액을 100이라고 설정하고, 이 시점부터 지금 시장의 시가총액이 얼마나 늘었는지를 수치화한 게 코스피 지수입니다. 코스피 지수가 3000이라는 뜻은 코스피 상장사 시가총액이 1980년 1월 4일보다 30배 늘었다는 의미로 해석할 수 있습니다.

코스닥 시장은 1996년 7월에 만들어진 벤처기업 중심 시장입니다. 상

IT 버블

2000년대 초반 '닷컴 기업'으로 불리는 인터넷 기반 기업이 등장하면서 주식 시장 전반이 실제 상장사 기업 가치에 비해 과도하게 상승했던 시기

장기업의 시가총액은 400조 원가량입니다. 코스닥 지수의 기준시점은 1996년 7월 1일입니다. 처음 코스닥 지수가 만들어졌을 때는 이 시점을 100으로 두고 현 시점의 시가총액을 비교해서 지수를 산출했습니다. 하지만 2004년 기준점을 100에서 1000으로 10배로 높여 잡았습니다. 그 이유는 당시 코스닥 시장이 부진했기 때문입니다. 코스닥 지수는 2000년 *IT 버블을 거치며 당시 기준 260포인트를 넘기며 급등했습니다. 지금으로 치면 코스닥 지수가 2600선을 넘은 겁니다.

20년이 지난 아직까지도 이 기록은 깨지지 않고 있습니다. IT 버블이 꺼지면서 코스닥 지수는 30포인트 선까지 떨어졌고, 이후로도 지수가 너무 낮게 유지되는 점을 감안해 기준점을 100이 아니라 1000으로 높여 잡았습니다.

그런데 우리가 ETF로 투자할 때는 보통 코스피와 코스닥 시장 전체에 투자하지 않습니다. (물론 코스피와 코스닥 지수에 투자하는 ETF도 있습니다.) 대신 각 시장에서 시가총액 상위 우량주를 모은 대표지수에 투자합니다. ETF로 유가증권 시장에 투자할 때는 코스피가 아니라 코스피200을 주로 활용합니다.

코스피200은 800여 개의 코스피 상장사 가운데 업종을 대표하는 우량주 상위 200개 종목을 담은 지수입니다. 코스피200은 주가지수 선물과 옵션의 기초지수로 활용하려는 목적으로 1994년 6월에 만들었습니다. 때문에 선물, 옵션은 물론이고 ETF 등 다양한 금융상품의 기초지수로 활용되고

코스피200 시가총액 상위 종목

순위	종목명	비중(%)	순위	종목명	비중(%)
1	삼성전자	29.6	6	LG화학	2.9
2	SK하이닉스	5.1	7	현대차	2.4
3	NAVER	4.3	8	셀트리온	2.2
4	카카오	3.5	9	POSCO	1.7
5	삼성SDI	3.0	10	기아	1.6

자료: 한국거래소 •2021년 7월말 기준

있습니다.

코스피200 지수는 1990년 1월 3일을 기준으로 계산합니다. 이 시점의 코스피200 상장사 시가총액의 합을 100으로 잡고, 그때보다 지금 코스피 200 종목의 시가총액이 얼마나 늘었는지를 표시하는 겁니다. 코스피200 지수가 400을 넘어섰다는 것은 1990년보다 코스피200 상장기업의 시가 총액 합이 네 배 늘었다는 뜻입니다.

코스피200에서 가장 높은 비중을 차지하는 건 삼성전자입니다. 무려 30%가량을 차지하고 있습니다. 코스피200 지수의 향방은 삼성전자의 주 가 흐름에 절대적인 영향을 받을 수밖에 없습니다. 다음으로 높은 비중을 차지하는 건 SK하이닉스로 5%가량을 차지하고 있습니다. 그 외에 네이버, LG화학, 카카오, 삼성SDI, 셀트리온, 현대차, 포스코, 기아 등이 시가총액 상 위에 올라 있습니다.

업종별로 보면 삼성전자가 속한 정보기술(IT) 업종의 비중이 42%로 가 장 높습니다. 자유 소비재와 커뮤니케이션 서비스 업종이 10% 안팎으로 비 슷하고 그 다음이 산업재, 금융, 건강관리, 필수소비재 순입니다.

코스피200 ETF

상품명	운용사	상장일	운용보수 (연, %)	시가총액 (억 원)
KODEX200	삼성자산운용	2002.10.14	0.15	4조 3,000
KOSEF200	키움투자자산운용	2002.10.14	0.13	6,000
TIGER200	미래에셋자산운용	2008.04.03	0.05	2조 2,790
KINDEX200	한국투자신탁운용	2008.09.25	0.09	7,350
TREX200	유리자산운용	2009.01.23	0.32	110
KBSTAR200	KB자산운용	2011.10.20	0.017	1조 760
ARIRANG200	한화자산운용	2012.01.10	0.04	9,060
파워200	교보악사자산운용	2012.02.13	0.145	290
HANARO200	NH아문디자산운용	2018.03.30	0.036	6,280

자료: 한국거래소 •2021년 7월말 기준

코스피200에 투자하는 ETF는 총 9개입니다. 삼성자산운용의 KODEX 200이 가장 규모가 크고 거래량도 많습니다. 운용보수가 가장 낮은 건 KB 자산운용의 KBSTAR200입니다. 투자금의 연 0.017%를 운용사가 수수료로 가져갑니다.

코스닥 시장을 대표하는 지수는 코스피150입니다. 코스피150은 코스닥 상장사 1,500여 개 가운데 시장을 대표하는 기업 150곳을 추린 지수로, 2015년 7월에 발표했습니다. 2010년 1월 4일의 코스피150 상장사 시가총액 합을 1000으로 잡고, 그때보다 지금의 시가총액이 얼마나 늘었는지를 계산합니다.

코스닥150에서 가장 비중이 높은 종목은 셀트리온헬스케어입니다.

코스닥150 시가총액 상위 종목

순위	종목명	비중(%)	순위	종목명	비중(%)
1	셀트리온헬스케어	9.2	6	씨젠	2.0
2	에이치엘비	2.8	7	셀트리온제약	1.9
3	카카오게임즈	2.4	8	펄어비스	1.8
4	에코프로비엠	2.3	9	엘앤에프	1.7
5	알테오젠	2.2	10	CJ ENM	1.5

자료: 한국거래소 •2021년 7월말 기준

코스닥 150 ETF

상품명	운용사	상장일	운용보수 (연, %)	시가총액 (억 원)
KODEX 코스닥150	삼성자산운용	2015.10.01	0.25	4,620
TIGER 코스닥150	미래에셋자산운용	2015.11.12	0.19	2,000
KBSTAR 코스닥150	KB자산운용	2017.6.16	0.18	1,690
ARIRANG 코스닥150	한화자산운용	2018.7.5	0.15	30
HANARO 코스닥150	NH아문디자산운용	2018.8.14	0.2	370
KOSEF 코스닥150	키움투자자산운용	2019.1.22	0.15	190
KINDEX 코스닥150	한국투자신탁운용	2020.5.7	0.1	310

자료: 한국거래소 •2021년 7월말 기준

10%가량을 차지하고 있습니다. 다음으로는 에이치엘비, 씨젠, 셀트리온제약 등 바이오 업종이 주를 이룹니다. 펄어비스, 카카오게임즈 등 게임주도 코스닥150의 시총 상위를 차지하고 있습니다. 업종별로 보면 바이오가 포함된 건강관리 업종이 40%를 차지합니다. 바이오주 업황에 따라 코스닥

150 지수가 큰 영향을 받을 것이라는 점을 추정할 수 있습니다. 다음으로 정보기술(IT) 비중이 25%가량으로 높습니다. 한국의 바이오와 IT 중·소형 주에 투자하는 지수로 보면 됩니다.

코스닥150 지수를 따라가는 ETF는 7개입니다. 삼성자산운용의 KODEX 코스닥150이 규모가 가장 큽니다. 운용보수는 한국투자신탁운용이 연 0.1%로 가장 낮습니다.

 ETF 초보자를 위한 꿀팁!

한국 증시는 코스피와 코스닥으로 나뉩니다. 코스피는 한국을 대표하는 우량 대기업, 코스닥은 바이오와 IT 관련 중소형 기업이 주로 상장해 있습니다. ETF로 투자할 때는 각 시장을 대표하는 코스피200 지수와 코스닥150 지수에 투자합니다.

미국 증시의 대표지수는 어떤 것들이 있나요?

▶ 저자직강 동영상 강의로 이해 쑥쑥
QR코드를 스캔하셔서 동영상 강의를 보시고
이 칼럼을 읽으시면 훨씬 이해가 잘됩니다!

　　미국 증시에서 우리가 주로 투자하는 시장은 뉴욕증권거래소와 나스닥 시장입니다. 뉴욕증권거래소는 시가총액 기준 세계 1위 시장입니다. 우리나라로 치면 코스피에 해당하는 미국의 대표 우량주가 상장한 시장입니다. 시총 기준 세계 2위인 나스닥은 기술주 중심의 시장입니다.

　　이 두 시장에서 종목을 골라 만드는 미국 증시의 대표지수는 크게 네 가지입니다. 먼저 '다우지수'라고 이야기하는 다우존스산업평균지수, S&P500, 나스닥, 그리고 러셀지수입니다. 다우지수는 1884년에 발표된 오랜 역사를 지닌 지수입니다. 다우존스가 가장 믿을 수 있으면서도 우량한 기업 30개를 골라서 지수를 만든 겁니다. 뉴욕증시에 상장한 기업과 나스닥에 상장한 기업 수를 감안했을 때 30개면 정말 적죠.

또한 다우존스 지수는 지수를 주식의 시가총액에 따라 산출하는 게 아니라 주식의 주당 가격에 따라 산출합니다. 이걸 '가격가중 방식'이라고도 하는데요, 지수에 편입한 주식들의 주당 가격을 합한 다음 그걸 종목 수로 나눠서 지수를 계산하는 겁니다.

이렇게 되면 시가총액이 큰 기업이 아니라 주당 가격이 높은 종목의 영향력이 커지겠죠. 주식이 액면분할을 하면 기업가치가 그대로여도 다우지수에 미치는 영향력은 줄어들 겁니다.

이런 이유 때문에 다우지수는 끊임없이 대표성에 대한 의심을 받고 있습니다. 종목 수가 적기 때문에 시장을 대표하는 지수라기보다는 펀드로 봐야 하는 것 아니냐는 이야기가 나올 정도입니다. 이런 점 때문에 S&P500 지수에 점점 미국 대표지수 자리를 내어주고 있습니다.

그래도 가장 오래된 지수로서의 영향력은 여전합니다. 오래되다 보니 과거와 현재의 미국 증시를 비교할 수 있는 지표로도 자주 사용되고요. 예를 들어 1900년대 초반 대공황기와 지금의 미국 증시를 비교할 수 있는 지수는 다우지수뿐이니까요.

이 다우지수에 투자하는 국내 상장 ETF로는 TIGER 미국다우존스30이 유일합니다. ETN으로는 신한 다우존스지수 선물(H)이 같은 지수를 따라갑니다.

다우지수에 투자하는 국내 상장 ETF

상품명	운용사	상장일	운용보수 (연, %)	시가총액 (억 원)
TIGER 미국다우존스30	미래에셋자산운용	2016.07.01	0.35	660

자료: 한국거래소 •2021년 7월말 기준

178

상품명	운용사	상장일	운용보수 (연, %)	시가총액 (억 원)
TIGER 미국S&P500선물(H)	미래에셋자산운용	2011.07.18	0.3	2,200
KODEX 미국S&P500선물(H)	삼성자산운용	2015.05.29	0.25	1,210
ARIRANG 미국S&P500선물(H)	한화자산운용	2017.05.16	0.3	340
TIGER 미국S&P500	미래에셋자산운용	2020.08.07	0.07	2,870
KINDEX 미국S&P500	한국투자신탁운용	2020.08.07	0.07	4,350
KBSTAR 미국S&P500	KB자산운용	2021.04.09	0.021	280
KODEX 미국S&P500TR	삼성자산운용	2021.04.09	0.05	960

자료: 한국거래소 •2021년 7월말 기준

S&P500은 신용평가사인 스탠더드앤드푸어스가 뉴욕증시와 나스닥을 합쳐 500종목을 고른 지수입니다. 미국 증시 상장사 가운데 기업규모, 유동성, 산업 대표성 등을 감안해 종목을 선정합니다. 공업주 400종목, 운수주 20종목, 유틸리티주 40종목, 금융주 40종목으로 그룹을 나눠 기업을 선정하고 이걸 합친 게 S&P500입니다.

S&P500은 다우지수와 달리 시가총액 비중에 따라 종목을 담는 시가총액 가중방식을 사용합니다. 기업의 시가총액이 클수록 지수에 미치는 영향력이 커집니다. 다우지수와 비교했을 때 보다 일반적인 방식입니다. 그렇다 보니 ETF 투자자들은 미국 증시 전반에 투자할 때 다우지수보다는 S&P500을 선택하는 경향이 있습니다.

S&P500을 추종하는 국내 상장 ETF는 7개입니다. 환율의 영향을 받는

나스닥100에 투자하는 국내 상장 ETF

상품명	운용사	상장일	운용보수 (연, %)	시가총액 (억 원)
TIGER 미국나스닥100	미래에셋자산운용	2010.10.18	0.07	8,770
KINDEX 미국나스닥100	한국투자신탁운용	2020.10.29	0.07	2,060
KBSTAR 미국나스닥100	KB자산운용	2020.11.06	0.021	1,050
KODEX 미국나스닥100선물(H)	삼성자산운용	2018.08.30	0.45	820
KODEX 미국나스닥100TR	삼성자산운용	2021.04.09	0.05	890

자료: 한국거래소 *2021년 7월말 기준

ETF와 받지 않는 ETF, 배당을 분배금으로 돌려주는 ETF와 재투자하는 ETF 가 다양하게 상장해 있습니다. 환율의 영향을 받지 않는 ETF는 상품명 끝에 (H)가 붙어 있습니다. 배당을 재투자하는 ETF는 마지막에 TR이 붙습니다.

나스닥 시장에 투자하는 대표지수는 나스닥100입니다. 나스닥100 지수는 나스닥에 상장한 기업 가운데 비금융 기업, 이 가운데서도 대형주 100종목을 추려 만든 지수입니다. 애플 마이크로소프트, 인텔, 페이스북 등 글로벌 기술주에 한 번에 투자할 수 있는 지수입니다.

국내 상장 ETF 가운데 나스닥100에 투자하는 상품은 5개입니다. 규모가 가장 큰 건 미래에셋자산운용의 TIGER 미국나스닥100, 운용보수는 KB 자산운용의 KBSTAR 미국나스닥100이 가장 쌉니다.

미국의 3대지수에 포함되지는 않지만 미국 중·소형주에 투자하고 싶을 때는 러셀2000 지수를 주목해야 합니다. '러셀지수'는 FTSE라는 지수사업자가 만든 지수입니다. 러셀지수에는 크게 세 가지가 있습니다. 종목 수에

러셀200에 투자하는 국내 상장 ETF

상품명	운용사	상장일	운용보수 (연, %)	시가총액 (억 원)
KODEX 미국러셀200(H)	삼성자산운용	2017.11.9	0.45	390

자료: 한국거래소 •2021년 7월말 기준

따라 러셀3000, 러셀2000, 러셀1000으로 나뉩니다. 러셀3000은 미국 증시 상장사를 시가총액 1위부터 3000위까지 담은 지수입니다. 미국 상장사 주식의 98%를 담고 있어서 시장 전반에 투자하는 지수입니다.

이 3천 개 가운데 1위에서 1000위까지 시가총액 상위 1천 개 종목을 담은 지수가 러셀1000이고, 1001위부터 3000위까지 담은 것이 러셀2000입니다. 러셀지수 시리즈 가운데 가장 유명한 지수는 이 러셀2000이고, 미국 증시 중소형주에 투자하는 대표지수입니다.

국내 상장 ETF 가운데 러셀지수에 투자하는 상품은 KODEX 미국러셀2000(H) 한 개입니다.

ETF **ETF 초보자를 위한 꿀팁!**

미국 증시에 대표지수는 크게 세 가지를 꼽습니다. 오래된 전통의 다우지수, 시장 대표지수로 자리매김한 S&P500, 기술주에 투자하는 나스닥100 지수가 대표적입니다. 여기에 더해 미국 중소형주에 투자할 때는 러셀2000 지수를 살펴봐야 합니다.

질문 TOP
31

중국 증시에 투자하는 ETF가 있나요?

중국 증시에 투자한다고 하면 중국 기업들을 떠올릴 겁니다. 그런데 중국 기업들은 다양한 나라의 증시에 나눠 상장해 있습니다. 홍콩, 미국은 물론이고 한국에도 중국 기업들이 상장해 있는데요, 중국 기업들이 본토에 상장하지 않고 이렇게 뿔뿔이 흩어지는 가장 큰 이유는 중국 증시 상장 요건이 까다롭기 때문입니다.

중국 증시에 상장하려면 보통 직전 2~3년간 최소 흑자를 유지해야 한다는 조건이 있는데 IT나 플랫폼 기업들, 바이오 기업 같이 최근의 성장주로 꼽히는 기업들은 아무래도 이 기준을 만족하기가 쉽지 않죠. 더욱이 중국 증시에서 상장하려면 심사에 걸리는 기간이 최소 1~2년 이상입니다.

이런 이유들 때문에 중국의 대표적인 게임 기업인 텐센트는 홍콩에 상

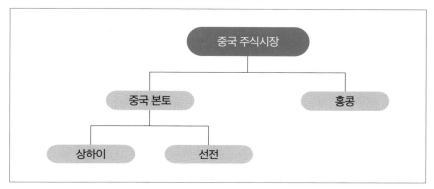

중국 주식시장 구분

중국 주식시장

중국 본토   홍콩

상하이   선전

장해 있고, 전자상거래 기업인 알리바바는 나스닥과 홍콩에 상장해 있죠. 요즘은 중국이 미국과 패권경쟁을 하면서 금융시장, 주식시장의 주도권도 가져오겠다, 상장 제도도 간편화하겠다, 중국 IT기업들을 중국 증시로 불러들이겠다는 입장이지만, 아직

구경제

금융 건설 제조업 등 과거 경제 성장을 이끌었던 산업에 속한 기업. IT, 게임, 플랫폼 기업 등 신(新)경제 기업과 비교할 때 주로 쓰인다

까지는 중국 기업들이 여기저기 흩어져 있는 상황입니다. 이렇게 복잡한 중국 시장에 대해 지금부터 살펴보겠습니다.

한국에는 한국거래소가 한 개 있잖아요. 중국 증시에는 거래소가 총 3개입니다. 본토의 상하이와 선전 그리고 홍콩인데요, 상하이 거래소에는 주로 은행, 소재 등 소위 ★구경제라고 부르는 국유기업들이 상장해 있습니다. 선전 거래소에는 민영 기업을 중심으로 IT, 제약, 미디어 등과 같은 기업이 많이 상장해 있다고 생각하면 됩니다.

한국거래소 안에 코스피와 코스닥이 있는 것처럼 상하이 거래소에도 시

교차거래

한 거래소에 상장한 주식을 다른
거래소에서도 사고파는 거래

장이 나뉘어 있습니다. 대형주 중심의 메인보드와 2019년 만들어진 커촹반, 영어로는 스타마켓이라로 부르는 시장이 있습니다. 커촹반은 IT기업이 자금조달을 할 수 있는 시장을 목표로 만들었기 때문에 '중국판 나스닥'이라고도 불립니다. 커촹반에서는 기존에는 상장이 어려웠던 적자 기업도 상장할 수 있도록 자금조달의 길이 열려 있습니다.

선전 거래소는 앞서 이야기한 것처럼 IT기업, 미디어, 소프트웨어 기업이 주로 상장해 있는데요, 선전 거래소는 크게 세 가지 시장으로 분류됩니다. 메인보드, 중소판, 창업판입니다. 이 시장들 사이에 가장 큰 차이점은 시가총액 규모입니다. 메인보드는 대형주 중심, 중소판은 이보다는 조금 규모가 작은 기업들, 창업판은 벤처기업들이 주로 상장해 있습니다.

상하이 거래소와 선전 거래소는 외국인이 투자할 수 있는지 여부에 따라 주식의 종류가 A주와 B주로 나눕니다. A주는 중국 내국인과 허가받은 외국인이 거래하는 종목, B주는 일반 외국인 투자자도 투자가 가능한 종목입니다. A주가 상하이 증시의 대부분을 차지하기 때문에 그동안 외국인은 중국 시장에 투자하기가 쉽지 않았습니다.

하지만 2014년 후강퉁, 즉 상하이와 홍콩 거래소의 *교차거래가 시작되면서 상황이 달라졌습니다. 외국인 투자자는 홍콩 거래소는 자유롭게 이용할 수 있으니, 상하이 거래소에 상장된 종목을 홍콩 거래소를 통해 매매할 수 있도록 해주겠다는 겁니다. 이후 2016년에는 선전 거래소에도 외국인이 투자할 수 있도록 하는 선강퉁, 즉 선전 거래소와 홍콩 거래소의 교차거래가 시행되면서 외국인들도 선전 거래소 상장 종목에 투자할 수 있게 되었습니다.

마지막으로 홍콩 거래소에도 시장이
2개가 있습니다. 메인보드와 GEM으로 나
뉩니다. 메인보드는 한국의 코스피처럼 주
요종목이 거래되는 시장이고, GEM 시장

중국A주

중국 상하이와 선전 증시에 상장
한 주식 가운데 내국인과 허가받
은 해외투자자(QFII)만 거래할 수
있는 주식

은 홍콩 증시 창업판이라고도 불리는데서 알 수 있듯이 성장성이 있는 중·
소형주가 상장한 시장입니다.

상하이 거래소에 상장한 종목은 외국인 직접투자 가능 여부에 따라 ★A
주와 B주로 나뉜다고 설명했는데요, 홍콩 증시는 외국인에 원래부터 개방
된 시장이다 보니 이런 구분은 없습니다. 대신 기업의 자본과 소재지에 따
라 메인보드에서는 주식을 크게 세 가지로 분류합니다. H주, 레드칩주, 항생
주입니다. H주는 자본과 소재지가 중국 본토에 있는 기업, 레드칩주는 자본
은 중국 본토에서 나왔지만 소재지가 중국 이외에 있는 기업입니다. 마지막
으로 항생주는 그외 홍콩주식을 뜻합니다.

대표 시장과 주식 종류에 대한 정리를 끝냈으니, 이제 기업을 골라 만든
실제 ETF들이 추종하는 지수들을 살펴보겠습니다. 이 지수가 실제 투자와
직결된 만큼 시장보다 더 중요하다고 볼 수 있을 텐데요.

상하이와 선전 관련 지수는 지수를 만든 회사에 따라 세 종류로 나눠볼
수 있습니다. 먼저 CSI입니다. 중국의 지수산출 전문회사인 중국지수유한
공사(CSI)에서 만든 지수입니다. 여기서 만든 지수는 크게 CSI100, CSI300,
CSI500이 있습니다. 종목 수에 따라서 이름을 붙인 건데요, CSI100은
100개, 300은 300개 종목에 투자하는 식입니다. 이 가운데 가장 널리 쓰
이는 지수는 CSI300입니다. CS300은 대형주 중심으로 구성된 지수인데요,

중국 증시 지수 구성

거래소	상하이 거래소		선전 거래소			홍콩 거래소	
	대형 국유기업 중심		IT, 제약, 미디어 등 중·소형주				
시장	메인보드	커촹반 (스타마켓)	메인보드	중소판	창업판	메인보드	GEM
	대형주 중심	IT 벤처 (적자기업 상장 가능)	대형주	중·소형주	IT 벤처	대형주	IT 벤처
주식 종류	A주	B주	A주		B주	H주	레드칩주	항생주
	중국인, 허가받은 외국인	외국인	중국인, 허가받은 외국인		외국인	자본과 소재지가 중국	자본은 중국본토, 소재지는 중국 외부	그 외 홍콩주식
지수	상하이종합지수			선전성분지수	차이넥스트 지수	H지수		
	CSI100, CSI300, CSI500, FTSE차이나A50, FTSE차이나50					항생지수		
	MSCI차이나, MSCI차이나A							

상하이 증시 비중이 70%, 선전 비중이 30% 정도를 차지합니다. 그렇다 보니 상하이 종합지수와 가장 비슷하게 움직이는 걸 볼 수 있습니다.

미국의 MSCI가 만든 중국 관련 지수는 크게 두 가지입니다. MSCI차이나와 MSCI차이나A인데요, 이 둘의 차이는 외국인이 투자할 수 없는 중국A주를 포함하고 있느냐 아니냐입니다. MSCI 차이나A 지수는 상하이와 선전 거래소에 상장한 중국 중·대형주가 중심입니다. 상하이 대형주는 금융업종, 산업재 등 구경제가 많다고 앞서 이야기했는데요, 그렇다 보니 MSCI차이나A지수에도 금융업종이 30% 정도로 가장 높습니다. MSCI 차이나 지수는 중국본토 대형주가 아니라 홍콩 증시의 H주, 레드칩주 등에 투자합니다.

마지막으로 FTSE입니다. FTSE는 차이나A50과 차이나50, 이렇게 두 가지 중국 관련 지수를 보유하고 있는데요, 아까 MSCI와 마찬가지로 A라는 글자 하나 차이지요. 과거 성과를 보면 A50이나 A주가 빠진 지수나 움직임이 큰 차이는 없는 걸로 보입니다.

홍콩 증시를 추종하는 대표지수는 항생지수와 홍콩H지수입니다. 항생지수는 홍콩 최대 은행인 HSBC의 자회사인 항생은행이 홍콩증권거래소에 상장된 종목 중 상위 우량종목들을 산출한 지수입니다. 홍콩 시장의 대표종목인 33종목에 투자하는 지수로, 우리나라 KOSPI200과 같은 홍콩의 대표

중국 증시 대표지수에 투자하는 국내 상장 ETF

상품명	운용사	상장일	운용보수 (연, %)	시가총액 (억 원)
TIGER 차이나CSI300	미래에셋자산운용	2014.2.17	0.63	2,770
KINDEX 중국본토CSI300	한국투자신탁운용	2012.11.29	0.7	2,440
KODEX 중국본토 CSI300	삼성자산운용	2017.12.13	0.55	1,230
KODEX 중국본토 A50	삼성자산운용	2013.01.21	0.99	310
KBSTAR 중국본토대형주 CSI100	KB자산운용	2013.06.04	0.65	790
KBSTAR 중국MSCI China선물(H)	KB자산운용	2018.11.28	0.6	120
KODEX China H	삼성자산운용	2007.10.10	0.37	360
TIGER 차이나항셍25	미래에셋자산운용	2009.10.21	0.49	70
TIGER 차이나HSCEI	미래에셋자산운용	2016.06.16	0.35	630
KBSTAR 차이나HSCEI(H)	KB자산운용	2016.08.10	0.4	60
KODEX 심천ChiNext(합성)	삼성자산운용	2016.11.08	0.47	720
ARIRANG 심천차이넥스트(합성)	한화자산운용	2016.11.08	0.5	90

자료: 한국거래소 •2021년 7월말 기준

지수라고 보면 됩니다.

홍콩H지수는 앞서 설명한 H주, 중국 본토기업 주식들 중 우량주들로 구성한 주가지수입니다. 홍콩 거래소에 상장되어 있는 H주 가운데 32개 우량주를 선별해서 만든 지수입니다. 이와 별개로 차이넥스트 지수라는 것도 있습니다. 선전 시장에 상장한 창업판의 주요종목 100개를 추종하는 지수입니다.

그래서 대체 무슨 ETF에 투자하라는 것이냐? 간단히 정리하면 한국의 코스피200, 미국 S&P500에 투자하듯 중국 증시 대표기업에 투자하겠다면 CSI300을 추종하는 ETF를 사면 됩니다. CSI300은 앞서 설명한 대로 상하이 종합지수와 가장 비슷하게 움직일 뿐 아니라 추종하는 ETF들도 다양하게 준비되어 있습니다. '300개 종목은 너무 많다, 조금 더 대형주에 집중투자하고 싶다'는 분들은 CSI100이나 A50도 고려해볼 수 있겠습니다.

반면 대표지수보다는 나스닥처럼 중국의 성장하는 기업이 있는 지수에 투자하고 싶다면 선전 거래소의 창업판. 차이넥스트나 홍콩 거래소 상장 기업에 투자하는 항셍지수로 접근해보면 좋겠습니다.

ETF 초보자를 위한 꿀팁!

중국 증시 거래소는 상하이, 선전, 홍콩, 이렇게 세 곳입니다. 외국인이 투자할 수 있는지 여부, 시가총액의 크기와 상장 기업의 성격에 따라 여러 시장으로 나뉩니다. 중국 시장에 투자하는 대표지수는 CSI300이나 A50이 있습니다. 기술주에 투자한다면 차이넥스트나 항셍지수를 고려할 만합니다.

세계 주식시장 전체에 투자하는 ETF도 있나요?

세계 증시에서 한국 증시가 차지하는 비중은 얼마나 될까요? 대부분의 예상보다 적은 1.2%에 불과합니다. 주식시장이라는 바다에서 극히 일부일 뿐입니다. 게다가 삼성전자가 시가총액의 30%에 가까운 비중을 차지하고 있어 개별종목 의존도도 높은 편입니다. 투자 전문가들이 주식에 투자한다면 국내뿐 아니라 해외로 눈을 돌리라고 조언하는 이유입니다.

하지만 막상 해외주식에 투자하기는 쉽지 않습니다. 개별 기업은 물론 시장의 특성을 파악하려면 많은 공부가 필요합니다. 그럴 때 유용한 도구가 ETF겠죠. 패시브 투자 자금이 글로벌 주식시장에 투자할 때 가장 많이 활용하는 지수는 모건스탠리캐피털인터내셔널(MSCI) 지수입니다.

주요 글로벌 펀드들은 MSCI가 발표하는 지수를 기준으로 투자 성과를

MSCI 지수별 주요국 분류

MSCI 세계 시장 지수(ACWI)		
선진시장 지수	**신흥시장 지수**	**프론티어 지수**
미국	대만	베트남
일본	한국	모로코
영국	인도	루마니아
프랑스	중국	케냐
캐나다	브라질	나이지리아
독일	남아프리카공화국	바레인
스위스	사우디아라비아	방글라데시
호주	러시아	카자흐스탄
네덜란드	태국	오만
홍콩 등	멕시코 등	요르단 등

자료 : MSCI

프론티어 지수

신흥국 시장 가운데서도 증시 규모가 작은 국가를 묶어 투자하는 지수

측정합니다. 패시브 펀드는 MSCI가 개발한 지수를 따라가고, 액티브 펀드들은 지수보다 자사의 펀드 성과가 좋았는지 나빴는지를 평가하는 지표로 사용합니다.

MSCI는 지역을 구분해서 지수를 만들었습니다. 세계시장 지수, 선진시장 지수, 신흥시장 지수, *프론티어 지수 등입니다. 이는 각 국가를 선진국, 신흥국, 개발도상국으로 나누고, 각국 주식시장의 대표 종목들을 담은 지수들입니다.

세계 주식시장에 나눠 투자하는 지수는 '세계시장 지수'입니다. All Country World Index의 앞글자를 따서 'ACWI 지수'라고도 부릅니다. 이 지수는 세계 2,260여 개 기업에 투자합니다. 이 가운데서 미국 기업이 60% 가량을 차지합니다. 비슷한 지수로 뱅가드가 만든 뱅가드 토털(VT) 지수가

있습니다. ACWI와 투자기업 수, 국가별 비중은 거의 비슷합니다. 하지만 MSCI가 만든 ACWI에 비해 뱅가드가 만든 VT는 중·소형주 비중이 더 높은 게 특징입니다. 국내 상장 ETF 가운데 세계 주식시장 전반에 투자하는 상품은 'ARIRANG 글로벌MSCI(합성H)'가 유일합니다.

선진국 시장에 투자하는 지수는 '선진시장 지수'입니다. 선진시장 지수에서도 미국의 비중은 절대적입니다. 전체 자산의 67%를 미국 시장에 투자합니다. 일본, 영국, 프랑스, 캐나다 등이 뒤를 잇고 있습니다.

한국 증시는 오랜 기간 동안 선진국 지수에 포함되기 위해 노력해왔습니다. MSCI 신흥국 지수보다 MSCI 선진국 지수에 투자하는 투자자금의 규모가 압도적으로 크기 때문입니다. 한국경제연구원 등 국내 연구 기관들은 한국이 MSCI 선진국 지수에 포함되면 최대 60조 원의 외국인 자금이 한국 증시에 새로 들어올 것으로 내다보고 있습니다. MSCI는 한국이 선진국 지수에 포함되려면 원화를 한국이 아닌 해외에서도 자유롭게 거래할 수 있도록 해달라고 요구하고 있습니다. 하지만 외환당국은 환율 변동성을 키울 수 있다는 이유로 금융시장 개방에 보수적으로 대응하고 있습니다.

국내 증시에서 선진국 시장 지수에 투자할 수 있는 상품은 'KODEX 선진국MSCI World' 'SMART 선진국MSCI World(합성H)' 'AIRANG 선진국MSCI(합성H)' 이 있습니다. 다만 주의해야 할 점은 앞선 두 상품이 MSCI 선진국 지수를 그대로 따라가는 것에 비해, AIRANG 선진국MSCI(합성H)는 MSCI 선진국 지수에서 비중이 가장 높은 미국과 캐나다를 제외한 국가의 주식에 투자한다는 것입니다.

한국을 포함한 신흥국 국가에 투자하는 상품으로는 'ARIRANG 신흥국MSCI(합성H)' 'KODEX MSCI EM선물(H)' 'TIGER 이머징마켓MSCI레버리

투자 지역에 따른 국내 상장 ETF

상품명	운용사	상장일	투자지역	운용보수 (연, %)	시가총액 (억 원)
ARIRANG 글로벌MSCI(합성H)	한화자산운용	2013.12.10	글로벌	0.40	90
ARIRANG 선진국MSCI(합성H)	한화자산운용	2014.05.13	선진국 (미국, 캐나다 제외)	0.50	60
SMART 선진국MSCI World(합성H)	신한자산운용	2014.11.24	선진국	0.35	110
KODEX 선진국MSCI World'	삼성자산운용	2016.08.17	선진국	0.30	3,020
ARIRANG 신흥국MSCI(합성H)	한화자산운용	2014.05.13	신흥국	0.50	730
KODEX MSCI EM선물(H)	삼성자산운용	2018.03.23	신흥국	0.45	30
TIGER 이머징마켓 MSCI레버리지(합성H)	미래에셋자산운용	2015.07.29	신흥국	0.58	80
ARIRANG 신흥국MSCI인버스(합성H)	한화자산운용	2020.12.16	신흥국	0.50	66

자료: 한국거래소 •2021년 7월말 기준

지(합성H)' 'ARIRANG 신흥국MSCI인버스(합성H)'가 있습니다. 다른 국가별 ETF에 비해 정방향, 레버리지, 인버스 등 다양한 상품군이 상장해 있어 선택폭이 넓습니다. 신흥국 지수 가운데 가장 높은 비중을 차지하는 건 대만입니다. 한국, 인도, 중국 등도 신흥국 지수에 포함되어 있습니다.

프론티어 시장 지수를 따라가는 국내 상장 ETF는 아직 없습니다. 다만 주요 개발도상국에 투자하는 ETF들을 활용해볼 수 있습니다. 프론티어 지수에서 가장 높은 비중을 차지하는 국가는 베트남입니다. 'KINDEX 베트남VN30(합성)' 'KINDEX 블룸버그베트남VN30선물레버리지(H)'를 활용해 베트남 시장에 투자할 수 있습니다. 이 밖에도 'KINDEX 인도네시아MSCI(합성)' 'KINDEX러시아MSCI(합성)' 'KINDEX 멕시코MSCI(합성)' 'KINDEX 필리핀MSCI(합성)' 등 다른 개발도상국에 투자하는 상품도 있습니다.

 ETF 초보자를 위한 꿀팁!

한국 증시가 세계 주식시장에서 차지하는 비중은 1.2%에 불과합니다. 주식투자자들이 계속 해외 시장으로 눈을 돌리는 이유입니다. ETF를 활용하면 글로벌 주식시장 전체, 선진국, 신흥국, 개발도상국 등 다양한 국가를 분류별로 손쉽게 투자할 수 있습니다.

시장에는 시기마다 시장을 이끄는 주도 업종이 있습니다. 미래를 바꾸는 장기 성장 테마도 존재합니다. ETF를 활용하면 이런 업종이나 테마에 맞는 종목에 한번에 투자할수 있습니다. 운용사마다 유망한 업종이나 테마별 ETF를 만들어 상품군을 늘려가고있습니다. 6장에서는 반도체, 배터리, 바이오, 게임, ESG 등 유망 테마와 여기에 투자하는 ETF에 대해 알아봅니다. 해당 업종이나 테마가 왜 주목받고 있는지, 그렇다면 여기에 투자하는 ETF는 어떤 것이 있고 차이점은 무엇인지까지 살펴봅니다.

6장

돈 되는
주요 테마 ETF에
주목하자

질문 TOP
33

반도체가 호황일 땐 어떤 ETF를 살까요?

반도체 산업은 국내 증시의 핵심 업종입니다. 일단 시가총액 1위이자 유가증권 시장 전체 시가총액의 30%가량을 차지하는 삼성전자가 대표적인 반도체 생산 기업입니다. 시가총액 2위 역시 반도체 생산 기업인 SK하이닉스입니다. 이 두 기업에 반도체 소재, 부품, 장비를 납품하는 기업들도 국내 증시에 대거 상장해 있습니다. 그러니 국내 증시 상장사의 사업 내용을 이해하려면 반도체 산업에 대한 기본적인 내용이라도 반드시 알아야겠죠.

반도체는 크게 '메모리 반도체'와 '비메모리 반도체'로 나뉩니다. 메모리 반도체는 메모리, 즉 기억을 한다는 뜻입니다. 컴퓨터에서 파일을 저장해두는 저장장치라고 생각하면 됩니다. 메모리 반도체의 종류로는 D램과 낸드 플래시가 대표적입니다. 세계적으로 삼성전자, SK하이닉스, 마이크론이 메

반도체 분류

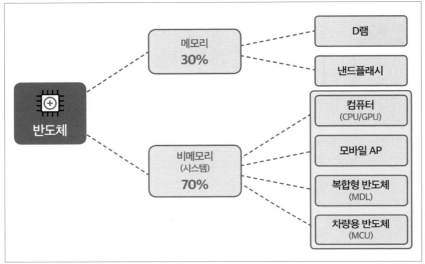

자료: 가트너, 미래에셋자산운용

모리 반도체 시장을 꽉 잡고 있죠.

국내 상장 기업들이 메모리 반도체에 강점을 갖고 있지만 세계적으로 보면 비메모리 반도체 시장이 메모리 반도체 시장보다 두 배 이상 큰 시장입니다. 비메모리 반도체는 정보를 처리하는 데 씁니다. 컴퓨터의 두뇌 역할을 하는 CPU에 사용되는 반도체가 대표적입니다. 차량에 쓰이는 '차량용 반도체', 스마트폰이나 태블릿 PC의 두뇌 역할을 하는 '모바일 AP', 메모리와 비메모리 반도체처럼 서로 다른 반도체를 결합해 만든 복합형 반도체 등이 있습니다.

시장 전문가들은 메모리 반도체와 비메모리 반도체 모두 당분간 수요가 크게 늘 것이라고 예상하고 있습니다. 4차 산업혁명을 이끄는 주요 산업군들이 대부분 반도체 없이는 돌아갈 수 없기 때문입니다. 전기차나 자율주행차 같은 미래차, 클라우드, 인공지능(AI), 드론, 사물인터넷, 가상현실(VR) 등 우리가 거론할 수 있는 모든 산업에 반도체가 사용됩니다.

반도체 굴기

중국이 IT산업의 핵심인 반도체 기술을 국산화 하기 위한 중국 정부 주도의 정책

특히 연산과 처리 역할을 하는 비메모리 반도체는 4차 산업혁명의 핵심 부품으로 꼽힙니다. 이런 이유 때문에 각국의 정부와 기업들은 비메모리 반도체 산업을 키우는 데 심혈을 기울이고 있습니다. 삼성전자는 2019년부터 2030년까지 133조 원을 비메모리 반도체에 투자하기로 했습니다. 중국은 2015년부터 '＊반도체 굴기'를 공식화하면서 10년 동안 1조 위안(약 170조 원)을 투자하기로 했죠. 조 바이든 미국 대통령은 2021년 4월에 500억 달러(약 55조 7천억 원)를 반도체 산업에 투자하겠다는 정책을 발표하기도 했습니다.

이렇게 반도체 업종으로 대규모 투자가 이루어지고 있고, 반도체 산업이 호황을 누릴 것이라는 전망이 나올 때 투자해야 할 ETF는 뭐가 있을까요? 국내 반도체 기업에 투자할 수 있는 ETF는 크게 두 종류입니다. KODEX 반도체와 TIGER 반도체입니다. 두 ETF는 모두 같은 지수를 따라가는데, 그것은 한국거래소가 만든 'KRX 반도체' 지수입니다. 같은 지수를 따라가는 ETF이기 때문에 담고 있는 종목도 동일합니다.

'KRX 반도체' 지수는 코스피와 코스닥 시장에 상장한 반도체 제조, 장비, 소재 관련 기업 20곳을 모아 만들었습니다. 반도체 제조 기업인 SK하이닉스(구성 비중 2021년 7월말 기준 약 20%), 반도체 위탁생산 기업인 DB하이텍(8%), 반도제 제조장비를 만드는 원익IPS(6%), 반도체 검사장비를 생산하

반도체 산업에 투자하는 국내 ETF

상품명	운용사	상장일	운용보수 (연, %)	시가총액 (억 원)
KODEX 반도체	삼성자산운용	2006.06.27	0.45	2,400
TIGER 반도체	미래에셋자산운용	2006.06.27	0.46	1,430
TIGER 미국필라델피아 반도체나스닥	미래에셋자산운용	2021.04.09	0.49	4,600

자료:한국거래소 *2021년 7월말 기준

는 리노공업(6%) 등을 주로 담고 있습니다. SK하이닉스와 DB하이텍 정도를 제외하면 대부분이 반도체 소재와 장비 등을 생산하는 기업들입니다. 반도체 '대장주'라는 인식이 강한 삼성전자는 반도체 ETF에서는 빠져 있다는 점도 확인해야 할 부분입니다.

삼성전자나 SK하이닉스가 투자를 늘린다는 뉴스가 나오면 반도체 ETF에 투자하는 전략을 세워볼 수 있습니다. 삼성전자와 SK하이닉스가 반도체 설비 투자를 늘린다면 반도체 장비를 생산하는 국내 기업들의 실적이 좋아지겠지요. 또한 반도체 생산 장비를 마련한 뒤에는 반도체 소재를 활용해 반도체 생산량을 늘리는 게 다음 수순일 것입니다.

국내 증시에 상장한 반도체 관련 기업들이 대부분 메모리 반도체 업황에 영향을 받는다는 점이 아쉽다면 미국 반도체 기업에 투자하는 것도 고려해볼 만합니다. TIGER 미국필라델피아반도체나스닥은 필라델피아 반도체 지수를 따라가는 상품입니다. 필라델피아 반도체 지수는 미국 필라델피아 증권거래소가 1993년에 만들었으며, 뉴욕증시와 나스닥 상장사 가운데 반도체 관련 기업 30곳에 투자하는 지수입니다. 미국 증시 상장사에 투자하는 지수지만, 메모리 반도체와 비메모리 반도체 기업이 고루 담겨 있어 글로벌 반도체 업황을 이야기할 때 쓰는 대표지수이기도 합니다.

필라델피아 반도체 지수의 주요 투자 종목은 아날로그 반도체 대표 기업인 텍사스 인스트루먼트, 그래픽처리장치(GPU) 1위 기업인 엔비디아, 통신칩 대표 기업인 퀄컴 등입니다. 개별종목의 주가 변동에 따라 비중이 조금씩 달라지지만 이들 기업을 8% 안팎으로 담고 있습니다. 미국 기업뿐 아니라 나스닥 상장사인 대만의 반도체 위탁생산(파운드리) 기업인 TSMC도 4%가량 담고 있습니다.

 ETF 초보자를 위한 꿀팁!

한국에서 가장 많이 수출하는 품목은 반도체입니다. 그만큼 국내 증시 상장사의 핵심 업종이기도 하지요. 국내 반도체 관련 기업에 투자하려면 반도체 ETF를 고려해볼 수 있습니다. 글로벌 반도체 업황 전체에 투자하려면 필라델피아 반도체 지수 ETF도 고려해볼 만합니다.

자동차가 유망할 땐
어떤 ETF를 살까요?

　세계 각국 정부의 화두는 탄소배출량을 줄이는 것입니다. 지구온난화 같은 기후변화에 대응하기 위한 국제사회의 대표적인 정책이 탄소배출량 줄이기, 즉 '탄소중립'입니다. 온실가스 배출량을 최대한 줄이는 동시에 이산화탄소를 모아 없애는 탄소 포집 기술을 발전시켜 결국엔 탄소배출량을 0으로 만드는 게 탄소중립입니다. 미국, 유럽, 한국, 일본 등 주요국은 2050년까지 탄소중립을 선언했고, 중국은 2060년까지 탄소중립을 실현하겠다고 발표했습니다.

　탄소를 줄이는 대표적인 방법은 교통수단을 혁신하는 것입니다. 내연기관 자동차를 전기차나 수소차처럼 탄소를 배출하지 않는 자동차로 바꾸는 거죠. 미국의 조 바이든 대통령은 2030년까지 미국 전역에 전기자동차

충전소 50만 개를 설립하고, 수송용 디젤차 5만 대를 전기차로 교체하며, 스쿨버스 50만 대를 친환경 버스로 전환하는 등 다양한 친환경차 관련 정책을 내놨습니다.

수소 전기차
수소와 공기중의 산소를 반응시켜 전기를 생산하는 연료전지로 모터를 움직이는 자동차

노르웨이·네덜란드에서는 2025년부터, 영국에서는 2030년부터 내연기관 신차를 판매할 수 없게 됩니다. 일본 역시 2030년부터 휘발유차 신차 판매를 금지하는 방안을 검토하고 있고, 우리나라에서도 대통령 자문기구인 국가기후환경회의가 2035~2040년 국내 내연기관차 판매 중단을 제안하기도 했습니다.

지금과 비슷한 모습의 자동차가 등장한 건 1900년대입니다. 그때부터 지금까지 자동차는 내연기관 엔진으로 달려왔습니다. 자동차의 '심장'이라고 할 수 있는 엔진이 내연기관에서 전기기관 모터로 바뀌는 게 100여 년 만의 일이라는 겁니다. 시대가 변할 때는 새롭게 주목을 받는 기업이 등장하기 마련이죠. 전기차 시장 1위 테슬라는 내연기관에서 전기기관으로 자동차의 흐름이 바뀌는 과정에서 성장한 대표적인 혁신 기업입니다.

국내엔 전기차 전문 기업은 없지만, 현대차와 기아가 배터리 전기차와 *수소 전기차를 내놓으며 시장을 넓혀가고 있습니다. 내연기관에서는 후발 주자였던 국내 업체들이 전기기관의 시대에는 앞서 나갈 수 있다는 분석도 나옵니다.

국내에 상장한 자동차 업종에 집중 투자하는 ETF는 'KODEX 자동차'가 있습니다. 기아, 현대차, 현대모비스 등 국내 완성차 기업에 전체 자산의 60%가량을 투자합니다. 나머지는 한온시스템, 한국타이어, 만도 등 자동차 부품을 생산하는 기업들에도 투자합니다.

자동차 산업에 투자하는 국내 ETF

상품명	운용사	상장일	운용보수 (연, %)	시가총액 (억 원)
KODEX 자동차	삼성자산운용	2006.06.27	0.45	6,700
HANARO Fn전기&수소차	NH아문디자산운용	2021.04.02	0.45	160
네비게이터 친환경자동차 밸류체인액티브	한국투자신탁운용	2021.05.25	0.50	330
KODEX K-미래차액티브	삼성자산운용	2021.04.09	0.49	760
TIGER 퓨처모빌리티액티브	미래에셋자산운용	2021.05.25	0.77	930
TIGER 차이나전기차 SOLACTIVE	미래에셋자산운용	2020.12.08	0.49	1조 4,780

자료: 한국거래소 •2021년 7월말 기준

수소차와 전기차 관련 기업에 나눠 투자하는 'HANARO Fn전기&수소차' ETF도 있습니다. 다른 ETF와 비교해 철강 관련 기업의 비중이 높은 게 특징입니다. 현대제철과 포스코를 합쳐 17%가량 담고 있습니다.

펀드매니저가 주식을 골라 투자하는 액티브 ETF에서는 자동차 관련 기업에 투자하는 상품의 종류가 좀더 다양합니다. 'KODEX K-미래차 액티브' 'TIGER 퓨처모빌리티 액티브' '네비게이터 친환경자동차 밸류체인 액티브', 이렇게 3개 상품이 상장해 있습니다. 세 상품 모두 자동차 산업의 변화에 투자한다는 점은 비슷합니다. 하지만 투자하는 대상이나 범위에 조금씩 차이가 있습니다.

'KODEX K-미래차 액티브'는 국내에 상장한 완성차 기업, 2차전지 생산 기업, 자율주행이나 전기차 관련 전장(자동차 부품) 생산 기업 등에 나눠 투자합니다. 자율주행차와 친환경자동차 시대가 올 때 직간접적으로 수혜를 입을 수 있는 완성차·부품 생산 기업에 투자하는 겁니다.

'TIGER 퓨처모빌리티 액티브'는 자동차 투자 테마를 조금 다르게 해석했습니다. 자동차 제조사는 물론 통신 사업자, 소프트웨어 업체도 자동차 산업 변화의 수혜를 입을 업종이라고 봤습니다. 또한 플라잉카 시대에 주목받을 우주항공 관련 업종을 비롯해 로보택시 등 공유경제 기업들도 투자 대상으로 삼았습니다. 자동차 ETF에 담겨 있을 것이라고 상상하기 어려운 네이버, 카카오, SK텔레콤 등도 포트폴리오에 담고 있습니다.

'네비게이터 친환경자동차 밸류체인 액티브'는 자동차뿐 아니라 친환경 투자 트렌드에도 방점을 찍었습니다. 전기차, 수소차와 관련한 부품이나 완성차를 생산하는 기업뿐 아니라 수소를 생산하고 운반·저장하는 기업, 태양열 풍력 등 친환경 에너지 발전 기업도 함께 투자합니다. 친환경자동차 보급에 따라 함께 성장할 수 있는 기업들을 한꺼번에 투자하겠다는 겁니다.

국내 상장 기업이 아닌 중국 전기차 기업에 투자하는 ETF도 있습니다. 'TIGER 차이나전기차 SOLACTIVE'입니다. 이 상품은 중국이나 홍콩에 본사를 두고 있는 중국 전기차 산업 관련 기업에 투자합니다. 전기차 배터리 세계 1위 기업인 CATL, 중국 전기차 1위 업체 BYD 등에 투자하고 있습니다. 중국의 전기차 시장이 커나갈 것으로 예상하지만 직접 주식을 고르기 어려운 투자자들에게 적합한 상품입니다.

ETF ETF 초보자를 위한 꿀팁!

자동차 시장에서는 전기차와 수소차 같은 친환경자동차, 자율주행차나 플라잉카 같은 미래자동차 등 다양한 변화가 일어나고 있습니다. 자동차 산업의 변화 속에서 수혜를 입을 기업에 투자하는 ETF들이 국내에 상장해 있습니다.

배터리가 촉망받을 땐 어떤 ETF를 살까요?

19세기 미국 서부는 금을 캐려는 사람들로 북새통을 이뤘습니다. 캘리포니아 지역에서 금맥이 발견되면서 금을 캐 부자가 되려는 사람들이 모여들었죠. 일명 '골드러시' 속에서 가장 많은 돈을 번 사람은 누구였을까요? 금광 주인? 금을 캐는 광부들? 금을 유통시키는 상인?

가장 많은 돈을 번 사람들은 광부들에게 채굴 장비를 팔고, 생필품을 팔던 사람들이었습니다. 이 가운데서도 청바지가 날개돋친 듯 팔려나갔죠. 광부들이 일을 할 때 청바지만큼 단단한 작업복이 없었거든요. 이때 생긴 청바지 브랜드인 리바이스는 아직까지도 전 세계적으로 널리 팔리는 청바지 브랜드로 자리매김하고 있습니다.

뜨겁게 달아오르는 전기차 시장에서도 비슷한 일이 벌어질 수 있겠죠.

전기차를 만들어서 파는 기업도 돈을 벌겠지만 여기에 들어가는 부품·장비·소재 관련 기업들이 더 많은 돈을 벌 수도 있다는 말입니다. 2차전지 배터리에 주목하는 투자자들은 '2차전지가 골드러시 시대의 청바지가 될 것'이라고 믿고 있습니다.

에너지저장장치(ESS)

Energy Storage System의 약자. 친환경 발전으로 생산한 전력을 저장했다가 필요한 시간대에 사용할 수 있도록 에너지를 저장하는 장치

2차전지는 전기차의 핵심 부품입니다. 배터리가 가볍고, 충전 시간이 짧고, 오래가는 게 전기차의 품질을 좌우하는 핵심 변수죠. 전기차에만 쓰이는 것도 아닙니다. 스마트폰, 태블릿PC 등 현재 사용되는 대부분 전자기기는 물론이고 친환경 발전과 ★에너지저장장치(ESS)에도 2차 전지가 들어갑니다.

이렇게 성장성이 주목받는 2차전지의 기본적인 개념부터 알아봐야겠죠? 2차전지가 있으면 1차전지도 있을까요? 네, 있습니다. 쓰고 버리는 전지, 충전이 안 되는 전지, 대표적으로 집에서 주로 쓰는 건전지를 1차전지라고 합니다.

이와 달리 2차전지는 반복적으로 충전해서 사용할 수 있는 게 특징입니다. 대신 전기를 전지 안에서 만들어 낼 수는 없고, 전기에너지를 화학에너지 형태로 바꿔서 저장만 합니다. 2차전지 안에 있는 이온이 양극과 음극 사이를 왔다갔다 하면서 전자의 흐름, 즉 전류를 발생시킵니다. 여기서 이온이 왔다갔다 할 수 있도록 만들어주는 게 바로 전해질입니다. 양극과 음극이 분리되도록 막아주면서 이온은 왔다갔다 할 수 있도록 열어주는 게 분리막입니다. 양극과 음극이 만나면 폭발이 일어날 수도 있으니 분리막이 제 역할을 해주어야겠지요.

많은 연구자들이 2차전지에 들어가는 효율적인 배터리 소재를 찾으려

리튬이온 배터리 구조

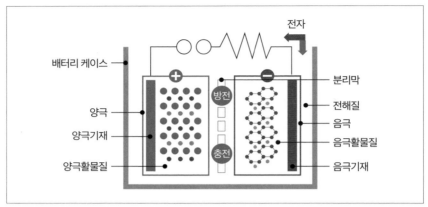

배터리 케이스

양극

양극기재

양극활물질

전자

방전

충전

분리막

전해질

음극

음극활물질

음극기재

자료: LG에너지솔루션

고 고민했고, 지금도 고민하고 있습니다. 지금까지 연구자들이 내놓은 답은 '리튬이온전지'입니다. 배터리 크기를 작게 만들 수 있으면서도 비교적 흔히 찾을 수 있는 물질이어서 값도 쌉니다. 우리가 쓰는 휴대폰, 태블릿 PC 등 전자제품에는 대부분 리튬이온전지가 들어가 있다고 보면 됩니다. 테슬라 등이 생산하는 전기차에도 리튬이온전지가 활용되고 있습니다.

전기차의 핵심인 2차전지에 투자하는 상품을 살펴봐야겠죠. 2차전지에 투자하는 국내 상장 ETF는 크게 세 가지입니다. 'KODEX 2차전지산업' 'TIGER 2차전지테마' 'TIGER KRX2차전지K-뉴딜'입니다. 세 상품은 모두 구성종목과 특징이 다릅니다. KODEX 2차전지산업은 23개, TIGER 2차전지테마는 24개, TIGER KRX2차전지K-뉴딜은 10개 종목에 투자합니다.

KODEX 2차전지산업은 국내 배터리생산 3사인 삼성SDI, LG화학(LG에너지솔루션), SK이노베이션 비중이 3개 합치면 절반 정도 됩니다. 대형주 비중이 높기 때문에 아무래도 안정적이지만 코스닥 시장 배터리 소재 업체들

2차전지 산업에 투자하는 국내 ETF

상품명	운용사	상장일	운용보수 (연, %)	시가총액 (억 원)
KODEX 2차전지산업	삼성자산운용	2018.09.12	0.45	8,870
TIGER 2차전지테마	미래에셋자산운용	2018.09.12	0.50	7,590
TIGER KRX2차전지K-뉴딜	미래에셋자산운용	2021.04.09	0.49	7,340

자료: 한국거래소 •2021년 7월말 기준

이나 장비 업체들이 급등할 때는 그만큼 시장을 따라가지는 못하겠죠.

TIGER 2차전지테마는 종목이 대체로 고르게 분산되어 있습니다. 그만큼 코스닥 종목도 많이 들어가 있습니다. 그래서 변동성이 클 수 있지만 소재 부품 장비 기업들의 주가 상승폭이 클 때는 그만큼 높은 수익을 낼 것이라고 예상할 수 있습니다.

마지막으로 TIGER KRX2차전지K-뉴딜은 10개 종목 가운데서도 상위 3개 종목에 집중투자하는 게 특징입니다. 배터리 3사인 LG화학(LG에너지솔루션), 삼성SDI, SK이노베이션에 각각 25%가량 투자해 세 종목을 합친 비중이 75%에 달합니다. 그만큼 2차전지 대형주 흐름에 따라 수익률이 영향을 많이 받게 됩니다.

ETF 초보자를 위한 꿀팁!

2차전지는 전기자동차의 핵심 부품입니다. 휴대폰, 태블릿PC 등 전자기기는 물론이고 에너지 발전, 에너지 저장장치 등에도 널리 쓰일 것으로 예상되는 대표적인 성장산업이죠. 2차전지에 ETF로 투자할 때는 상품마다 구성종목이 다르기 때문에 대형주 비중 등을 따져 투자해야 합니다.

수소경제가 떠오를 땐
어떤 ETF를 살까요?

　　앞서 '친환경자동차의 시대가 오고, 여기서 지금 가장 주목받는 자동차는 전기차'라고 말씀드렸습니다. 하지만 전기차가 친환경차의 전부는 아닙니다. 수소전기차도 있죠. 수소로 전기를 만들어 에너지원으로 쓰는 자동차 말입니다. 전기차에 2차전지가 배터리로 들어간다면 수소차에는 수소연료전지가 들어갑니다.

　　수소연료전지는 3차전지라고도 불립니다. 앞서 2차전지는 전기를 저장만 할 수 있다고 설명했는데요, 3차전지는 연료를 넣으면 스스로 전기를 만들어내는 전지입니다. 전지 안에 충전된 수소가 바깥 공기 안에 들어 있는 산소와 반응해서 전기와 물로 변합니다. 전기는 자동차를 움직이는 에너지원으로 쓰고, 물은 자동차 밖으로 배출합니다. 물에 전기를 통하게 하면 수

수소연료전지 구조

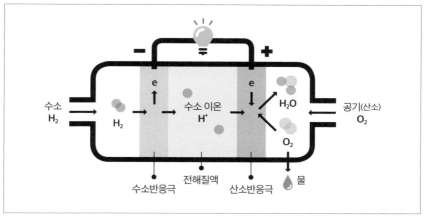

자료: 두산이노베이션

소와 산소로 분리되는데, 이 반응을 반대로 이용한 겁니다.

우리가 일반적으로 2차전지로 움직이는 자동차를 전기차라고 부르고, 수소연료전지로 움직이는 차는 수소차라고 부르지만 사실 정확한 명칭은 전기차와 수소전기차라고 부르는 이유가 이것 때문입니다. 수소차도 결국은 수소를 넣어서 전기를 발생시키는 거니까요.

수소연료전지를 쓰는 수소차는 2차전지를 사용하는 전기차에 비해서 장점이 많습니다. 가장 큰 장점은 충전 시간이 빠르다는 겁니다. 전기차는 핸드폰 충전하듯 기다리고 있어야 하는데, 수소차는 기름을 넣듯이 수소 연료를 집어넣으면 됩니다. 전기차는 급속충전해도 최소 15~30분, 완속충전하면 8~12시간이 걸리는데, 수소전기차는 기름 넣듯 5분이면 끝납니다.

대신 수소전기차는 치명적인 단점이 있죠. 비싸다는 겁니다. 수소연료전지는 촉매로 백금을 사용합니다. 백금은 귀금속으로도 사용할 만큼 값비싼 금속이죠. 원자재 시장에서도 백금은 금과 비슷한 가격에 거래가 됩니다. 이렇게 백금 가격이 비싸다 보니 자연히 배터리 전체 가격도 올라갑니다.

수소 충전소가 안전하지 못하다는 인식 때문에 충전소를 짓는 것도 쉽지 않습니다. 서울 전역에서 운영중인 수소충전소를 다 합쳐도 4곳뿐입니다. 전국으로 범위를 넓혀도 고작 47곳에 불과합니다.

전기차와 수소차에 대한 각각의 장단점 때문에 미래차의 주도권을 수소전기차와 전기차 가운데 누가 쥘 것이냐를 두고 전문가들은 치열한 논쟁을 벌여왔습니다. 최근에는 수소전기차와 전기차가 공존할 것이라는 주장에 무게가 실리고 있습니다. 각각의 장단점이 뚜렷하기 때문입니다.

배터리 전기차에 비해서 수소전기차는 자동차 무게를 가볍게 만들 수 있습니다. 그만큼 전기 소모량이 적어 오래 운전하는 데 유리한 조건입니다. 때문에 '장거리를 뛰어야 하는 트럭 같은 상용차 시장에선 수소전기차가 주도권을 잡고, 단거리를 운행하는 승용차는 전기차가 중심이 되어 공존할 것'이라는 목소리가 커지는 상황입니다.

지금은 수소차가 가장 주목받고 있지만 수소차도 *수소경제의 일부일 뿐입니다. 수소경제의 밑그림은 훨씬 더 큽니다. 화석연료를 수소 에너지가 대체하는 게 수소경제의 청사진입니다. 자동차뿐 아니라 선박, 열차, 기계 등 모든 장치의 에너지원이 수소가 되는 거죠.

이를 위해선 수소를 만들고 저장하고 유통하는 모든 단계에서 역할을 하는 기업들이 필요합니다. 정부는 2019년 1월 수소경제 활성화 로드맵을 내놓으면서 2040년까지 수소차는 290만 대를 보급하고, 수소충전소는

상품명	운용사	상장일	운용보수 (연, %)	시가총액 (억 원)
KBSTAR Fn수소경제테마	KB자산운용	2020.10.29	0.45	2,830

자료: 한국거래소 *2021년 7월말 기준

1,200개를 짓겠다고 발표했습니다.

정부의 정책적 지원과 탄소배출 감소라는 시대 흐름 속에서 성장할 수소경제 관련 기업에 투자하려면 어떻게 해야 할까요? 국내에는 아직 수소경제에 투자하는 상품이 많지는 않습니다. 수소경제 테마에만 투자하는 상품은 'KBSTAR Fn수소경제테마'가 아직까지 유일합니다. 이 상품이 가장 많이 투자하는 종목은 현대차와 현대모비스인데, 두 종목을 합쳐 30%가량을 담고 있습니다.

현대차는 세계에서 처음으로 수소연료전지차를 양산한 기업이기도 합니다. 이 밖에 수소연료전지 생산 기업인 두산퓨얼셀, 탄소섬유를 생산하는 효성첨단소재, 삼화콘덴서 등에도 투자하고 있습니다.

ETF **ETF 초보자를 위한 꿀팁!**

정부는 탄소배출량을 줄이기 위해 장기적으로 화석연료 대신 수소를 에너지원으로 육성하는 정책을 내놨습니다. 이른바 '수소경제'입니다. 수소경제는 수소차뿐 아니라 수소 생산과 유통을 포함하는 개념입니다. ETF를 활용하면 이런 기업에 한번에 투자할 수 있습니다.

바이오가 이슈일 땐 어떤 ETF를 살까요?

바이오 기업의 주가는 기복이 심하기로 유명합니다. 기술 수출 같은 호재에도 급등하지만 일부 기업의 분식회계 등 악재가 나타나면 그만큼 민감하게 반응하기 때문입니다. 특히 개별종목은 하루에도 상한가와 하한가를 오갈 정도로 변동성이 심합니다. 다른 업종에 비해 사업 내용을 이해하려면 높은 수준의 전문성이 필요한 데다 실적보다는 성장성이 주목받는 *섹터이기 때문입니다.

변동성이 높고 사업내용을 이해하기도 쉽지 않지만 바이오 산업의 성장성을 부정하는 사람은 찾아보기 힘듭니다. 고령화 시대에 바이오 산업의 성장은 '정해진 길'

섹터

비슷한 업종에 속해있어서 사업 구조나 타깃 시장이 비슷한 기업들을 모아 이르는 말

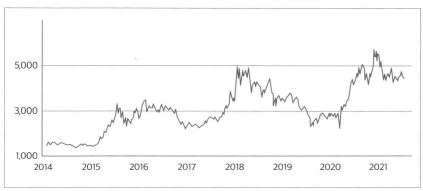

KRX 헬스케어 지수

자료: 한국거래소 *2021년 7월말 기준

이라는 이유 때문입니다.

바이오주의 1차 전성기는 2015년이었습니다. 한미약품이 글로벌 제약사 사노피와 39억 유로(약 5조 원)규모의 *기술 수출 계약을 체결하면서 한미약품을 비롯한 바이오 제약 기업의 주가가 급등했습니다.

그 이전까지만 해도 국내 제약 바이오 업계는 내수시장을 타깃으로 복제약을 생산하는 기업들이 주를 이루었습니다. 바이오 업종 전문가들은 한미약품의 기술 수출을 계기로 해외 제약사들이 본격적으로 국내 기업에 관심을 갖기 시작했다고 입을 모읍니다.

한미약품으로 시작한 바이오주의 1차 전성기는 오래가지 못했습니다.

기술수출

국내에서 연구, 개발한 기술을 외국에 제공하고 그 대가로 로열티 등을 받는 것

이듬해인 2016년 한미약품이 기술을 수출했던 독일 베링거인겔하임이 항암 신약 기술 임상을 중단했다고 공시했기 때문입니다. 공시 당일 한미약품 주가는 20% 가

까이 하락했습니다. 그해 12월에는 다국적 제약사인 사노피에 기술 수출한 당뇨신약 계약 일부가 해지되어 계약금을 일부 돌려주었습니다.

바이오주의 2차 상승기는 2017~2018년 초반이었습니다. 신라젠 등 신약 기업들의 미국 임상 기대로 신약 개발 기업들의 주가가 급등했습니다. 바이오 기업들의 주가가 상승하면서 바이오 기업이 주로 상장한 코스닥 시장 전반이 급등할 정도였습니다. 당시 코스닥 지수는 16년 만에 900포인트를 넘어서기도 했습니다.

하지만 이 시기의 바이오 상승세 역시 오래가지 못했습니다. 바이오주 상승세를 이끌었던 신라젠의 간암 신약이 임상에 실패하면서 바이오 기업을 신뢰할 수 없다는 분위기가 퍼지기 시작했습니다. 이후 신라젠은 최대주주의 횡령 배임 사건까지 겹쳐 거래가 정지되기도 했습니다.

바이오주의 세 번째 상승은 2020년 코로나 확산과 함께 왔습니다. 잇단 임상 실패와 기술 수출 취소로 신뢰를 잃었던 바이오 기업들이 코로나를 계기로 다시 주목받은 겁니다. 특히 과거엔 크게 관심을 받지 못했던 백신 생산 기업이나 진단키트 기업들이 2020년 상반기 바이오주 상승장을 이끌었습니다.

하지만 한동안 멈춰있던 공매도가 재개되면서 급등한 바이오주를 중심으로 공매도가 몰렸고, 공매도는 바이오주 하락으로 이어졌습니다. 이후에는 백신 생산 기업을 중심으로 관련 뉴스가 나올 때마다 바이오주 주가가 등락을 반복했습니다.

몇 번의 부침에도 불구하고 바이오 산업의 장기 전망은 밝다는 게 시장 전문가들의 예상입니다. 가장 큰 이유는 세계가 고령사회로 다가가고 있기 때문입니다. 선진국은 물론 중국까지도 2040년이 되면 고령사회가 될 것이라는 전망이 많습니다.

고령사회는 65세 이상의 인구가 전체의 14% 이상인 경우를 말합니다. 우리나라는 고령화 속도가 빨라 2025년이면 초고령사회가 될 것이란 예상이 나옵니다.

초고령사회는 65세 인구 비율이 20%를 넘는 경우를 말합니다. 초고령사회로 진입하고 경제 수준이 높아질수록 의료비 지출은 늘어나는 것이 수순입니다.

국내에는 한국 바이오 기업뿐 아니라 글로벌 바이오 기업에 투자하는 ETF가 여럿 상장해 있습니다. 국내 바이오 기업에 투자하는 상품은 헬스케어 지수를 따라가는 상품과 바이오 지수를 따라가는 상품으로 나뉩니다. 헬스케어 지수와 바이오 지수는 투자 범위에서 차이가 있습니다. 국내 상장사의 업종을 분류할 때는 기준이 있습니다. 글로벌 산업 분류기준, 'GICS'라는 분류 방법입니다.

GICS는 산업을 크게 11가지 분류로 나눕니다. 헬스케어도 그중 하나입니다. 그 아래에 중분류로 헬스케어 장비 및 서비스, 제약·생명공학·생명과학이라는 세부 업종이 포함됩니다. 우리가 일반적으로 이야기하는 헬스케어 지수는 대분류상의 헬스케어, 바이오 지수는 중분류상의 제약·생명공학·생명과학에 해당합니다. 바이오 지수에는 신약 연구, 개발 기업이 주로 들어 있다면, 헬스케어 지수에는 바이오 기업을 비롯해 *위탁생산(CMO), 진단키트, 의료장비 기업까지 폭넓은 기업이 담겨 있습니다.

헬스케어 지수를 따라가는 상품으로는 'TIGER 헬스케어' 'KODEX 헬스케어' 'KBSTAR 헬스케어'가 있습니다. 세 상품의 구성종목은 거의 비슷

제약, 바이오에 투자하는 국내 ETF

상품명	운용사	상장일	운용보수 (연, %)	시가총액 (억 원)
TIGER 헬스케어	미래에셋자산운용	2011.07.18	0.40	1,820
TIGER KRX바이오K-뉴딜	미래에셋자산운용	2020.10.07	0.40	970
KODEX 바이오	삼성자산운용	2016.05.13	0.45	380
TIGER200 헬스케어	미래에셋자산운용	2015.09.23	0.40	360
KODEX 헬스케어	삼성자산운용	2017.03.28	0.45	330
TIGER 코스닥150바이오테크	미래에셋자산운용	2016.12.15	0.40	130
KBSTAR 헬스케어	KB자산운용	2016.09.23	0.40	60
ARIRANG KRX300 헬스케어	한화자산운용	2018.11.08	0.40	50
TIGER 차이나바이오테크SOLACTIVE	미래에셋자산운용	2020.12.08	0.49	1,020
TIGER 미국나스닥바이오	미래에셋자산운용	2014.08.27	0.30	340
TIGER S&P글로벌헬스케어	미래에셋자산운용	2016.07.01	0.40	180
KODEX 미국S&P바이오(합성)	삼성자산운용	2013.10.31	0.25	100
TIGER 일본TOPIX헬스케어(합성)	미래에셋자산운용	2016.07.01	0.40	100

자료: 한국거래소 *2021년 7월말 기준

합니다. 삼성바이오로직스, 셀트리온, 셀트리온헬스케어가 구성상위 종목에 포함되어 절대적인 비중을 차지하고 있습니다. 'TIGER 200 헬스케어'는 코스피200에 해당하는 종목 가운데서 헬스케어 종목을 골라 만들었습니다. 그만큼 대형주 비중이 높은 게 특징입니다.

바이오 지수를 따라가는 ETF에는 'TIGER KRX바이오K-뉴딜' 'KODEX

바이오' 'TIGER 코스닥150바이오테크'가 있습니다. TIGER KRX바이오K-뉴딜은 구성종목이 10개로 적은 편이면서 삼성바이오로직스, SK바이오팜, 셀트리온의 비중이 각각 25% 안팎으로 높은 편인 게 특징입니다. 'KODEX 바이오'는 신약 개발기업을 중심으로 50여 개 종목에 고루 분산투자하고 있습니다. 종목당 2~3%씩 골고루 ETF에 실은 게 특징입니다. 'TIGER 코스닥150바이오테크'는 코스닥150 종목 가운데 바이오 기업만 골라 투자하는 상품입니다. 코스닥 대표주자인 셀트리온헬스케어 비중이 30%에 가까운 게 특징입니다.

바이오 산업을 빠르게 키워나가고 있는 미국과 중국에 투자하는 상품도 있습니다. 중국 바이오 산업에 투자하는 상품은 'TIGER 차이나바이오테크 SOLACTIVE'가 있습니다. 'TIGER 미국나스닥바이오' 'TIGER S&P글로벌 헬스케어' 'KODEX 미국S&P바이오(합성)' 등에 투자하면 국내에서도 미국 바이오 기업에 투자할 수 있습니다.

🗂 **ETF 초보자를 위한 꿀팁!**

바이오 기업은 주가 변동성이 크고, 사업 내용을 이해하려면 전문적인 지식이 필요합니다. 개인투자자들이 바이오 기업 투자에 어려움을 겪는 이유입니다. 하지만 고령화 시대에 바이오가 성장산업이라는 것만은 확실합니다. ETF를 활용하면 국내외 바이오 산업에 손쉽게 투자할 수 있습니다.

게임이 트렌드일 땐 어떤 ETF를 살까요?

게임은 한국을 대표하는 산업 중 하나입니다. 고작 '오락'이라고 생각할 게 아닙니다. 2020년 국내 게임시장 규모는 17조 93억 원이었습니다. 이게 얼마나 큰 규모인가 하면 같은 시기 국내 판매 기준 자동차 시장이 59조 원 규모였습니다. 국내 게임 시장이 자동차 시장 규모의 3분의 1에 육박하는 겁니다.

한국콘텐츠진흥원은 2022년엔 게임 시장 규모가 20조 원까지 성장할 것으로 내다보고 있습니다. 매년 7~9%가량 꾸준하게 이어져 온 게임 시장 성장세가 계속 이어질 것이라는 얘기입니다.

국내뿐만이 아닙니다. 글로벌 게임 시장도 매년 연간 7% 이상 성장하고 있습니다. 글로벌 게임 시장 분석 업체인 뉴주에 의하면 2020년 글로벌 게

엔씨소프트, 넷마블, 코스피200 수익률

● 엔씨소프트
● 코스피200
● 넷마블

117.00%
104.00%
91.00%
78.00%
65.00%
52.00%
39.41%
34.82%
26.16%
13.00%
0.00%
-13.00%

2020년 3월 4월 5월 6월 7월 8월 9월 10월 11월 12월

자료: 한국거래소

임 시장 규모는 1,593억 달러(약 178조 원)였는데 2023년에는 2,008억 달러 규모의 시장이 될 전망입니다.

게임 산업은 비대면 시대의 대표 수혜업종으로 꼽힙니다. 나갈 곳이 없으니 집에서 게임하는 시간도, 비율도 늘어날 수밖에 없겠죠. 2020년 상반기 닌텐도 스위치 품귀현상과 동물의 숲 대란을 기억하는 분들이라면 고개를 끄덕일 텐데요, 시장 조사기관 앱애니에 따르면 2020년 소비자들의 모바일게임 지출 규모가 810억 달러(약 88조 5천억 원)를 기록해 역대 최대 기록을 세우기도 했습니다.

게임을 하는 인구뿐 아니라 게임을 보는 인구도 빠르게 늘고 있습니다. 게임 영상이나 ★스트리밍을 통해 게임을 즐기는

스트리밍
인터넷에서 음악이나 영상 등을 다운받지 않고 실시간으로 재생할 수 있는 기술

인구는 이미 2017년에 6억 6,500만 명으로 집계되었습니다. 이는 3억 명에 달하는 미국 인구의 두 배 수준입니다. 아프리카TV 등 영상 플랫폼 기업들도 게임 산업과 함께 성장하고 있습니다.

투자처로서 게임 산업은 경기를 타지 않는 '경기 방어주'라는 점도 매력으로 꼽힙니다. 경기가 나쁘다고 사람들이 게임을 덜 하거나, 경기가 좋다고 게임을 더 하지는 않겠죠. 실물경기가 위축되고 경기가 나빠질 것이라는 예상이 많을 때 게임주가 주목받는 이유입니다. 실제 2020년 코로나 국면에서 게임주들은 지수 하락폭과 비교해 주가가 흔들리지 않는 모습을 보였습니다.

최근 주목받는 '메타버스'를 주도하는 것도 게임 산업입니다. 메타버스(meta+verse)는 가상, 초월을 뜻하는 메타(meta)와 세계, 우주를 뜻하는 유니버스(universe)를 합쳐 만든 단어입니다. 메타버스는 단순한 가상세계와는 다릅니다. 가상세계는 현실세계와 단절된 공간입니다. 가상세계의 활동이 현실에 영향을 미치지는 않죠. 하지만 메타버스는 현실을 반영하기도 하고, 현실에 영향을 미치기도 합니다.

먼 이야기 같지만 이미 메타버스 기반의 게임 기업들은 투자자들의 많은 관심을 받고 있습니다. 2021년 기준 미국 10대들이 가장 많은 시간을 보내는 플랫폼은 유튜브가 아니라 모바일 게임인 로블록스입니다. 로블록스 안에서는 레고 모양의 아바타로 자신만의 세계를 만들 수 있습니다. 주어진 게임을 하는 게 아니라 자신이 원하는 형태의 게임을 자유롭게 만들 수도 있죠.

미국 16세 미만 청소년의 55%가 로블록스에 가입했고, 유튜브보다 2.5배 긴 시간을 로블록스에서 보낸다는 조사결과가 있을 정도입니다. 로블

게임에 투자하는 국내 ETF

상품명	운용사	상장일	운용보수 (연, %)	시가총액 (억 원)
TIGER KRX게임K-뉴딜	미래에셋자산운용	2020.10.07	0.40	300
KBSTAR 게임테마	KB자산운용	2018.07.24	0.30	180
KODEX 게임산업	삼성자산운용	2018.07.24	0.45	110
TIGER K게임	미래에셋자산운용	2018.07.24	0.50	60

자료: 한국거래소 •2021년 7월말 기준

롭스 안에선 '로벅스'라는 화폐를 활용해 경제활동을 합니다. 로벅스로 게임 안에서 아이템을 사고팔고, 일정 금액을 넘으면 로벅스를 현금으로 인출할 수도 있습니다.

게임 속 아바타가 마을을 이뤄 경제활동을 하는 '모여봐요 동물의 숲'에 선 명품 브랜드들이 신제품 마케팅을 벌이기도 합니다. 게임 속에서 의상과 신발을 명품브랜드의 실제 신상품과 동일하게 착용할 수 있도록 아이템을 나눠주는 거죠. 2020년 미국 대통령 선거에서 조 바이든 당시 민주당 후보 는 이 게임 속에 자신의 섬을 만들고 선거 유세를 펼치기도 했습니다.

국내 게임 기업들도 메타버스, 그리고 메타버스 속의 가상 자산에 주목 하고 있습니다. '검은사막'으로 유명한 펄어비스는 메타버스 게임인 '도깨 비'를 새로운 성장 동력으로 내세웠습니다. 엔씨소프트는 케이팝 팬들이 소 통하는 플랫폼인 '유니버스'가 메타버스에 가깝다는 평가를 받고 있습니다.

성장하는 게임 시장에 투자하는 ETF는 네 가지입니다. 이 가운데 가장 규모가 큰 건 'TIGER KRX게임K-뉴딜'입니다. 이 상품은 10개 종목에 투자 합니다. 다른 ETF에 비해 투자 종목 수가 적고 구성종목 상위 기업들의 비중이 높은 게 특징입니다. 2021년 7월말 기준 넷마블, 카카오게임즈, 엔씨소프트에 각각 25% 안팎을 투자하고 있습니다. 펄어비스, 컴투스 등 나머지 7개 기업에 나머지 25%를 분산투자하는 방식입니다.

이 상품과 비슷하게 운용되는 게 'KODEX 게임산업'입니다. 엔씨소프트, 넷마블, 펄어비스, 이 세 종목의 비중을 합한 게 55%에 달합니다.

운용보수가 가장 낮은 상품은 'KBSTAR 게임테마'입니다. KBSTAR 게임테마는 특정 종목의 비중이 높지 않은 게 특징입니다. 가장 비중이 높은 넷마블과 카카오게임즈도 투자 비중이 10% 안팎입니다.

'TIGER K게임'도 종목 구성이 비슷합니다. 특정 종목을 많이 담지 않고 상위 5개 종목을 10% 안팎으로 고루 투자합니다.

대형주 투자를 선호한다면 앞선 두 상품이 좋습니다. 중·소형주 비중이 높은 상품을 원한다면 뒤의 두 상품에 대한 투자를 고려할 만합니다.

ETF **ETF 초보자를 위한 꿀팁!**

게임 산업은 한국을 대표하는 산업군으로 자리잡았습니다. 게임 유저가 늘면서 시장이 꾸준히 늘어나는 것은 물론이고 게임 스트리밍 플랫폼 등 게임을 둘러싼 기업들도 함께 성장하고 있습니다. 메타버스라는 새로운 투자 테마의 중심에 있는 것도 게임 기업들입니다.

질문 TOP 39

엔터가 화제일 땐 어떤 ETF를 살까요?

엔터주, 그중에서도 SM, YG, JYP 같은 연예 기획사가 주식시장에서 주목받은 건 오래된 일이 아닙니다. 몇 년 전까지만 해도 주식시장에서 엔터주는 하나의 어엿한 섹터로도 잘 인정받지 못했습니다. 기업 규모가 작았기 때문입니다.

지금은 엔터주 대장주인 하이브의 시가총액이 12조 원을 넘어섰고, 뒤를 잇는 JYP 시총도 1조 5천억 원 수준입니다. 하지만 JYP 시총은 4~5년여 전만 해도 3천억 원 정도였습니다. 엔터주들의 타깃 시장이 국내에만 머무는 데다 사업 구조도 불안정하다는 평가를 받았습니다. 한 연예인이나 작품이 대박이 나면 갑자기 사업이 흥하지만 실패하면 그만큼 투자금을 회수하기도 어려웠기 때문입니다.

이런 엔터주에 대한 부정적인 시각이
1차로 바뀐 건 2010년대 초반입니다. 이
시기에 무슨 일이 있었느냐 하면, 2008년
에 동방신기가 일본에서 한국 가수로는 처

음으로 도쿄돔에서 공연을 했습니다. 일본에서 '돔 투어'를 하는 건 가수들
에게 엄청난 의미입니다.

일본에는 6개의 돔이 있는데 각각 일본 야구장으로도 쓰이고, 가수들의
공연장으로도 쓰입니다. 이중 3개 이상 돔에서 공연 스케줄을 잡으면 보통
돔 투어라고 합니다. 일본의 돔 구장 가운데서도 도쿄돔은 수용 인원이 5만
5천 명에 달해서 웬만한 인기 가수가 아니고는 공연장을 채울 수가 없죠.
그러니까 일본에서 돔 투어를 한다는 건, 이 가수가 그만큼 인기가 있다는
척도입니다.

동방신기가 돔 투어를 시작한 데 이어서 카라, 소녀시대 같은 걸그룹들
이 2010년을 전후로 일본에 진출해서 큰 성과를 거뒀고, 빅뱅도 일본에서
해외 가수로는 처음으로 5년 연속으로 돔 투어를 성공시키는 기록을 세웠
습니다. 음악 산업 규모가 세계 2위인 일본에서 특히 수익률이 높은 공연
수익을 내기 시작하면서 국내에서 엔터주를 보는 시각이 달라집니다.

엔터주의 1차 *리레이팅이 일본 진출로 인한 시장 확장 덕분에 일어났
다면, 2차 리레이팅은 음악 소비행태가 디지털 플랫폼으로 바뀌어 시장이
전 세계로 넓어지면서 일어났습니다. 음악 산업은 크게 공연과 레코드, 즉
음원으로 나뉩니다. 세계 음악 시장에서 이 비중은 반반 정도 됩니다. 음원
안에서는 다시 방식이 디지털과 실물방식으로 나뉩니다.

원래는 실물이 디지털보다 시장 규모가 컸지만 2016년을 기점으로 디

지털 음원 시장이 실물 시장을 추월한 걸 볼 수 있는데요, 이건 스트리밍 시장이 엄청나게 빠른 속도로 커졌기 때문입니다. 이제 더 이상 CD를 사서 음악을 듣지도 않고 다운받아서 듣지도 않는다는 겁니다. 유튜브, 유튜브 뮤직, 스포티파이 등을 통해서 실시간으로 듣는 거죠.

이렇게 바뀐 시장 상황에서 뜬 그룹이 바로 방탄소년단입니다. 유튜브로 글로벌 소비자들에게 가수 콘텐츠가 직접 닿을 수 있는 환경이 되면서 이제는 굳이 현지 마케팅 비용과 시간을 들이지 않아도 됩니다. K-POP 콘텐츠를 기획사가 방송을 통하지 않고 직접, 그것도 유튜브처럼 조회수에 따라 수익을 직접 가져가는 플랫폼에서 제공할 수 있게 된 겁니다. 그걸 상징적으로 보여준 게 방탄소년단이었고, 때문에 블랙핑크가 속한 YG를 비롯해 다양한 아이돌 그룹 기획사 주가가 동반 상승한 게 2017~2018년입니다.

그렇다면 국내 엔터주가 한 번 더 재평가 받을 수 있을까요? 그렇다고 보는 전문가들은 방탄소년단의 빌보드 차트 안착이 3차 재평가의 도화선이 될 것이라고 보고 있습니다. 근거는 글로벌 소비층의 확장입니다. 그동안 방탄소년단이 소위 글로벌 '덕후'들의 전유물이었는데, 이제는 일반 대중들에게까지 인기를 확대하는 계기가 되었다는 거죠.

방탄소년단이 '다이너마이트' 이후 신곡을 낼 때마다 1위를 한 빌보드 핫100 차트는 빌보드 차트에서도 대중적인 인기를 직접적으로 반영하는 차트로 꼽힙니다. 빌보드에서 대표적인 순위는 '빌보드200'과 '빌보드 핫100'입니다. 빌보드200은 앨범 판매량과 스트리밍 횟수를 집계해서 산정하고, 빌보드 핫100은 여기에 라디오 방송 횟수도 합쳐집니다. 그러니까 대중적인 인기가 더 많이 반영된다는 것이고, 그래서 빌보드200보다는 핫100이 더 대표적인 차트로 인식됩니다. 2012년 엄청난 대중적인 열풍을

엔터에 투자하는 국내 상장 ETF

상품명	운용사	상장일	운용보수 (연, %)	시가총액 (억 원)
TIGER 미디어컨텐츠	미래에셋자산운용	2015.10.07	0.50	640
KODEX 미디어&엔터테인먼트	삼성자산운용	2017.03.28	0.45	470

자료: 한국거래소 •2021년 7월말 기준

몰고온 싸이의 '강남스타일'도 2위까지밖에 오르지 못했습니다.

이렇게 본다면 이제 외국에서 '덕후'들을 중심으로 소비됐던 K-POP이 대중 기반으로 더 확장된다는 것이고, 이게 국내 엔터주들이 역사상 세 번째로 재평가받을 수 있는 요인이 될 거라는 게 엔터주를 좋게 보는 전문가들의 시각입니다.

여기까지 엔터주를 살펴보았으니 실제 투자를 해야겠죠. 하이브를 비롯해 SM, YG, JYP 등 개별 기업에 대해 빠삭한 분이라면 개별기업 투자로 큰 수익을 낼 수 있을 겁니다. 하지만 큰 그림에는 공감하지만 각 기획사가 내놓은 가수들의 강점이 무엇인지, 수익은 어디서 나는지, 기획사의 기획력과 K-POP 플랫폼으로의 발전 가능성 등 다양한 요인에 대한 공부가 덜 되어 있다면 ETF로 투자하는 것도 좋은 방법입니다.

국내에 상장한 미디어 엔터 관련 ETF는 두 종류입니다. 'KODEX 미디어&엔터테인먼트'와 'TIGER 미디어컨텐츠'입니다. ETF 이름만 놓고보면 투자 대상도 비슷해야 할 것 같은데, 구성종목은 다릅니다. ETF에 투자할 때 구성종목을 꼭 살펴야 하는 이유입니다.

KODEX 미디어&엔터테인먼트는 2021년 7월 기준 카카오와 네이버에 가장 많이 투자하고 있습니다. 이 두 종목의 비중을 합치면 절반가량이니 여기에 따라 ETF도 움직일 거라는 것을 예상할 수 있습니다. 또한 엔씨소프트, 넷마블, 펄어비스 등 게임주도 구성종목 상위를 차지하고 있습니다.

'TIGER 미디어컨텐츠'는 연예기획사에 조금 더 초점을 맞추고 있습니다. 하이브, SM, JYP, YG를 합친 투자 비중이 40%에 가깝습니다. 나머지 자산은 CJ ENM, CJ CGV, 스튜디오드래곤 등에 투자하고 있습니다.

ETF 초보자를 위한 꿀팁!

몇 년 전까지만 해도 증시에서 주목받지 못했던 엔터주가 시장의 주류로 떠오르고 있습니다. 플랫폼 기업을 통해 소속 가수들을 널리 알릴 수 있는 환경이 마련되고, 시장이 해외로 넓어지면서 연예기획사를 중심으로 한 엔터주가 재평가 받을 것이란 기대가 높아지고 있습니다.

ESG가 뜨거울 땐
어떤 ETF를 살까요?

ESG란 '환경(Environment), 사회(Social), 지배구조(Governance)'의 약자입니다. ESG는 한두 해 전에 나온 이야기는 아닙니다. 유럽에선 2000년대 초반부터 기업을 평가할 때 주목받아온 개념입니다. 그런데 왜 지금 ESG투자가 관심을 받을까요?

'파리기후협약'을 들어본 적이 있나요? 파리기후협약은 2015년 11월 30일부터 12월 11일까지 파리에서 열린 기후변화 국제 회의를 말합니다. 제21차 유엔기후변화협약이라고도 합니다. 원래는 매년 유엔기후변화협약 당사국인 196개 나라가 모여서 협의를 합니다. 그런데 1997년 교토에서 열린 3차 당사국 총회에서 만들어진 '교토의정서' 이후에 이렇다 할 협의를 하지 못했습니다. 그러다가 2015년 21차 회의에서 겨우겨우 의미 있는 합의문을 하나 만들었는데 그게 바로 파리기후협약입니다. 교토의정서는 2005년 시행해 2020년말까지 적용되었습니다. 교토의정서의 핵심은 선진국에만 온실가스 감축

의무가 있고 나머지는 자발적으로 감축하라고 권한 겁니다.

파리기후협약은 여기서 한 발 더 나아가 기후변화협약 당사국 모두에게 의무를 부여했습니다. 이젠 모든 나라가 온실가스를 줄이는 데 참여하지 않으면 안 된다는 절박함이 담겨 있습니다. 미국, 캐나다, 일본, 러시아 같은 주요국이 참여하지 않은 교토의정서와 달리 바이든 정부가 들어선 미국까지 파리기후협약 복귀를 선언하는 등 실효성이 더 높다고 할 수 있습니다.

파리기후협약이 시행되는 시기가 바로 2021년입니다. 195개국이 2100년까지 지구의 평균 온도를 산업화 이전보다 2℃ 이상 높지 않은 수준으로 유지하자고 약속했으니 탄소를 줄이고 친환경 에너지 사용을 늘려야 할 텐데요, 블룸버그뉴에너지파이낸스 추산에 따르면, 이 목표를 달성하려면 앞으로 10년 동안 신재생 에너지를 지금보다 2,836GW 더 늘려야 한다고 합니다. 10년으로 단순하게 나누면 매년 2,83GW 이상은 늘려야 한다는 것입니다.

국제재생에너지기구에 따르면 지난해 전 세계적으로 *신재생 에너지가 176GW 늘었으니 지금보다 두 배 가까이 신재생 에너지 수요가 늘어날 것으로 예상할 수 있습니다.

파리기후협약과 더불어 2020년 코로나19가 번진 것도 각국 정부가 친환경 투자에 드라이브를 거는 이유입니다. 코로나 이후 경기가 침체되었고, 미국을 비롯한 각국 중앙은행이 엄청난 돈을 풀었죠. 이제는 중앙은행 주도

의 통화정책은 할 만한 건 다 했고, 정부가 주도하는 재정 정책을 늘려야 할 때라는 공감대가 어느 정도 형성되었는데, 여기서 정부가 돈을 쓸 곳으로 주목받은 게 바로 친환경 관련 산업입니다.

유럽은 이미 코로나19 이전인 2020년 1월에 '그린 딜'이라는 걸 내놨습니다. 2050년까지 탄소중립, 그러니까 배출하는 탄소만큼 숲을 가꾸고 신재생에너지를 써서 실질적인 배출량은 0으로 만들겠다고 선언하고, 앞으로 친환경과 관련한 산업에 10년 동안 1조 유로, 한국 돈으로는 1,320조 원을 투자하겠다는 계획을 내놨습니다. 코로나 이후에도 EU 회원국이 조성한 코로나 회복 기금중에 37%가량은 환경에 쓰겠다고 구체화한 상태입니다.

한국 정부는 2020년 7월에 'K-뉴딜' 정책을 내놨죠. 6년 동안 160조 원을 써서 디지털 뉴딜과 그린 뉴딜 관련 산업에 투자하겠다는 겁니다. 코로나19 이후에 경기가 침체되고 일자리가 부족해졌으니 디지털과 친환경 관련 산업에 돈을 부어 경기를 활성화하고 일자리를 늘리겠다는 건데요, 그래서 1920년 미국 대공황을 극복한 루즈벨트 대통령의 뉴딜정책에서 이름을 따와서 한국판 뉴딜, K-뉴딜이라고도 합니다.

각국 정부가 이렇게 나오니 기업들도 가만히 있을 순 없겠죠. 민간기업 차원에서 온실가스를 줄이자고 만든 캠페인이 RE100입니다. Renewable Energy 100%인데요, 2014년에 시작된 캠페인으로 애플, BMW, 구글 등 260개가 넘는 글로벌 기업들이 참여하고 있습니다. 여기에 가입한 기업들의 목표는 2050년까지 기업이 필요한 전력량의 100%를 신재생에너지에서 활용하겠다는 겁니다.

이렇게 선언한 다음 적어도 2030년에는 60%, 2040년에는 90%까지 사업장 전력을 단계적으로 신재생 에너지로 조달해야 하고, 잘 지켜가고 있는지, 또 매년 목표를 얼마나 달성했는지를 보고해야 합니다.

　이렇게 한 기업이 참여를 하면 그 기업만 하는 게 아닙니다. 대기업에 제품을 공급하는 벤더사들도 가만히 있을 순 없겠죠. 협력사의 기준을 따라 친환경 기준을 적용하게 됩니다. 예를 들어 BMW는 2020년 전력을 100% 신재생에너지로 쓰겠다고 발표하면서 배터리를 납품받는 삼성SDI에도 배터리를 생산할 때 신재생에너지를 사용해달라고 했습니다. 이렇게 기업단에서 참여의사가 늘어날수록 친환경 관련 산업에 대한 수요도 늘어날 수밖에 없겠죠.

　이런 흐름에 발맞춰 국내 상장 ETF 가운데서도 ESG 기준을 투자에 적용한 ETF들이 나와 있습니다. ESG ETF 가운데서는 시장 전반과 비슷한 수

ESG에 투자하는 국내 ETF

상품명	운용사	상장일	운용보수 (연, %)	시가총액 (억 원)
KBSTAR ESG사회책임투자	KB자산운용	2018.02.27	0.30	3,470
TIGER MSCI KOREA ESG리더스	미래에셋자산운용	2018.02.07	0.40	610
KODEX 200ESG	삼성자산운용	2019.11.14	0.30	410
네비게이터 ESG액티브	한국투자신탁운용	2021.05.25	0.50	330
FOCUS ESG리더스	브이아이자산운용	2019.12.13	0.10	230
KODEX MSCI KOREA ESG유니버설	삼성자산운용	2018.02.07	0.30	190
TIGER MSCI KOREA ESG 유니버설	미래에셋자산운용	2018.02.07	0.40	90
ARIRANG ESG우수기업	한화자산운용	2019.08.31	0.23	40

자료: 한국거래소 *2021년 7월말 기준

익을 낼 수 있도록 설계된 것도 있고, 기업을 적극적으로 선별한 상품도 있습니다.

시장 전반과 비슷한 수익을 내는 상품으로는 'KBSTAR ESG사회책임투자' 'KODEX MSCI KOREA ESG 유니버셜' 'TIGER MSCI KOREA ESG 유니버셜' 'KODEX 200ESG'가 있습니다. 이들 ETF는 우선주를 제외한 코스피 시가총액 상위 기업을 대부분 비슷한 비중으로 담고 있습니다. 대신 술, 담배, 무기, 도박, 원자력 등과 관련된 기업만 제외하고 투자합니다.

조금 더 적극적으로 ESG에 적합한 종목을 골라낸 ETF도 있습니다. 'ARIRANG ESG우수기업'은 상장사 가운데 ESG 등급이 낮은 기업은 기업을 제외한 50개 종목에 투자합니다. 투자비중도 ESG 점수를 기반으로 결정합니다.

'FOCUS ESG리더스'는 한국기업지배구조원의 ESG 평가 기준에 따라 우수하다고 평가된 150개 종목에 투자합니다. 'TIGER MSCI KOREA ESG 리더스' 역시 투자 기준을 만족한 42개 종목에 투자합니다. 이들 ETF는 불법 승계 논란이 제기된 삼성전자가 담겨 있지 않습니다. 때문에 시장 전체와는 수익률이 다르게 움직일 가능성이 높습니다.

ETF 초보자를 위한 꿀팁!

ESG는 기업에 투자할 때도 환경, 사회, 지배구조를 고려해 적합한 기업에 투자해야 한다는 투자 철학입니다. 최근 환경에 대한 관심이 높아지면서 ESG 투자가 단지 '착한' 투자가 아니라 실제 높은 수익을 낼 수 있는 투자 수단으로 받아들여지고 있습니다.

ETF는 주식에만 투자하지 않습니다. 채권과 금, 은, 구리 같은 원자재, 부동산 등 다양한 자산에 투자합니다. 모두 개인투자자들이 소액으로 쉽게 거래하기 어려운 상품들입니다. 하지만 ETF를 활용하면 주식에 투자하는 것처럼 소액으로도 실시간으로 다양한 자산에 투자할 수 있습니다. 7장에서는 주식 외에 ETF로 투자할 수 있는 다른 자산에 대해 알아봅니다. 액티브 ETF, 토털리턴(TR) ETF처럼 기존 ETF와는 운용방식이 다른 상품에 대해서도 살펴봅니다.

Exchange

7장

돈 버는 ETF는
분명 따로 있다

질문 TOP 41

액티브 ETF란
어떤 것인가요?

▶ 저자직강 동영상 강의로 이해 쏙쏙
QR코드를 스캔하셔서 동영상 강의를 보시고
이 칼럼을 읽으시면 훨씬 이해가 잘됩니다!

    ETF시장의 주류는 '패시브 펀드'였습니다. 처음에 펀드를 만들 때 정해진 규칙에 따라 주식을 사고파는 펀드가 패시브 펀드입니다. 반면에 '액티브 ETF'는 대략적인 투자 대상이나 펀드 컨셉은 정하지만 펀드 안에 담는 주식의 종류와 비중을 펀드매니저가 결정합니다. 우리에게 익숙한 주식형 펀드가 주식시장에 상장한 게 바로 액티브 ETF입니다.

    미국에서는 액티브 ETF가 ETF시장의 새로운 '대세'로 자리매김했습니다. 2020년 미국 시장에선 액티브 ETF가 179개 상장했는데, 신규 상장한 ETF의 56%에 달하는 수치입니다. 미국에는 2021년 4월말 기준 557개 종목, 약 250조 원 규모의 액티브 ETF가 상장해 있습니다. 전체 ETF 규모의 3.6%에 해당하는 규모입니다.

포트폴리오

투자에서 위험을 줄이고 수익을
극대화하기 위해 여러 자산이나
종목에 분산투자하는 것

한국에서 액티브 ETF가 본격적으로 상장하기 시작한 건 2021년 5월부터입니다. 이전에도 채권형 액티브 ETF와 인공지능(AI)이 운용하는 주식형 액티브 ETF가 있기는 했지만, 펀드매니저가 직접 주식을 골라 투자하는 액티브 ETF는 이때 처음 나왔습니다.

미국과 한국의 액티브 ETF 제도는 조금 다릅니다. 한국의 액티브 ETF는 투자하는 *포트폴리오를 매일 공개해야 합니다. 그러나 미국은 액티브 ETF라도 포트폴리오를 매일 공개할지, 아니면 한 분기나 한 달가량 시차를 두고 공개할지 자산운용사가 ETF를 상장할 때 선택할 수 있습니다.

미국에서는 포트폴리오를 바로 공개하지 않는 '불투명 ETF' 제도가 2019년 마련되었습니다. 이후 2020년 3월 아메리칸센츄리자산운용이 첫 불투명 액티브 ETF를 내놓으면서 피델리티 등 다른 운용사들도 불투명 액티브 ETF를 출시하고 있습니다.

국내 자산운용사들도 금융당국에 불투명 ETF가 가능하도록 제도를 개선해달라고 요구하고 있습니다. 가장 큰 이유는 운용 전략이 노출될 우려가 있다는 겁니다.

액티브 투자 전략은 펀드매니저가 저평가된 종목을 발굴해 수익률을 높이는 게 핵심입니다. 그런데 투자 전략이 매일 공개된다면 펀드매니저들이 자신만의 전략을 발굴할 유인이 떨어지겠죠. 다음날이면 시장 전체에 그 전략이 노출될 테니까요. 또한 ETF에 투자하지 않으면서 포트폴리오만 보고 주식을 따라사는 추종매매가 일어날 수 있다는 점도 운용사가 포트폴리오 공개를 꺼리는 이유입니다.

한편 포트폴리오를 매일 공개하는 게 오히려 액티브 ETF에 도움이 된다는 반론도 있습니다. 투자자 입장에선 펀드매니저를 전적으로 신뢰하고 '깜깜이' 투자를 하는 것보다 매일 포트폴리오를 보면서 운용방향을 확인하는 게 도움이 된다는 겁니다. 미국 액티브 ETF 운용사의 대표격인 아크인베스트를 이끄는 캐시 우드 대표도 자사 액티브 ETF의 성공비결 중 하나로 상품의 '투명성'을 꼽기도 했습니다.

상관계수를 지켜야 한다는 점도 국내 액티브 ETF가 미국 액티브 ETF와는 다른 점입니다. 완전히 펀드매니저가 알아서 하는 게 아니라 투자 아이디어에 맞는 지수를 먼저 정한 다음 수익률이 비슷하게 움직이도록 해야 합니다.

ETF와 기초지수 간의 상관계수가 0.7 아래로 떨어진 채 세 달 이상 유지되면 ETF가 상장폐지됩니다. 상관계수가 1이면 ETF가 기초지수와 똑같이 움직이고, 0이면 완전히 다르게 움직였다는 의미입니다. 이 때문에 자산운용사들은 금융당국에 상관계수 규정을 완화해달라고 요구하고 있습니다.

2021년 5월 상장한 액티브 ETF는 8개입니다. 삼성자산운용, 미래에셋자산운용, 한국투자신탁운용, 타임폴리오자산운용 네 곳에서 각 2개씩 액티브 상품을 선보였습니다. NH아문디자산운용, 신한자산운용, KB자산운용, 한화자산운용, 신영자산운용 등 다른 운용사들도 액티브 ETF를 내놓을 준비를 하고 있습니다.

액티브 ETF에 투자할 때는 패시브 ETF와 마찬가지로 기초지수를 살펴야 합니다. 앞서 말씀드렸듯이 ETF 수익률이 기초지수와 비슷하게 움직여야하기 때문에 실제 운용 포트폴리오도 기초지수에서 크게 벗어나지 않을 가능성이 높습니다.

액티브 ETF 운용역이 과거에 운용한 펀드의 수익률을 살펴보는 것도 도움이 됩니다. 액티브 ETF의 수익률을 좌우하는 건 결국 운용사와 운용역의 투자 역량입니다. 액티브 ETF는 아직 운용기간이 짧은 만큼 해당 운용사의 운용역이 과거 액티브 펀드에서는 어떤 성과를 냈는지를 살피면서 투자 역량을 가늠해볼 수 있습니다.

ETF 초보자를 위한 꿀팁!

액티브 ETF는 펀드매니저가 적극적으로 종목을 발굴해 주식을 사고파는 상품입니다. 국내에선 2021년 5월부터 본격적으로 액티브 ETF 시장이 열렸습니다. 액티브 ETF에 투자할 때는 기초지수와 펀드 운용컨셉을 확인하고, 운용역의 과거 성과를 살펴보는 게 중요합니다.

배당주만 담는 ETF도 있나요?

　주식으로 수익을 내는 방법은 크게 두 가지입니다. 주가가 올라서 시세차익을 얻는 것과 배당을 받아 배당 수익을 내는 겁니다. 주식투자자들은 대부분 배당 수익보다는 시세차익을 주요 수익원으로 생각합니다. 유가증권시장 상장사의 평균 배당수익률은 연 2% 중반이고, 고배당주라고 해도 배당수익률이 연 3~4%가량인데, 보통 주식에 투자할 때 기대하는 수익률은 보통 이보다 훨씬 높기 때문입니다.

　하지만 시세차익을 노리는 투자자라도 배당주는 매력적인 투자처입니다. 예상과 달리 주가가 떨어지거나 시장이 출렁일 때 버틸 수 있는 '안전마진'이 되어주기 때문입니다.

　예를 들어 한 기업이 제대로 된 가치를 인정받고 있지 못하다고 생각해 매수했다고 가정해볼까요? 주가가 저평가되었다고 하더라도 시장에서 재평가받는 데까지 시간이 오래 걸릴 수 있습니다. 혹은 내가 기업의 가치를 실제보다 과대평가했을 수도 있지요.

이렇게 예상이 엇나갈 때라도 배당이 있으면 최소한의 수익을 쌓으면서 주가 상승시기를 기다릴 수 있습니다. 혹은 배당을 받아 주식에 재투자하면서 주식 수를 늘려나갈 수도 있죠. 닭 한 마리를 사서 다 클 때까지 기다리는 것뿐 아니라 달걀을 팔아 현금을 손에 쥐거나 닭 한 마리를 더 살 수 있는 것과 비슷합니다.

배당주는 급락장에서 주가 회복력이 강하다는 것도 장점입니다. 시장이 흔들리면서 주가가 일시적으로 많이 빠졌다고 가정합시다. 주식의 배당수익률은 주가가 떨어질수록 높아집니다.

주식의 배당수익률은 주당배당금을 주식 가격으로 나눈 값입니다. 기업이 나눠줄 것으로 예상되는 배당금은 달라지지 않았는데 주가가 떨어졌으니 상대적으로 배당수익률은 올라가는 것이죠.

> **배당수익률 = 주식 가격 / 주당배당금 × 100**

이렇게 올라간 배당수익률을 보고 투자자들이 몰리면서 배당주 주가는 다른 주식에 비해 빠르게 회복하게 됩니다. 그만큼 주가가 큰 폭으로 떨어지지 않아 주가의 변동성이 적어집니다. 주가가 크게 출렁이지 않으니 마음 편히 투자할 수 있다는 장점이 있습니다.

근로소득 외에 현금이 필요한 직장인이나 은퇴자라면 배당으로 현금이 들어온다는 것도 장점입니다. 부동산 투자에서 월세를 받듯이 주식에서도

배당주에 투자하면 비슷하게 현금을 받아
쓸 수 있다는 거죠.

버크셔 해서웨이

워런 버핏이 운영하는 투자회사.
19세기 섬유회사로 시작했지만
버핏이 1965년 인수한 후 투자
회사로 거듭났다

배당을 꾸준히 준다는 사실 자체가 우
량한 기업이라는 방증이기도 합니다. 배당
은 기업이 돈을 벌어야 줄 수 있습니다. 높
은 배당을 꾸준히 이어가고 있다는 것 자체가 꾸준히 돈을 벌어들이는 우량
기업이라는 뜻이겠지요. 이런 이유 때문에 배당은 주식시장에서 장기적으
로 시장보다 높은 수익을 낼 수 있는 요건(팩터) 중 하나로 꼽히기도 합니다.

물론 배당주 투자에도 단점은 있습니다. 기업의 성장성이 떨어질 수 있
다는 점이죠. 예를 들어 기업이 한 해 동안 장사를 해서 수익이 났습니다. 이
때 할 수 있는 선택은 크게 두 가지입니다. 회사 안에 현금을 쌓아두고 필요
한 곳에 투자를 하거나 주주들에게 배당으로 돌려주는 겁니다. 경쟁이 치
열한 성장기업이라면 조금이라도 더 많이, 더 빨리 투자해서 기업의 외형을
불리는 게 주주들에겐 이익일 겁니다. 기업이 성장하는 만큼 주식이 올라
수익을 안겨줄 테니까요.

워런 버핏은 주식투자에서 배당을 중요하게 생각하지만 정작 그가 운영
하는 *버크셔 해서웨이는 배당을 하지 않습니다. 배당을 주주들에게 나눠
주는 것보다 투자를 하면 더 높은 수익을 낼 수 있다고 믿기 때문입니다. 이
런 믿음 때문에 주주들도 버크셔 해서웨이에 배당을 달라고 요구하지 않습
니다. 바꿔 말하면 배당을 많이 주는 기업은 돈은 따박따박 벌어오지만 성
장성은 크지 않은 기업들이라고 볼 수 있습니다.

국내에는 고배당주에 투자하는 ETF가 24개 있습니다. 상품이 다양한 만
큼 고배당주, 배당성장주 등 운용 전략도 다양합니다. 국내 배당주에 투자하

고배당주에 투자하는 ETF

상품명	운용사	상장일	운용보수 (연, %)	시가총액 (억 원)
ARIRANG 고배당주	한화자산운용	2012.08.29	0.23	2,040
KBSTAR 고배당	KB자산운용	2017.04.14	0.20	800
KODEX 고배당	삼성자산운용	2017.10.17	0.30	350
HANARO 고배당	NH아문디자산운용	2019.04.23	0.25	220
TIGER 코스피고배당	미래에셋자산운용	2014.12.05	0.29	190
KOSEF 고배당	키움투자자산운용	2008.07.29	0.40	80

자료: 한국거래소 •2021년 7월말 기준

는 상품, 해외 배당주에 투자하는 상품 등 투자 지역도 선택할 수 있습니다.

현재 배당수익률이 높은 주식에 투자하는 고배당주 ETF는 6개 정도로 추릴 수 있습니다. ETF마다 추종하는 지수는 각기 다르지만, 기본적으로 현재 배당수익률이 높은 주식에 분산투자하기 때문에 구성종목은 크게 다르지 않습니다.

다만 다른 고배당 ETF들이 주당 투자 비중을 비슷하게 투자하는 데 비해 KBSTAR 고배당은 삼성전자에 25%가량을 투자하고 있습니다. 삼성전자 주가가 ETF 수익률에 미치는 영향이 클 것이라는 의미입니다. 이런 차이를 알아보기 위해서는 투자 전 상품을 고를 때 구성종목을 살펴보는 게 꼭 필요합니다.

현재 배당수익률이 높은 기업이 아니라 앞으로 배당이 늘어날 가능성이 높은 기업에 투자하는 상품도 있습니다. '배당성장 ETF'입니다. 현재 배당을 많이 주는 기업은 앞으로의 성장성은 떨어지는 기업일 가능성이 있지만, 배

배당성장주에 투자하는 ETF

상품명	운용사	상장일	운용보수 (연, %)	시가총액 (억 원)
KODEX 배당성장	삼성자산운용	2014.12.17	0.15	250
TIGER 배당성장	미래에셋자산운용	2014.12.17	0.15	180
KINDEX 배당성장	한국투자신탁운용	2014.12.17	0.15	30

자료: 한국거래소 •2021년 7월말 기준

당이 늘어날 것으로 예상되는 기업에 투자하면 배당과 성장을 함께 잡을 수 있다는 장점이 있습니다. 다만 현재 배당수익률이 투자 기준이 아니기 때문에 고배당 ETF에 비해 배당금 자체는 적다는 점은 유의해야 합니다.

ETF는 주식에서 받은 배당을 모아 분배금이라는 이름으로 투자자들에 돌려줍니다. 주식에서 배당수익률을 살피는 것처럼, 배당 ETF에 투자할 때도 분배금 수익률을 살필 필요가 있습니다.

2021년 기준 주가 대비 분배금을 가장 많이 준 배당 ETF는 분배금 수익률이 5.38%를 기록한 'KOSEF 고배당'이었습니다. ARIRANG 고배당주(4.70%), KODEX 고배당(4.37%), HANARO 고배당(3.77%) 등이 뒤를 이었습니다.

🗂 **ETF 초보자를 위한 꿀팁!**

배당주는 주가 변동성이 적고, 주가가 예상과 달리 흘러갈 때도 최소한의 수익을 낼 수 있다는 점에서 매력적인 투자처입니다. 배당주 ETF에 투자할 때는 ETF가 과거에 분배금을 얼마나 주었는지 살펴보는 게 중요합니다.

금 투자는
어디에서 해야 좋을까요?

일반 투자자들이 금에 투자하는 방법은 크게 두 가지가 있습니다. 실물 금을 사는 것과 사지 않는 것입니다.

실물 금을 사는 것은 말 그대로 동네 금은방에서 금을 사는 방법이 있겠죠. 이게 아니라면 은행이나 증권사에서 골드바를 살 수 있습니다. 이렇게 실물 금을 살 때는 부가세 10%가 붙습니다. 그러니까 금값이 10% 올라봤자 본전, 이후부터 수익이 나는 것이지요.

'차익을 노린 투자인데 꼭 실물을 가져야 해?'라고 생각하는 분들이라면 실물을 사지 않고도 투자할 수 있는 방법이 있습니다. 여기서도 다시 세 가지로 나뉘는데요, 첫 번째는 한국거래소 금시장에서 현물을 거래하는 법, 두 번째는 돈을 저축하듯이 은행에 금을 저축하는 통장인 골드뱅킹, 금통장이라는 게 있습니다. 마지막으로 금 펀드, 금ETF 같은 금 투자 상품에 투자하는 방법이 있습니다. 결론부터 말씀드리면 일반적인 경우라면 한국거래소 금 시장을 추천합니다. 가장 큰 이유는 세금 때문입니다.

금 ETF는 다른 모든 ETF와 마찬가지로 세금이 붙습니다. 국내 상장 ETF라면 15.4%의 배당소득세가 붙고요, 해외 상장 ETF라면 금 ETF를 포함해서 주식에서 낸 소득이 1년에 250만 원이 넘는다면 넘은 부분에 대해서 22% 양도세를 냅니다. 은행의 금통장으로 투자할 때도 국내 ETF에 투자할 때와 마찬가지로 차익에 배당소득세 15.4%가 부과됩니다.

그런데 한국거래소 금시장에선 이런 세금이 면제됩니다. 왜 여기에만 세금이 안 붙을까요? 금시장의 탄생을 보면 해답을 찾을 수 있습니다.

원래 금을 거래할 때는 10%의 부가세가 붙습니다. 그런데 금은방에서는 이 세금을 내지 않기 위해 신고하지 않고 현금으로 거래를 하죠. 그러다 보니 2013년에 금융위원회가 내놓은 자료에는 연간 금 유통 규모가 100~110t 정도인 반면 이중에 몰래 거래된 금이 유통 규모의 절반을 넘는 55~70t 정도로 추정되었습니다. 이 때문에 부가가치 탈루금액만 당시 기준 2,200억~3,300억 원 정도 된다는 게 당시 금융위 추정입니다.

정부 입장에선 세금을 내지 않는 지하경제가 너무 커져 있는 상태인 것이었죠. 이걸 양성화하기 위해 2014년에 한국거래소 금시장을 만든 겁니다. 음성화되어 있는 금 거래를 양지로 끌어오려면 뭔가 혜택을 줘야겠죠. 그래서 면세라는 유인책을 내건 겁니다. 한국거래소 금시장에서는 1g씩 금을 살 수 있는데 그게 100g을 넘었다면 금을 실물로 인출할 수도 있는데요, 이렇게 금 실물을 찾으면 그때는 금 현물거래 때와 마찬가지로 10% 부가세를 냅니다.

수수료 측면에서도 한국거래소 금시장이 돋보입니다. 한국거래소 홈페이지에서는 금시장의 거래 수수료를 증권사마다 다르지만 평균 0.3%라고 소개하고 있습니다. 이에 비해 금 ETF는 미래운용 상품이 연 0.39%, 삼성운용상품은 연 0.68%를 펀드보수로 냅니다. 금 펀드는 수수료가 더 높아서 통상 운용보수가 1% 중반대, 펀드 클래스에 따라 *선취수수료도 1%가 들어갑니다. 은행의 금통장은 통장으로 거래할 때 수수료가 1% 붙습니다. 수수료만 봐도 한국거래소 금시장이 가장 유리하다는 점을 알 수 있습니다.

그러면 '금 ETF는 전혀 투자할 이유가 없는 것이냐' 하면 그렇지는 않습니다. 환율이라는 변수 때문에 그렇습니다. 한국거래소 금시장의 금 시세에는 금의 가격뿐 아니라 환율도 반영되어 있습니다. 한국거래소의 금 현물가격은 국제 금 거래가격에 환율을 반영해 산출합니다. 금통장도 마찬가지입니다. 금통장은 우리가 은행 계좌에 예금을 넣어두면 국제 금 시세에 따라 잔액이 자동으로 움직이는데요. 국내 은행이 금을 직접 사서 시세를 바꿔주는 것이 아니라 같은 금액을 외국 은행이 개설한 금통장 계좌에 달러로 예치합니다. 그렇게 바뀌는 가치를 우리의 계좌에 찍어주는 것이기 때문에 금 가격과 원달러 환율에 동시에 영향을 받는 것입니다.

반면 ETF는 '환을 헤지할 것이냐, 하지 않을 것이냐'를 고를 수 있습니다. 미국 ETF를 산다면 당연히 환에 노출되겠지만요. 국내 ETF 중에선 환율의 영향을 헤지할 수 있는 상품이 있습니다. 국내에 상장한 금 ETF는 크게 2개인데요, 미래운용의 TIGER 골드선물(H)과 삼성운용의 KODEX 골드선

금에 투자하는 국내 상장 ETF

상품명	운용사	상장일	운용보수 (연, %)	시가총액 (억 원)
KODEX 골드선물(H)	삼성자산운용	2010.10.01	0.68	2,350
TIGER 골드선물(H)	미래에셋자산운용	2019.04.09	0.39	270
KINDEX 골드선물 레버리지(합성H)	한국투자신탁운용	2015.07.28	0.49	220
KODEX 골드선물인버스(H)	삼성자산운용	2017.11.09	0.45	40

자료: 한국거래소 •2021년 7월말 기준

물(H)입니다. 마지막에 붙은 (H)는 환율의 영향을 받지 않도록 헤지했다는 뜻입니다.

그러면 환율 헤지 없이 달러와 금에 같이 투자하는 게 유리할까요? 아니면 헤지를 해서 금에만 투자하는 게 유리할까요? 금에 투자할 때는 주식에 투자할 때와 달리 한 가지를 더 고려해야 합니다. 달러와 금의 상관관계입니다. 보통 금과 달러 가치는 반대로 움직입니다. 같은 안전자산 안에서 달러 가치가 올라가면 상대적으로 금 가격은 떨어지고, 반대로 달러 가치가 떨어지면 금 가격은 오릅니다.

그러면 달러로 금을 투자하면 어떻게 될까요? 일반적인 경우라면 금이 오를 때 달러 가치가 떨어질 테니 상대적으로 이익이 덜 나겠죠. 물론 떨어질 때는 반대로 덜 떨어질 겁니다. 그러니까 달러와 금에 동시에 투자하면 변동성을 줄이는 효과를 기대할 수 있습니다.

일일 금 가격의 두 배만큼 수익을 내거나 손실을 보는 레버리지 투자를 하고 싶다거나, 금 가격이 떨어질 것 같으니 인버스 투자를 하겠다고 생각한다면 ETF에서 이런 투자 아이디어를 실현할 수 있는 상품을 찾아볼 수 있습니다. 연금계좌에서 금을 투자하고 싶을 때도 국내 상장 금 ETF가 대안이 될 수 있습니다.

한국거래소 금시장에서 거래하려면 금 현물거래 계좌를 트면 됩니다. 증권사에서 금 현물거래 계좌를 개설할 수 있습니다.

ETF **ETF 초보자를 위한 꿀팁!**

금에 투자하는 방법은 다양합니다. 국내에서는 한국거래소 금시장에서 금을 사고파는 게 세금이나 수수료 면에서 가장 저렴합니다. 환율의 영향을 받지 않도록 투자하거나, 레버리지 투자를 하거나, 연금계좌 등에서 투자할 때라면 금 ETF에 투자하는 게 좋은 선택입니다.

원자재 ETF에는 어떤 게 있나요?

원자재는 금, 원유, 농산물, 구리 같은 자산을 말합니다. 보통 공업 생산물의 원료가 되기 때문에 '원자재'라고 부릅니다. 원자재 역시 개인투자자가 접근하기는 힘든 투자 영역입니다. 원자재에 투자하는 방법은 크게 실물을 사는 방법과 선물을 사는 방법이 있습니다.

원자재 실물을 사는 건 말 그대로 원자재를 실제로 사서 보관한다는 뜻입니다. 골드바나 실버바를 구매해 금고에 넣어두는 것이 원자재를 실물로 투자하는 대표적인 사례입니다.

그런데 이렇게 원자재를 실물로 투자할 때는 단점이 있습니다. 일단 거래 과정이 복잡합니다. 직접 원자재를 거래하는 곳에서 실물을 받아와야 합니다. 실물을 받아오면 원자재를 보관할 창고나 탱크 등이 있어야 합니다.

롤오버

만기에 가까워진 선물을 팔고 만기가 더 오래 남은 선물로 갈아타는 행위. 이 과정에서 수익이 나면 롤오버 이익, 손실이 나면 롤오버 비용이 발생했다고 한다

금이나 은의 경우 부피가 작아서 그나마 낫지만 원유나 농산물 등은 개인이 보관하기는 불가능에 가깝습니다. 다른 곳에 보관을 맡긴다고 해도 보관비용을 내야겠죠.

그래서 원자재 투자자들은 주로 선물 거래를 활용합니다. 실물을 주고받는 게 아니라 정해진 날(만기)에 원자재를 받을 권리를 산 다음 만기가 돌아오기 전에 이 권리를 파는 거죠. 이렇게 투자하면 유통과 보관에 대한 우려 없이 원자재에 투자할 수 있습니다. 물론 현물 가격과 선물 가격 사이에는 차이가 있지만 결국에는 비슷한 방향으로 움직입니다. 국내에 상장한 원자재 ETF는 'TIGER 구리실물'을 제외하면 모두 선물 ETF입니다. 선물 ETF에 투자할 때는 2장에서 다룬 *롤오버 비용이 발생한다는 점은 유의해야 합니다.

국내 상장 원자재 ETF들은 모두 환헤지 상품이라는 점도 짚고 넘어가야 합니다. 수익률이 원달러 환율의 영향을 받지 않도록 설계했다는 뜻입니다. 보통 원자재 가격은 달러가 약세일 때 올라갑니다. 달러 가치가 떨어지면 국제 시장에서 달러로 거래되는 원자재의 가치는 상대적으로 올라가기 때문입니다. 또한 물가가 오르고 돈의 가치는 떨어지는 인플레이션 국면에서 원자재의 '몸값'이 올라갑니다. 돈의 가치가 떨어질수록 실물인 원자재 가격은 올라가는 셈이기 때문입니다.

국내 투자자 입장에서 볼 때 환노출형 원자재 상품에 투자한다면 원달러 환율과 원자재 가격에 동시에 투자하는 셈입니다. 그런데 이 두 변수가 거꾸로 움직이니 동시에 투자한다면 수익률이 위아래로 움직이는 변동성이 줄어드는 효과가 있겠죠. 반대로 환율의 영향을 받지 않도록 만든 환헤지

원자재에 투자하는 주요 국내 상장 ETF

상품명	운용사	상장일	운용보수 (연, %)	시가총액 (억 원)
KODEX 골드선물(H)	삼성자산운용	2010.10.01	0.68	2,350
KODEX 은선물(H)	삼성자산운용	2011.07.18	0.68	1,040
TIGER 골드선물(H)	미래에셋자산운용	2019.04.09	0.39	270
KINDEX 골드선물레버리지(합성H)	한국투자신탁운용	2015.07.28	0.49	220
TIGER 금은선물(H)	미래에셋자산운용	2011.04.08	0.69	70
KODEX WTI원유선물(H)	삼성자산운용	2016.12.27	0.35	2,200
TIGER 원유선물Enhanced(H)	미래에셋자산운용	2010.08.02	0.69	680
KODEX WTI원유선물인버스(H)	삼성자산운용	2017.06.13	0.35	90
TIGER 원유선물인버스(H)	미래에셋자산운용	2015.04.29	0.69	40
KODEX 구리선물(H)	삼성자산운용	2011.03.15	0.68	260
TIGER 구리실물	미래에셋자산운용	2012.12.17	0.83	230

자료: 한국거래소 •2021년 7월말 기준

ETF는 변동성은 크지만 그만큼 오를 때는 '화끈'하게 수익이 날 것으로 예상할 수 있습니다.

원자재의 선물이나 실물에 직접 투자하지 않고도 원자재 가격이 오를 때 수익을 낼 수 있는 방법도 있습니다. 원자재를 생산하는 기업에 투자하는 것입니다. 원자재 관련 기업에 투자하는 것은 원자재 투자와 비교해 여러 장점이 있습니다. 가장 큰 장점은 원자재와 달리 기업은 실적에 기반해 내재가치를 평가할 수 있다는 점입니다.

원자재 생산 기업에 투자하는 국내 상장 ETF

상품명	운용사	상장일	운용보수 (연, %)	시가총액 (억 원)
KBSTAR 미국S&P원유생산 기업(합성H)	KB자산운용	2015.06.02	0.25	460
KODEX 미국S&P에너지(합성)	삼성자산운용	2015.04.28	0.25	200
TIGER 글로벌자원생산 기업(합성H)	미래에셋자산운용	2017.08.01	0.40	140

자료: 한국거래소 *2021년 7월말 기준

워런 버핏은 원자재에는 투자하지 않습니다. 그는 금에 절대 투자하지 않는다는 자신의 철학을 기회가 있을 때마다 밝혀왔습니다. 이유는 실적을 예상할 수 있는 기업과 달리 원자재는 가치평가를 할 기준이 없다는 겁니다. 또한 기업은 열심히 일을 해서 돈을 벌지만, 금은 그 자체로 가치를 창출하지는 않습니다. 이런 이유 때문에 버핏은 "금을 선호하는 사람은 이성적이기보다는 감정적"이라고까지 말하기도 했습니다. 그는 금 가격이 상승세를 탔던 2020년에는 금이 아니라 금광 기업에 잠시 투자하기도 했습니다.

배당이 없는 원자재와 달리 원자재 관련 기업 주식에서는 배당이 나온다는 것도 장점입니다. 주가가 떨어져도 배당을 받으면서 최소한의 이익을 쌓아갈 수 있기 때문입니다.

금에 투자할 때와 달리 금 채굴 기업에 투자하면 금 가격 상승과 생산량 증가로 인한 수익을 둘 다 잡을 수 있습니다. 채굴 비용은 동일한데 금값이 오르면 채굴 기업 입장에선 수익성이 개선될 겁니다. 금값이 올랐다는 건 그만큼 수요가 많다는 뜻이므로 채굴량을 늘려 추가로 이익을 낼 수도 있습니다.

국내 상장 ETF에도 원자재가 아닌 원자재 관련 기업을 모아 투자하는 상품이 있습니다. 'KODEX 미국S&P에너지(합성)'와 'KBSTAR 미국S&P원유생산 기업(합성H)'은 미국 S&P지수에 포함된 에너지 기업에 투자합니다. 유가가 오를 때 주가가 오를 가능성이 높은 기업들이죠. 선물에 투자하는 게 아니기 때문에 롤오버 비용 없이 투자할 수 있다는 장점도 있습니다.

'KODEX 미국S&P에너지(합성)'은 엑슨모빌과 쉐브론의 비중이 전체 자산의 절반 정도로 높고, 'KBSTAR 미국S&P에너지(합성)'은 30여 개 종목을 2~3%씩 골고루 담고 있는 게 특징입니다.

'TIGER 글로벌자원생산 기업(합성H)'은 글로벌 상장사 가운데 원자재를 중간재료로 변환하거나 정제하는 기업에 투자합니다. 원유뿐 아니라 금속 농산물 목재 등 다양한 원자재를 가공하는 기업들을 담고 있습니다. 원자재 시장 전반이 상승세일 때 투자를 고려할 만한 상품입니다.

ETF 초보자를 위한 꿀팁!

원자재는 달러가 약세이고, 물가가 오를 때 상승하는 경향이 있습니다. 금, 은, 구리, 원유 등이 국내 ETF를 통해 투자할 수 있는 대표적인 원자재입니다. 원자재 가격이 오를 때는 함께 수익성이 좋아지는 원자재 가공, 유통 기업에 투자하는 것도 좋은 방법입니다.

채권형 ETF는
언제 투자해야 하나요?

　　채권은 자산을 배분할 때 필수 요소지만 개인투자자가 접근하기 어려운 자산이기도 합니다. 일단 거래 단위가 커서 소액으로 투자하기 어려운 데다 주식과 달리 거래 방식도 까다롭습니다. 그럴 때 필요한 게 ETF겠죠. 채권형 ETF를 활용하면 개인투자자도 소액으로 채권에 간편하게 투자할 수 있습니다.

　　채권형 ETF에 대해 알아보기 전에 먼저 채권과 관련한 기본적인 개념부터 살펴보겠습니다. 기업이 사업을 하려면 돈이 필요한데, 이때 자금을 조달하는 데는 크게 세 가지 방법이 있습니다. 은행에서 이자를 내고 돈을 빌리는 '차입', 시장에서 약속한 금리에 돈을 빌리는 '채권', 주식을 발행하는 '증자'입니다.

이 가운데서 채권은 내가 기업에게 돈을 주면서, 원금에 이자 몇 %를 얹어서 몇 년 뒤에 돌려달라고 하는 겁니다. 몇 년 뒤에 돌려달라는 만기가 1년 미만이면 '단기

잔존 만기

채권에 투자한 날부터 채권의 만기까지 얼마나 남아 있는지를 뜻하는 말

채', 1년 이상 3년 미만은 '중기채', 3년 이상은 '장기채'라고 합니다.

그런데 '10년 만기로 발행한 장기채 만기가 1년 남았다', 그러면 이건 장기채가 아니라 단기채라고 불러야겠죠. 즉 발행 시점의 만기가 아니라 지금 만기가 얼마나 남았는지가 만기에 따라 채권을 구분하는 기준입니다.

보통 단기채일수록 만기에 돈을 못 받을 위험이 적기 때문에 금리가 낮고, 장기채일수록 금리가 높습니다. 빌린 돈을 내일 준다고 하면 거의 원금과 비슷하게 빌려주겠지만, 10년 뒤에 준다고 하면 언제 떼어먹힐지 모르는데 금리라도 비싸게 받고 빌려주겠죠. 그래서 만기에 따라 수익률 곡선을 그리면 이런 그림이 나옵니다.

채권의 수익률 곡선과 스프레드

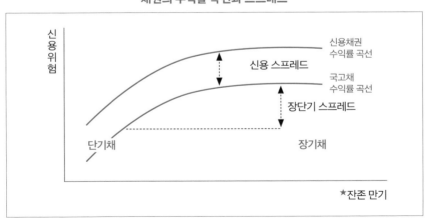

만기가 적게 남았으면 금리가 낮고 많이 남았을수록 금리가 높죠. 여기서 스프레드라는 개념을 같이 설명할 수 있습니다. 채권시장에서 뿐만 아니라 보통 '스프레드'라고 하면 비교하는 두 수치 간의 차이를 의미합니다. 앞서 단기채는 금리가 낮고, 장기채는 보통 금리가 높다고 했는데요. 이 경우 장기채와 단기채 간에 생기는 금리 차이를 '장단기 스프레드'라고 부릅니다.

한 발 더 나아가면, 아무래도 나라가 돈을 빌릴 때보다는 기업이 돈을 빌릴 때 더 위험하겠죠. 그러니까 더 비싸게 돈을 빌리게 되는데 이렇게 돈을 빌리는 사람의 신용도에 따라 생기는 차이를 '신용 스프레드'라고 부릅니다. 기업 간에도 신용등급에 따라서 신용등급이 낮으면 더 비싸게, 신용등급이 높으면 더 싸게 자금을 조달할 수 있겠죠.

그런데 이런 '신용 스프레드, 장단기 스프레드'라는 수식어 없이 채권시장에선 그냥 스프레드라고 하는 용어도 씁니다. 3년만기 국고채 금리에 가산금리를 더한 개념인데요, 회사채를 발행하는 기업 입장에서 보면 3년만기 국고채보다 가산금리, 즉 '얼마나 더 비싸게 자금을 조달해야 되느냐'를 의미하는 건데요. 3년만기 국고채를 기준으로 하는 이유는 3년만기 국고채는 국채 중에서 발행도 가장 많이 되고 유통도 잘 돼서 채권시장에서 기준점 같은 역할을 하기 때문입니다.

다시 돌아가서 스프레드가 올라간다는 건 결국 기업 입장에서 보면 그만큼 돈을 빌리는 비용이 비싸졌다는 거고, 반대로 채권을 들고 있는 사람 입장에서 볼 때 기업이 돈을 빌리기 어렵다는 건 채권에 투자하려는 사람이 없다는 의미니까 채권 가격은 떨어졌겠죠. 그러니 스프레드가 올라갔다는 건 채권 가격은 떨어진 상황이라고 정리하면 될 것 같습니다.

마지막으로 하나만 더 말씀드릴게요. 기업의 신용등급입니다. 회사채에

주요 국내 상장 채권 ETF

상품명	운용사	상장일	운용보수 (연, %)	시가총액 (억 원)
KODEX 단기채권	삼성자산운용	2012.02.22	0.15	2조 3,530
KODEX 종합채권 (AA-이상)액티브	삼성자산운용	2019.06.29	0.07	1조 4,000
TIGER 단기통안채	미래에셋자산운용	2012.05.16	0.09	1조 1,540
KBSTAR 단기국공채액티브	KB자산운용	2017.06.29	0.07	2,740
KBSTAR 중기우량회사채	KB자산운용	2011.04.15	0.07	1,570
KOSEF 국고채10년	키움투자자산운용	2011.10.20	0.15	1,390
KODEX 국고채3년	삼성자산운용	2009.07.29	0.15	970
TIGER 국채3년	미래에셋자산운용	2009.08.27	0.15	660

자료: 한국거래소 •2021년 7월말 기준

투자할 때 기업이 얼마나 믿을 만한지 보고 투자해야 하잖아요. 기업의 신용등급은 신용평가사에서 정하는데, 제일 높은 게 트리플A에서 하나씩 알파벳을 줄여 D까지 크게 총 10단계로 등급을 매깁니다. +, -를 달아서 조금 더 세분화하면 18개 등급까지도 나뉘는데 크게 보면 이렇습니다. 이중에 트리플B까지는 투자적격등급으로 보고, 그 아래부터는 투자부적격, 즉 투기등급이라고 봅니다.

기본 개념을 바탕에 깔고 이제 어떤 채권에 투자해야 할지 한번 살펴보겠습니다. 채권 금리에 가장 큰 영향을 미치는 요소는 미국 기준금리 변화입니다. 미국 중앙은행은 경기가 과열되어 인플레이션이 예상되면 금리를 올리고, 경기 침체가 우려될 때는 금리를 내립니다.

일반적으로 금리인상기에는 채권 수익률이 나빠집니다. 시장금리가 높아지는 시기에 새로 발행되는 채권은 높아진 금리를 반영해 더 높은 금리로 발행됩니다. 새로 발행된 채권에서 더 높은 이자를 받을 수 있기 때문에 자금이 신규 채권으로 몰리겠죠. 그러면 기존에 발행된 채권은 가격이 떨어지게 됩니다. 그러니 중앙은행이 금리를 올리는 기조인지, 내리는 기조인지를 살펴보고 투자에 나서야 합니다.

물론 금리인상기에 더 높은 수익을 내는 채권들도 있습니다. 신용등급이 낮은 기업들이 주로 발행하는 하이일드 채권이 대표적입니다. 금리가 올라간다는 건 경기가 회복된다는 의미입니다. 경기가 회복될 때는 기업이 부도를 낼 확률이 줄어들겠죠. 하이일드 채권은 금리보다 기업부도율에 더 많은 영향을 받습니다.

금리인상기에는 만기가 많이 남은 장기채보다는 만기가 짧은 단기채가 유리합니다. 장기채보다는 단기채가 금리인상의 영향을 덜 받기 때문이죠.

🧰 ETF 초보자를 위한 꿀팁!

개인투자자도 ETF를 활용하면 채권에 소액으로 손쉽게 투자할 수 있습니다. 채권 수익률에 가장 큰 영향을 미치는 건 미국 중앙은행의 기준금리 방향입니다. 채권은 일반적으로 금리가 떨어지는 시기에는 수익을 내지만 금리인상기에는 손실을 봅니다.

질문 TOP
46

TR ETF라는 것은
어떤 건가요?

주식에 투자하면 배당이 나옵니다. 배당은 현금이 필요한 투자자에겐 요긴한 쌈짓돈이 됩니다. 하지만 현금을 받는 대신 배당을 다시 투자해 장기적으로 더 높은 수익을 내려는 투자자들도 있겠죠. 이런 투자자들을 위한 상품이 '토털리턴(TR·Total Return) ETF'입니다. 배당에 해당하는 분배금을 받지 않고, 대신 분배금을 재투자하는 상품이지요.

토털리턴의 반대말은 '*프라이스 리턴(PR·Price Return)'입니다. 생소한 말이지만 우리가 보통 투자하는 ETF는 모두 PR ETF입니다. 주식 배당으로 나온 돈을 분배금이라는 이름의 현금으로 돌려주니까요. 그러니까 상품명에 아무것도 써

프라이스 리턴

배당을 포함하지 않고 구성종목의 주가 등락만 반영하는 지수

코스피200, 코스피200 TR 수익률 비교

38.7 : 코스피200TR
28.6 : 코스피200
20.00%
10.00%
0.00%
-10.00%
-20.00%
-30.00%

2018 4월 7월 10월 2019 4월 7월 10월 2020 4월 7월 10월 2021 4월

자료: 야후파이낸스

있지 않으면 PR ETF, 상품명 마지막 부분에 TR이 써있으면 배당금을 재투자하는 ETF라고 생각하면 됩니다.

그렇다면 TR ETF는 왜 만드는 걸까요? 가장 큰 이유는 분배금을 재투자하려는 투자자들에게 편리한 상품이기 때문입니다. 계좌에 현금이 남는 게 싫은 투자자들이라면 분배금을 받을 날을 기다렸다가 다시 ETF를 추가 매수해야 하는데, TR ETF는 운용사가 이 과정을 알아서 해줍니다.

특히 운용하는 자금 규모가 크고 투자 자산을 절차대로 관리해야 하는 기관투자가나 외국인 투자자들에게는 TR ETF가 더 매력적일 수 있습니다. 국내주식 ETF에 투자할 때 매매차익에는 세금이 붙지 않지만 분배금에는 15.4%의 배당소득세가 붙습니다. 기관투자가 입장에선 이 세금을 떼고 회계처리를 할 필요 없이 분배금이 자동으로 재투자된다면 투자 절차가 훨씬 간편해집니다.

두 번째 이유는 장기적으로 TR ETF의 수익률이 같은 지수를 따라가는

코스피200, 코스피200 TR ETF 총보수 비교

상품명	운용사	총보수(%)	상품명	운용사	총보수(%)
KODEX 200	삼성자산	0.15	KODEX 200TR	삼성자산	0.05
TIGER 200	미래에셋	0.05	TIGER 200TR	미래에셋	0.09
KOSEF 200	키움투자	0.13	KOSEF 200TR	키움투자	0.012
KINDEX 200	한국투자	0.09	KINDEX 200TR	한국투자	0.03
HANARO 200	NH아문디	0.036	HANARO 200TR	NH아문디	0.03
KBSTAR 200	KB자산	0.017	KBSTAR 200TR	KB자산	0.012

자료: 한국거래소

PR ETF보다 높기 때문입니다. 어찌보면 당연한 이야기입니다. 일반적인 PR ETF는 분배금으로 현금이 계속 빠져나가는데, TR ETF는 현금이 계속 누적되니까요.

게다가 단순히 현금이 누적되는 것 이상으로 현금이 주식에 투자되어 매년 복리로 불어나기 때문에 길게 투자할수록 TR ETF의 수익이 높아집니다. 2018년부터 2021년 5월말까지 코스피200 지수 상승률은 28.60%였지만 같은 기간 코스피200 TR 지수는 38.78% 올랐습니다.

TR ETF가 대체로 수수료가 저렴하다는 것도 장점입니다. 국내 대표지수인 코스피200을 따라가는 ETF와 코스피200 TR 상품을 비교하면 코스피200 TR ETF들의 보수가 훨씬 쌉니다.

TR ETF에 투자할 때 주의해야 할 점도 있습니다. 바로 세금입니다. 국내 주식형 ETF를 제외하고 채권형, 해외주식형 등 다른 상품은 보통 ETF나 TR ETF나 똑같이 세금이 부과됩니다. 매매차익이나 과표증가분 가운데 적은 쪽에 15.4%를 매기는 방식입니다.

문제는 국내주식형 상품입니다. 국내주식형 ETF는 매매차익에 과세하지 않습니다. 국내주식도 매매차익은 비과세이기 때문입니다. 다만 배당에는 배당소득세 15.4%를 과세합니다. 그런데 TR ETF는 국내주식에 투자한다고 해도 매매차익이나 과표증가분 가운데 적은 쪽에 15.4%를 과세합니다. 매번 분배금에서 세금을 떼지는 않지만 그만큼 매매차익에 대해 세금을 매기는 겁니다.

어느 쪽이 세금 측면에서 확실하게 우월하지는 않습니다. 투자 기간이나 수익률 등 다양한 변수가 작용하기 때문입니다. 하지만 배당에 대한 과세이연이라는 측면에서 보면 TR ETF가 유리합니다. 원래대로라면 매년 내야 하는 배당에 대한 배당소득세를 내지 않고, 내가 가지고 있으면서 투자하다가 ETF를 매도할 때 세금을 내면 되기 때문입니다. 또한 운용보수가 저렴하기 때문에 코스피200 대표지수 ETF에 장기투자하는 분들이라면 TR ETF가 유리합니다.

ETF ETF 초보자를 위한 꿀팁!

TR은 토털리턴(Total Return)의 약자입니다. 배당을 현금으로 투자자에 나눠주는 게 아니라 재투자하는 게 토털리턴 방식입니다. TR ETF는 분배금을 재투자할 때 간편하고, 배당이 함께 투자되기 때문에 장기 수익률이 더 높다는 장점이 있습니다.

부동산도 ETF로
투자할 수 있다고요?

부동산 투자는 쉽게 엄두가 나지 않는 영역입니다. 대출을 받는다고 해도 일정 규모 이상의 종잣돈이 필요합니다. 한 번 부동산에 투자하면 돈이 필요할 때 빨리 팔아서 현금화하기도 어렵죠. 적립식으로 매달 투자하거나 부동산을 분할매수, 분할매도하는 것도 일반 투자자에겐 불가능에 가까운 일입니다. 특히 주택이 아닌 오피스용 건물이나 쇼핑몰, 물류센터, *데이터센터 등에 투자하는 건 개인투자자로선 불가능한 영역이죠.

부동산 투자의 단점들을 극복한 상품이 '리츠(REITs·Real Estate Investment Trusts)'입니다. 우리말로는 '부동산 투자회사'라고 합니다. 리츠는 여러 투자자들로

> **데이터센터**
>
> 컴퓨터 저장장치인 스토리지, 서버 등을 한 건물에 모아 관리하는 시설

리츠의 구조

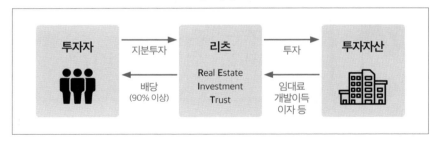

부터 자금을 모아 부동산이나 부동산 관련 대출에 투자하는 상품입니다. 혼자 사기엔 너무 비싼 부동산을 '공동구매' 하는 것과 비슷합니다. 리츠는 부동산 투자회사법에 따라 자산의 70% 이상을 부동산에 투자해야 합니다.

리츠가 투자하는 부동산에서 임대수익이나 대출 이자가 나오면 투자자들에게 배당형식으로 수익을 돌려줍니다. 리츠가 투자한 부동산을 개발하거나 매각해도 수익은 리츠로 들어옵니다. 이렇게 생긴 배당가능이익의 90%는 의무적으로 주주에게 배당해야 합니다. 리츠는 1년에 두 번 배당을 하는데, 국내 상장 리츠에 투자하면 연 5~7%가량의 배당수익률을 기대할 수 있습니다.

리츠에 투자할 때는 주식형 펀드나 ETF에 투자할 때와 마찬가지로 담고 있는 자산이 건전한지를 살펴야 합니다. 배당수익률이 떨어지지 않고 꾸준히 나오려면 공실률과 임차인을 살펴봐야 합니다.

오피스 건물에 투자한 리츠가 있다고 가정해볼까요? 그렇다면 이 건물에 공실은 없는지, 앞으로 공실이 생길 가능성은 없는지를 면밀히 따져봐야 합니다. 공실률이 높으면 그만큼 임대수익이 적어질 수밖에 없으니까요. 현재 건물을 사용하고 있는 임차인이 우량한지도 잘 살펴야 합니다. 만약 임

국내 상장 리츠 ETF

상품명	운용사	상장일	운용보수 (연, %)	시가총액 (억 원)
TIGER 미국MSCI리츠(합성 H)	미래에셋자산운용	2013.10.10	0.24	1,450
KINDEX 미국 다우존스리츠(합성 H)	한국투자신탁운용	2013.08.01	0.3	270
KODEX 다우존스미국리츠(H)	삼성자산운용	2020.05.13	0.3	130
KINDEX 싱가포르리츠	한국투자신탁운용	2017.01.29	0.4	110
KINDEX 모닝스타 싱가포르리츠채권혼합	한국투자신탁운용	2019.12.27	0.4	100
KODEX TSE일본리츠(H)	삼성자산운용	2020.05.13	0.3	100
KBSTAR 글로벌 데이터센터리츠나스닥(합성)	KB자산운용	2021.01.14	0.4	100
TIGER 부동산인프라고배당 ETF	미래에셋자산운용	2019.07.19	0.29	1,030

자료: 한국거래소 *2021년 7월말 기준

차인이 임대료를 밀리거나 갑자기 떠난다면 이 역시 수익률에 영향을 미치겠죠.

리츠 주가가 상승할 수 있는 여력을 가늠해보려면, 리츠가 가지고 있는 부동산의 가치를 따져봐야 합니다. 가격이 오른 부동산을 팔면 여기서 나온 매각 차익을 투자자들이 나눠 갖기 때문입니다.

주식이나 ETF처럼 주식시장에 상장해 있기 때문에 거래가 편리하고, 환금성이 좋다는 것도 리츠의 장점입니다. 이런 이유 때문에 리츠는 소액투자자들도 우량 부동산에 투자할 수 있는 도구로 각광받고 있습니다.

리츠 ETF는 다양한 리츠에 분산투자합니다. 리츠는 한 개의 부동산에 투자할 수도 있고, 여러 부동산에 분산투자할 수도 있습니다. 이런 리츠들을 한데 모아 더 많이 분산투자하는 상품이 리츠 ETF입니다.

지금까지 국내에 상장한 리츠 ETF는 대부분 해외 부동산에 투자합니다. 국내 리츠에 투자하는 ETF는 아직까지 'TIGER 부동산인프라고배당'이 유일합니다. 이 상품은 리츠를 비롯해 배당수익률이 높은 주식에 투자합니다. 리츠로는 신한알파리츠, 롯데리츠, 코람코에너지리츠 등을 담고 있습니다. 주식은 배당수익률이 높은 금융주와 증권주 등에 주로 투자합니다. 아직은 국내 상장 리츠가 많지 않아 리츠만으로 구성된 ETF는 없지만, 시장 전문가들은 리츠 상장이 늘면서 국내 리츠만 담은 ETF도 곧 등장할 것으로 예상하고 있습니다.

리츠 ETF 가운데 가장 규모가 큰 상품은 TIGER 미국MSCI리츠(합성 H)입니다. 이 상품은 미국의 상업용 부동산에 투자하는 미국 리츠 150여 개에 투자합니다. 'KODEX 다우존스미국리츠(H)' 'KINDEX 미국다우존스리츠(합성 H)' 등도 미국 부동산에 투자하는 상품입니다. 두 상품이 따라가는 지수는 다우존스에서 개발한 미국 부동산 지수입니다. 110여 개 리츠에 투자합니다. 미국은 전 세계 리츠 시장의 50%를 차지하는 최대 시장입니다. 그만큼 오피스, 물류, 거주, 호텔, 데이터센터 등 다양한 부동산 자산에 고루 투자할 수 있다는 장점이 있습니다.

싱가포르 부동산에 투자하는 ETF는 'KINDEX 싱가포르리츠'와 'KINDEX 모닝스타싱가포르리츠채권혼합'이 있습니다. 'KINDEX 싱가포르리츠'는 싱가포르 거래소에 상장한 리츠 가운데 배당수익률이 높은 리츠를 골라 투자하는 상품입니다. 'KINDEX 모닝스타싱가포르리츠채권혼합'은 상품명에서 드러나듯이 싱가포르 리츠와 한국 10년물 국채에 나눠 투자합니다. 싱가포르 리츠에 30%, 10년물 국채에 70%를 투자하기 때문에 주가 변동성이 낮고, 기존 리츠보다 배당을 덜 받더라도 더 안정적으로 투자하려는 투자자에게 적합합니다.

일본 리츠시장에 투자하는 상품으로는 'KODEX TSE일본리츠(H)'가 있습니다. 일본 증권거래소에 상장한 리츠를 묶어 투자하는 ETF입니다.

ETF ETF 초보자를 위한 꿀팁!

리츠는 상업용이나 주거용 등 다양한 부동산에 투자하는 상품입니다. 개인투자자들도 소액으로 오피스·호텔 등 고가의 건물에 투자할 수 있고, 부동산 직접투자에 비해 환금성이 높다는 장점이 있습니다. 리츠 ETF는 이런 리츠들을 묶어 분산투자하는 상품입니다.

가상화폐도 ETF로
투자할 수 있나요?

▶ **저자직강 동영상 강의로 이해 쑥쑥**
QR코드를 스캔하셔서 동영상 강의를 보시고
이 칼럼을 읽으시면 훨씬 이해가 잘됩니다!

　　가상화폐, 암호화폐에 이어 '가상자산'이라고 불리는 코인. 2020년을 기점으로 또다시 코인투자에 대한 관심이 높아지고 있습니다. 개인투자자들이 주로 투자했던 2018년과 달리 기관투자가들이 합세한 게 특징입니다.

　　코인투자에 대한 관심이 높아지면서 증권사와 자산운용사 같은 제도권 금융사들도 속속 가상화폐 관련 상품을 내놓고 있습니다. 미국이나 아시아보다는 유럽에서 가장 적극적입니다. 2015년에 스웨덴 스톡홀름 거래소에서 비트코인 ETN 2개가 상장을 했는데요, 'Bitcoin Tracker One'(티커명 COINXBT)와 'Bitcoin Tracker Euro'(티커명 COINXBE)입니다.

　　하지만 아무래도 스웨덴 증시에 상장한 상품이기 때문에 시장 규모도 작고, 접근성이 떨어져서 코인투자에 그다지 큰 영향을 미치지는 못했습니다. 당장 국내 증권사 가운데서는 스웨덴 증시에 투자할 수 있는 시스템을 마련해둔 곳이 없습니다. 이밖에 스위스, 독일 등에도 비트코인 ETN이 상장해 있습니다.

비트코인에 투자하는 최초의 ETF는 2021년 2월 18일에 등장했습니다. 캐나다 토론토 증권거래소에 상장한 비트코인 ETF, 티커명은 'BTCC'입니다. 출시 후 한 달 만에 펀드 규모가 10억 달러를 돌파했는데, 최초의 금 ETF인 GLD가 2004년 처음 나왔을 때 펀드 규모가 늘어난 속도와 비슷합니다.

비트코인을 긍정적으로 보는 투자자들은 코인을 '디지털 금'에 비유합니다. 그 자체로 가치를 가진 건 아니지만 안전자산의 역할을 하는 금과 비슷하다는 겁니다. 실제 투자자들이 금 ETF와 비트코인 ETF에 보인 초기 관심도 비슷하다는 게 이런 주장을 뒷받침하는 방증이 되겠죠.

캐나다 증시에는 BTCC와 EBIT, 이 2개의 비트코인 ETF가 상장해 있습니다. 캐나다에는 비트코인 정방향 ETF뿐 아니라 인버스 ETF인 BITI도 상장해 있고, 이더리움 ETF도 3개가 거래되고 있어서 투자 선택지가 넓은 편입니다.

국내에는 아직 코인투자에 활용할 수 있는 ETF가 없습니다. 2018년에 비트코인 관련 ETF를 내놓으려는 자산운용사들의 시도가 있기는 했습니다. 하지만 한국거래소에선 비트코인의 변동성이 크고, 제도권에 편입된 자산이 아니기 때문에 ETF 출시는 어렵다며 반려했습니다.

다만 미국에서 비트코인 ETF가 나오면 한국에서도 비트코인 ETF가 상장할 가능성이 높아질 겁니다. 이미 국내 운용사에서는 내부적으로 비트코인에 직접 투자하는 ETF나 블록체인 기술의 수혜를 입을 수 있는 기업을 모

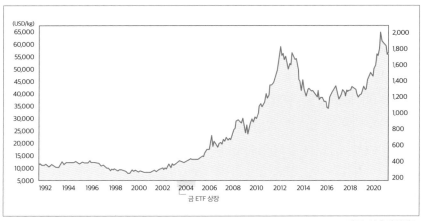

금 ETF 상장 후 꾸준히 오른 금 가격

자료: 야후파이낸스

은 ETF 출시를 검토하고 있습니다.

그런데 비트코인투자자들이 비트코인 ETF 출시에 주목해야 하는 이유는 뭘까요? 투자자 입장에서 암호화폐 투자 안정성과 편의성이 동시에 개선되기 때문입니다. 가상화폐에 투자하려면 지금은 코인 거래소에 가입한 다음 여기에 실물 계좌를 연동해야 합니다.

약간은 귀찮은 과정을 거쳐서 거래를 시작하더라도 문제가 있습니다. 암호화폐 거래소를 믿기가 어렵다는 겁니다. 오랜 기간 동안 제도화된 주식시장과 달리 암호화폐는 민간 거래소들이 거래를 주선하고 있습니다. 이 거래소 개수만 200여 개입니다. 어느 날 이 거래소들이 폐쇄된다고 해도 투자자들은 보호를 받기도 어렵죠. 그렇다고 진짜 비트코인 지갑을 만들어서 비밀번호를 설정하고 여기에 비트코인을 담자니 절차가 엄청나게 복잡합니다.

그러나 비트코인에 투자하는 간접상품이 생기면 투자자들이 이런 불편

세계 금 보유량

순위	국가, 단체	금 보유량(미터톤)
1	미국	8,133
2	독일	3,364
3	IMF	2,814
4	이탈리아	2,451
5	프랑스	2,436
6	러시아	2,299
⋮		
7	한국	104

ETF 2,561

자료: 세계금협회 *2020년말 기준

없이 가상화폐에 투자할 수 있는 길이 열립니다. ETF를 출시한 자산운용사가 직접 비트코인을 매수해서 가지고 있거나, 혹은 비트코인만큼 수익률을 보장해주는 것이니까요.

이렇게 되면 어떨까요? '비트코인에 투자할까, 투자하지 말까' 고민했던 투자자들도 투자를 하기가 더 쉬워집니다. 코인에 대한 수요가 늘어나는 것이죠. 공급요인은 변화가 없는데 수요가 늘면 가격 상승에 긍정적인 영향을 미칠 겁니다.

비트코인투자자들이 비트코인 ETF 상장을 기다리고 있는 것도 이런 이유 때문입니다. 비트코인과 자주 비교되는 금의 사례를 볼까요? 최초의 금 ETF가 나온 게 2004년입니다. SPDR의 GLD가 상장했죠. 그런데 이 뒤로 금 가격이 어떻게 되었는지를 볼까요? 8년 동안 꾸준히 우상향해서 가격이 네 배 정도 올랐습니다. 그 전까지는 계속 가격이 옆으로만 횡보하고 있었는데요. 그동안 금에 투자하려는 수요들은 꾸준했는데, 금 거래가 불편하고 접근성이 떨어지니까 금에 투자하지 못했던 사람들이 금 ETF가 상장하면서 금 투자에 나선 겁니다.

'금 투자' 하면 ETF가 대표적인 수단이 되다 보니 심지어는 이 금 ETF들이 가지고 있는 금의 규모가 한국 전체가 가지고 있는 금보다 많습니다. 세계 최대 금괴 보유국은 미국, 독일, IMF 순서이며, 네 번째가 금 ETF입니다. 그만큼 금이 투자자산으로 널리 활용되는 데 ETF가 중요한 역할을 하고 있다는 의미겠지요. 비트코인의 미래를 긍정적으로 보는 투자자들은 비트코인 ETF가 나오기 시작하면 비트코인이 투자자산으로 인정받는 계기가 될 것이라고 전망합니다.

ETF 초보자를 위한 꿀팁!

가상화폐에 투자하는 ETF는 아직 국내에는 없습니다. 하지만 유럽 국가나 캐나다 등에서는 이미 ETF와 ETN으로 투자할 수 있습니다. 비트코인투자자들은 미국 시장에서 비트코인 ETF가 상장하는 시점을 가상화폐가 투자자산으로 인정받는 계기가 될 것으로 내다보고 있습니다.

ETF는 증권사 주식 계좌 말고 연금저축이나 퇴직연금 계좌에서도 활용도가 높습니다. 연금저축이나 퇴직연금 계좌에서는 주식 종목을 담을 수 없습니다. 대신 펀드나 ETF를 활용해 투자해야 합니다. 8장에서는 연금에서 ETF를 어떻게 굴려야 하는지에 대해 알아봅니다. ETF가 상장폐지되면 어떻게 되는지, 왜 장 초반과 막판에는 ETF 매매를 하지 않는 게 유리한지 등 ETF에 투자할 때 유의해야 할 점에 대해서도 짚어봅니다.

Exchange

8장

이것만 알아도
이젠 ETF 고수다

ETF

질문 TOP
49

퇴직연금과 개인연금에서 ETF 투자가 왜 늘어나죠?

▶ 저자직강 동영상 강의로 이해 쏙쏙
QR코드를 스캔하셔서 동영상 강의를 보시고
이 칼럼을 읽으시면 훨씬 이해가 잘됩니다!

    퇴직연금과 개인연금에서 ETF에 투자하는 개인투자자들이 늘고 있습니다. 이 이야기를 하기 전에 먼저 연금이라는 게 뭔지, 아주 기초적인 내용부터 간단히 살펴볼게요.

    연금은 3층 구조로 구성되어 있습니다. 소득이 있는 경우 의무적으로 가입해야 하는 '국민연금'이 1층입니다. 국가가 국민 노후에 기초생활을 보장할 수 있도록 만든 연금제도입니다. 국민연금은 국가가 알아서 굴려주기 때문에 우리가 운용에 신경 쓸 일이 없습니다.

    2층은 '퇴직연금'입니다. 근로소득이 있는 경우 의무로 가입하는 연금입니다. 법적으로 회사가 근로자에게 지급해야 합니다. 퇴직연금은 회사가 운용할 수도 있고, 개인이 운용할 수도 있습니다. 퇴직연금은 크게 세 가지 종

연금의 3층 구조

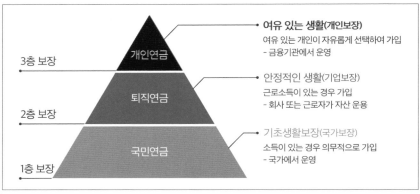

- 3층 보장
- 2층 보장
- 1층 보장

여유 있는 생활(개인보장)
여유 있는 개인이 자유롭게 선택하여 가입
- 금융기관에서 운영

안정적인 생활(기업보장)
근로소득이 있는 경우 가입
- 회사 또는 근로자가 자산 운용

기초생활보장(국가보장)
소득이 있는 경우 의무적으로 가입
- 국가에서 운영

개인연금 / 퇴직연금 / 국민연금

자료: 고용노동부 퇴직연금사이트

류로 나눌 수 있는데요. 확정급여(DB)형, 확정기여(DC)형, 개인형퇴직연금 (IRP)입니다.

DB형은 퇴직할 때 기준으로 직전 3개월 평균 급여에 근속연수를 곱해서 퇴직금을 받는 건데요. 퇴직연금이 DB형이라면 회사가 퇴직연금용으로 적립한 돈을 회사가 운용해서 나중에 퇴직금으로 주는 것이므로 회사에 다니면서 퇴직연금에 대해 신경 쓸 필요가 없습니다.

하지만 DC형 가입자나 IRP 가입자는 본인이 퇴직연금을 운용해야 합니다. DC형은 매년 회사에서 한 달치 본봉을 연금으로 적립해주는 제도입니다. 이렇게 쌓인 돈을 개인이 증권사나 은행 등을 통해 알아서 운용하고 이걸 퇴직 후에 받는 겁니다.

IRP는 이직을 한 사람들이 IRP계좌에 이전 직장에서 받은 연금을 넣어두고 스스로 굴릴 수 있는 제도입니다. 또한 회사에서 적립해주는 것과는 별도로 내가 퇴직연금에 추가로 돈을 넣고 싶다면 IRP 계좌를 열어서 연금을 관리할 수 있습니다. IRP는 퇴직연금과 개인연금의 성격을 동시에 가지고 있는 셈이죠.

마지막으로 연금 3층 구조의 꼭대기에는 개인연금이 있습니다. 개인이 노후를 위해 스스로 적립하는 연금인데요, 개인연금에 가입하고 얼마를 넣을지는 개인의 자유입니다. 하지만 사람들의 노후가 든든할수록 국가 입장에서도 사회적인 비용이 덜 들겠죠. 모두가 알다시피 노후빈곤도 우리 사회의 큰 문제 가운데 하나이니까요. 그래서 정부에서는 개인들이 알아서 연금에 더 많은 돈을 넣게 유도하려고 세금을 덜 내도 되는 혜택을 줍니다.

DC형과 IRP형 퇴직연금, 개인연금에서 투자할 수 있는 주식관련 상품은 크게 펀드와 ETF가 있습니다. 연금에서는 개별 주식투자는 할 수 없고 간접투자만 가능한데요, 이 큰 분류 가운데 ETF의 장점은 수수료가 싸다는 것입니다. 연금처럼 오래 장기투자하는 상품일수록 운용보수가 수익률에 미치는 영향이 커질 수밖에 없습니다.

매매가 실시간으로 이뤄진다는 장점과 더불어 투자자가 ETF를 조합해서 직접 나만의 포트폴리오를 짤 수 있다는 것도 장점입니다.

이런 이유 때문에 연금에서 ETF를 투자하는 금액이 빠르게 늘고 있습니다. 2019년 국내 주요 증권사 5곳(미래에셋증권, 삼성증권, 신한금융투자, 한국투자증권, NH투자증권. 가나다 순)에서 퇴직연금 계좌를 통해 ETF에 투자한 금액은 1,836억 원이었는데, 2020년에는 이 금액이 8,084억 원으로 크게 늘었습니다.

유의해야 할 점은 모든 퇴직연금 계좌에서 ETF를 매수할 수 있는 건 아니라는 것입니다. 퇴직연금은 크게 세 곳에 맡길 수 있습니다. 은행, 증권, 보험사인데요, 이중 2021년까지는 증권사만 퇴직연금 계좌에서 ETF를 매매

연금저축펀드와 퇴직연금 차이점

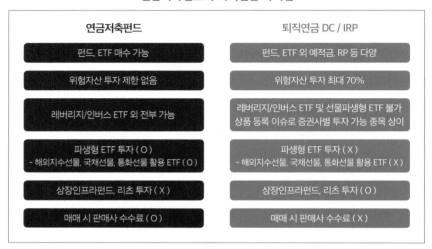

연금저축펀드	퇴직연금 DC / IRP
펀드, ETF 매수 가능	펀드, ETF 외 예적금, RP 등 다양
위험자산 투자 제한 없음	위험자산 투자 최대 70%
레버리지/인버스 ETF 외 전부 가능	레버리지/인버스 ETF 및 선물파생형 ETF 불가 상품 등록 이슈로 증권사별 투자 가능 종목 상이
파생형 ETF 투자 (O) - 해외지수선물, 국채선물, 통화선물 활용 ETF (O)	파생형 ETF 투자 (X) - 해외지수선물, 국채선물, 통화선물 활용 ETF (X)
상장인프라펀드, 리츠 투자 (X)	상장인프라펀드, 리츠 투자 (O)
매매 시 판매사 수수료 (O)	매매 시 판매사 수수료 (X)

할 수 있는 시스템을 갖추고 있었습니다. 연금계좌에서 ETF에 투자하는 투자자들이 늘면서 은행들도 관련 시스템을 갖추기 위해 검토하고 있습니다.

연금을 굴리는 회사를 바꿀 수도 있습니다. 이건 일하고 있는 회사마다 다릅니다. DC형 퇴직연금을 도입한 회사는 보통 연금사업자를 여러 군데 정해둡니다. 여기서 ETF 거래가 가능한 증권사가 있으면 그 회사로 적립금을 옮길 수 있습니다.

연금에서 ETF를 투자할 때 주의해야 하는 점도 있습니다. ETF는 연금에서 자동으로 투자하게 설정할 수 없다는 점입니다. DC형 퇴직연금은 1년에 한 번이나 두 번 회사에서 입금하는 날을 지정해서 연금을 넣어준다고 앞서 설명했습니다. 그런데 보통 펀드 같은 경우 금융사에게 '앞으로 입금되는 금액은 A펀드에 30%, B펀드에 70% 입금해주세요' 하는 식으로 일종의 예약을 해둘 수 있습니다.

그런데 ETF는 그렇게 하지 못하고 본인이 직접 매수해야 합니다. 펀드의 경우 하루에 기준 가격이 한 개이기 때문에 금융사가 그냥 그 가격에 사주면 됩니다. 하지만 ETF는 시장에서 계속 거래되기 때문에 하루에도 시장가가 계속 변합니다. 금융사가 특정한 가격에 매수해주기가 어렵다는 거죠. 때문에 연금에서 ETF를 투자한다면 입금되는 시기에 맞춰서 본인이 직접 ETF를 매수해야 합니다.

또한 국내에 상장한 ETF 중에서도 모든 ETF에 투자할 수 있는 게 아닙니다. 레버리지와 인버스 같은 파생 ETF에는 투자할 수 없습니다. 그리고 금 선물, 원유 선물처럼 파생상품 위험평가액 비중이 40%를 초과하는 ETF는 퇴직연금 계좌에선 투자가 불가능합니다. 대신 연금저축 같은 개인연금에서는 투자가 가능합니다.

 ETF 초보자를 위한 꿀팁!

DC형, IRP형 퇴직연금과 연금저축에서 ETF에 투자하는 투자자들이 늘어나고 있습니다. 가장 큰 이유는 공모펀드와 비교해 총보수가 저렴하기에 장기투자에 적합하기 때문입니다. 하지만 ETF는 자동 투자할 수 없다는 점, 연금 계좌에서는 매수할 수 없는 상품도 있다는 점에 유의해야 합니다.

돈 버는 ETF를 위한 One Point Lesson

재테크를 개인연금부터
시작해야 하는 이유

정부는 개인들이 알아서 연금에 더 많은 돈을 넣도록 유도하려고 세금을 덜 내도 되는 혜택을 줍니다. 증권사·은행·보험사별로 다양한 개인연금 상품이 있지만 정부가 세제혜택을 주는 상품은 정해져 있습니다. 개인형퇴직연금(IRP)과 연금저축 3총사입니다.

증권에서 가입하면 연금저축펀드, 은행에서 판매하면 연금저축신탁, 보험사에서 가입하면 연금저축보험입니다. 이 '연금저축'이라는 단어가 들어가지 않은 연금보험, 변액연금 같은 상품들은 세제혜택이 따로 없으니까 꼭 주의해주세요. 세제혜택을 받으려면 상품명에 연금저축이 꼭 들어가야 합니다.

그렇다면 이 연금저축과 IRP에 정부가 얼마나 세금혜택을 주느냐? 절세상품 중에서는 가장 강력하다고 할 정도로 큰 혜택을 줍니다. 한 해 동안 우리가 IRP와 연금저축에 넣은 돈을 합쳐서 16.5%를 세액공제해 주는데요, 세액공제라는 건 우리가 내기로 한 세금에서 일정 금액을 공제해준다는 의미입니다. 그러니까 IRP와 연금저축에 1년에 넣을 수 있는 한도인 700만 원을 다 넣었다면 여기서 16.5%를 곱한 게 115만 5천 원입니다. 그러면 내가 한 해 동안 낸 세금 중에서 115만 5천 원을 고스란히 돌려준다는 이야기입니다. 단, 연봉이 5,500만 원 이하인 분들은 16.5%를 세액에서 빼주고 5,500만 원을 넘는 분들은 13.2%, 그러니까 최대치로 불입했을 때 92만 4천 원을 세금에서 돌려받을 수 있습니다. 그리고 이 700만 원은 한 번에 넣어도 되고, 매달 나눠서 내도 됩니다.

그러면 IRP와 연금저축 중에 어디에 700만 원을 넣어야 할까요? 연금저축의 한 해 동안 세제혜택 한도는 400만 원입니다. 단 연봉이 1억 2천만 원을 넘거나 종합소득이 1억 원을 초과하는 분은 300만 원입니다. 그리고 IRP의 세제혜택 한도는 한 해 700만 원입니다. 다만 연금저축과 IRP를 둘 다 합쳐서 한 해에 700만 원까지만 공제가 됩니다. 그러니까 IRP에 700만 원을 다 넣어도 되고, 연금저축에 400만 원, IRP에 300만 원을 넣어도 됩니다.

그러면 이렇게 워낙 세제혜택이 좋으니 모든 사람들이 다 700만 원을 넣어야 무조건 이득인 걸까요? 모든 금융상품이 그렇지만 각자의 상황에 맞춰서 판단해야 합니다. 왜냐하면 지금의 세제혜택은 달콤하지만 나중에 목돈이 필요할 때 돈이 연금에 묶여 있게 될 수 있기 때문입니다.

IRP와 연금저축에 한번 돈을 넣으면 55세 이후 10년에 거쳐서 연금형태로 수령하는 게 가장 이익입니다. 55세 이후에 한 번에 돈을 빼거나 중간에 연금저축이나 IRP를 해지하면 불이익을 줍니다. 달콤한 세제혜택만 가져가고 정작 처음에 정부가 의도했던 노후자산을 불리는 데는 실패하면 안 되잖아요. 그래서 연금저축과 IRP에는 최소 5년은 납입을 해야 합니다. 그리고 만 55세 이상부터 이 연금을 받을 수 있고, 연금으로 받을 때는 10년 이상 나눠서 받아야 연금소득세인 3.3~5.5%를 적용받습니다.

중간에 해지하거나 연금이 아니라 일시금으로 받으면 어떻게 될까요? 세액공제를 받았던 금액을 고스란히, 혹은 그 이상 토해내야 합니다. 또한 세액공제를 받았던 금액과 이 원금으로 굴려서 그동안 불어난 이익에 대해 16.5%의 기타소득세를 내야 합니다.

결론적으로 IRP와 연금저축은 절세혜택이 매우 큰 만큼 오랜 기간 묶어둘 수 있는 돈이 있다면 최대한 세제혜택을 주는 한도인 연 700만 원까지 매년 꼭 채워 넣으라는 겁니다. 어느 정도 금액이 오래 묶어둬도 부담이 없는 수준인지는 개인마다 판단해야겠지만요.

특히 투자금액이 작은 사회초년생일수록 연금저축부터 재테크를 시작하는 게 좋습니다. 투자금이 작을수록 절세혜택이 더 강력하게 느껴질 수 있습니다. 1년에 1억 원을 투자하는 사람이 115만 원을 돌려받는 것과, 700만 원을 투자하는 사람이 115만 원을 연말정산에서 돌려받는 것은 체감 수익률이 다를 테니까요.

연금에서는 어떤 ETF에 투자해야 유리한가요?

질문 TOP 50

▶ 저자직강 동영상 강의로 이해 쑥쑥
QR코드를 스캔하셔서 동영상 강의를 보시고
이 칼럼을 읽으시면 훨씬 이해가 잘됩니다!

연금계좌에서는 어떤 상품에 투자하는 게 유리할까요? 정답은 없습니다. 투자자마다 투자 성향도, 유망하다고 생각하는 상품의 종류도, 확신하는 정도도 다를 테니까요. 하지만 연금계좌의 절세혜택을 최대한 활용하려면 해외 ETF에 투자하는 게 유리합니다. 지금부터 그 이유를 설명하겠습니다.

본격적으로 이유를 이야기하기 전에 한 가지 확실히 해둘 것이 있습니다. 연금계좌에서는 해외에 상장한 ETF에는 투자할 수 없다는 것입니다. 따라서 여기서 설명하는 해외 ETF는 국내에 상장했지만 나스닥이나 S&P500처럼 해외 지수를 추종하는 ETF를 말합니다.

해외주식 ETF는 연금계좌로 투자하는 게 유리한 가장 큰 이유는 세제혜택 때문입니다. 국내주식형 ETF는 일반 계좌에서 거래해도 매매차익이 비과세입니다. 하지만 해외 ETF는 다릅니다. 국내에 상장한 해외주식형 ETF에 투자할 때는 여기서 발생한 매매차익과 분배금(배당) 모두에 15.4%의 배당소득세가 부과됩니다.

손익도 통산해주지 않습니다. 무슨 이야기인가 하면, 한 해외 ETF에서 손해를 봤더라도 다른 ETF에서 수익이 나면 과세한다는 것이지요. 한마디로 전체 포트폴리오에서는 손해를 봤는데도 세금을 내야 하는 상황이 생긴다는 겁니다.

해외 ETF 투자로 얻은 소득과 은행이자, 국내주식 배당 등 전체 금융소득을 합쳐서 연간 2천만 원을 넘겼을 때는 금융소득종합과세 대상도 됩니다. 그러니까 장기투자를 한다면 해외 상장 ETF보다 국내 상장 해외 ETF에 투자할 때 오히려 세제상 불리할 수도 있습니다. 해외 상장 ETF는 금융소득종합과세 대상이 아닌 반면, 국내 상장 해외 ETF는 금융소득종합과세 대상이라 매도 시점에 장기투자로 큰 수익이 났다면 여기에 대해서 세금을 내야 하니까요.

연금계좌에서 해외 ETF에 투자하면 이런 세금 부담을 피할 수 있습니다. 연금계좌에서는 해외 ETF를 거래해서 매매차익이 발생하더라도 당장 세금을 부과하지 않습니다. 그러니까 금융소득종합과세도 걱정할 필요가 없죠. 세금은 매매차익을 인출하는 시점, 즉 퇴직연금을 수령하는 시점에 부과됩니다. 이걸 '과세이연'이라고 합니다. 과세이연의 효과는 엄청납니다. 원래 세금으로 냈어야 하는 돈을 내가 가지고 있다가 계속 투자를 하고, 나중에 그 결과에 대해서 세금을 내는 것이니까요.

연금으로 수령하면 세율 자체도 낮출 수 있습니다. 연금계좌에서 발생한 매매차익을 55세 이후에 연 1,200만 원까지는 연금형태로 인출하면

연금수령 시 과세

연금수령 개시 연령	확정형(수령기간)		종신형	
	한도 내 금액	한도 초과액	한도 내 금액	한도 초과액
만 70세 미만	5.5%		4.4%	
만 70세~만 80세 미만	4.4%	16.5%		16.5%
만 80세 이상	3.3%		3.3%	

※ 연금 연 수령액이 1,200만 원을 초과하는 경우 전액 종합과세 대상   자료: 금융감독원

3.3~5.5% 정도의 연금소득세만 납부하면 됩니다.

그렇다면 이보다 더 많이 연금을 찾아가면 어떻게 되느냐? 연 1,200만 원 이상부터는 한도 초과 금액에 대해 16.5%의 세금과 여기에 더해 금융소득종합과세도 내야 합니다. 주의할 점은 1,200만 원을 넘어가는 부분이 아니라 연금을 받는 전체 금액이 금융소득종합과세 대상이 된다는 겁니다.

소득에 따라서 최대 45%까지 세금을 내야 하는데요, 연금으로 연 1,200만 원까지만 받으면 금융소득종합과세에 포함하지 않으니 이걸 '분리과세 혜택'이라고 합니다. 이 분리과세 혜택을 누리려면 연금을 수령할 때 연 1,200만 원이 넘지 않도록 수령 기간을 5년이 아니라 10년 이상으로 길게 조정해야겠죠.

'나중에 연 1,200만 원이면 월에 100만 원인데 노후자금으로 너무 짠 것 아닌가?' 하는 분들도 있을 텐데요, 지금은 아니지만 우리가 연금을 받을 때는 이 한도가 늘어날 수도 있습니다. 실제 연 1,200만 원이라는 한도도 원래는 연 600만 원이었던 것이 2013년에 한도가 너무 작다고 해서 연 1,200만 원으로 늘어난 것이거든요. 물가상승률에 따라 자연스럽게 한 달에 필요한 생활비도 늘고, 정부도 연금 적립을 유도하는 쪽으로 제도를 계

속 개편하는 중이니 이 부분도 유리하게 개편될 가능성도 충분하겠죠.

만약에 연금계좌를 중도에 해지하거나 연금 이외에 일시금으로 뽑아가면 기타소득세가 부과됩니다. 이때 세율은 16.5%로 배당소득 원천징수세율(15.4%)보다 조금 높기는 합니다. 하지만 이 경우에도 기타소득은 다른 소득과 분리해 과세하기 때문에 금융소득종합과세는 피할 수 있습니다.

해외주식형 ETF는 손익통산이 안 되는 부분도 피할 수 있습니다. 연금계좌에서 발생한 이익과 손실은 전부 통산해 인출할 때 과세합니다. 그러니까 일반 증권계좌와 연금계좌를 비교하면 국내주식형 ETF는 일반계좌나 연금계좌나 비과세 혜택이 똑같지만, 해외주식형 ETF는 연금계좌에서 매매하는 게 훨씬 유리하다는 겁니다. 과세도 이연되고, 이익도 합쳐서 계산할 수 있고, 연금으로 수령하면 세율 자체도 낮아지니까요.

일반 주식계좌에서 해외주식형 ETF를 가지고 있다면 일단 연금계좌에서 해외주식형 ETF로 꽉 채우는 게 더 유리하다는 얘기입니다.

ETF **ETF 초보자를 위한 꿀팁!**

연금계좌에 어떤 상품을 담을지는 개인의 선택입니다. 하지만 연금계좌가 아니라 일반 주식 계좌에서도 국내 상장 주식에 투자할 때는 비과세입니다. 연금계좌의 절세 효과를 누리기 어렵다는 거죠. 때문에 연금계좌에서 투자한다면 해외주식에 투자하는 ETF가 더 유리합니다.

ETF에 투자할 때 드는 비용은 뭐가 있나요?

ETF 보수 대폭 인하, 세계 최저 보수, 수수료 인하 경쟁. ETF에 관심 많은 분들이라면 한 번쯤 들어봤을 법한 뉴스들입니다. ETF 운용사들은 대체 뭘 먹고 살려고 이렇게 보수를 낮추는 걸까요? 가장 큰 이유는 ETF 시장이 지금보다 훨씬 커질 거라고 보기 때문입니다.

ETF는 개인투자자뿐 아니라 대규모 자금을 운용하는 기관투자가들에게도 매력적인 상품입니다. 저렴한 비용으로 포트폴리오를 구성할 수 있고, 다양한 투자 아이디어에 대응하기도 쉽죠. 그렇다 보니 액티브 펀드 가운데서도 펀드 안에 다시 ETF를 담는 *EMP펀드 시장이 점점 커지는 추세입니다. 그만큼 ETF 운용

> **EMP펀드**
> 자산의 절반 이상을 상장지수펀드(ETF)나 상장지수증권(ETN)을 담아 운용하는 펀드

대차수수료

주로 공매도 투자자들에게 주식
을 빌려주고 그 대가로 받는 수
수료

사들이 ETF를 팔 곳이 개인뿐 아니라 기관
과 자산운용사까지 점점 늘어난다는 이야
기겠죠.

ETF 상품 간에 큰 차별성이 없다는 점
도 수수료 경쟁에 한몫합니다. 물론 ETF는 상품 규모가 클수록 거래가 쉽고,
기초지수를 잘 따라가는, 그래서 괴리율이 적은 게 좋은 상품입니다. 하지만
장기투자를 할 거라면 이런 요소들보다도 운용보수가 가장 큰 영향을 미치
겠죠. 결국 ETF 수수료를 낮춰서 당장 수익성이 떨어지더라도 더 많은 투자
자들에게 박리다매하자는 게 현재 국내 ETF 운용사들의 전략입니다.

글로벌 ETF 시장 선두주자인 미국도 상황은 마찬가지입니다. 2008년
글로벌 금융위기 이후 ETF 시장이 커지면서 미국에서도 운용사들끼리 서
로 보수 인하 경쟁을 펼쳤는데요, 심지어는 아예 보수를 안 받는 상품까지
도 나왔습니다. 2019년에 핀테크 대출 업체인 소파이가 상장 첫 해에는 보
수가 무료인 ETF를 내놓기도 했고, BNY멜론에서는 완전 무보수 ETF를 상
장하기도 했습니다.

다만 미국 ETF시장과 우리 시장은 조금 차이가 있습니다. 국내에선 ETF
가 가지고 있는 주식의 *대차수수료로 얻은 이익을 투자자들에게 분배금으
로 돌려주게 되어 있습니다. 하지만 미국에선 이 대차수수료를 운용사가 가
져갈 수 있습니다. 그러니까 미국에선 ETF 규모만 크게 키우면 투자자들에
게 돈을 받지 않아도 돈이 나올 구멍이 있는 셈이죠. 상황이 이렇다 보니 국
내에선 무보수 ETF까지는 나오기 어려운 환경입니다.

그렇다면 우리가 ETF에 투자할 때 얼마나 비용이 나가는지를 따져봐야
겠죠. 그래야 이런 수수료 경쟁이 우리한테 정말 얼마나 이득이 되는 건지

따져볼 수 있을 테니까요. 일단 투자자 입장에서 ETF에 투자할 때 드는 비용은 크게 두 가지로 나눌 수 있을 겁니다. 세금과 수수료입니다.

세금부터 보면 주식 관련 세금은 크게 증권거래세와 시세차익·배당소득에 대한 세금이 있습니다. 국내주식에 투자할 때는 0.23%의 증권거래세가 있지만 ETF에 투자하면 이런 증권거래세가 없습니다. 똑같이 국내주식에 투자해도 개별종목 투자자와 달리 ETF 투자자들은 이런 비용을 아낄 수 있는 셈이죠. 나머지 시세차익과 분배금에 대한 세금 부과 방식은 다음 장에서 자세히 설명하겠습니다.

지금은 수수료에 대해 한번 뜯어볼게요. 주식을 거래할 때 수수료는 증권사 수수료, 예탁결제원 등에 내는 유관기관 제비용, ETF나 펀드라면 운용사별 보수, 이렇게 크게 세 가지로 나뉩니다. 증권사 수수료나 유관기관 제비용은 주식과 ETF가 똑같이 적용받습니다. 증권사 수수료와 유관기관 제비용은 증권사마다 다릅니다. 증권사마다 수수료 무료를 내걸고 고객 유치 이벤트를 벌이는 증권사들이 있으니 그런 기회를 잘 활용하면 수수료를 아낄 수 있습니다.

ETF에서 특히 살펴야 할 건 운용사별 보수입니다. ETF 비용 가운데 운용사들이 앞다퉈 인하경쟁을 벌이고 있는 보수를 '총보수'라고 부릅니다. 운용사 홈페이지를 비롯한 ETF 정보 사이트에 드러나 있는 보수입니다. 그런데 ETF의 투자설명서를 보면 다른 비용이 더 있다는 점을 확인할 수 있습니다. 투자설명서에서도 첫 페이지에는 안 나오고 뒤쪽 13번의 '보수 및 수수료에 관한 사항'에 가면 나옵니다. 바로 기타비용입니다.

예를 들어 TIGER 나스닥100의 투자설명서를 보면, TIGER 나스닥100의 총보수는 0.07%지만 기타비용으로 0.14%가 붙어서 총보수비용이

0.21%가 된 점을 확인할 수 있습니다. 결국 우리가 실제로 내는 비용은 ETF 운용사들이 경쟁을 벌이는 총보수가 아니라 이 '총보수+기타비용'인 거죠.

그렇다면 총보수와 기타비용은 어떻게 다를까요? 총보수는 대체로 자산운용사가 가져가는 비용이라고 보면 됩니다. 반면에 기타비용은 주식 결제비용, 예탁비용처럼 펀드를 운용하기 위해서 실제 필요한 비용을 뜻합니다. 처음부터 일정비율을 떼어가겠다고 정해두는 총보수와 달리 이런 기타비용은 실제 얼마나 비용이 들어갈지 써보기 전에는 정확히 알 수가 없습니다. 때문에 투자자들이 알 수 있는 건 총보수뿐이고, 이런 기타비용은 나중에 이렇게 복잡한 투자설명서를 뜯어봐야 알 수 있게 되는 거죠.

그렇다면 총보수와 기타비용까지 더해서 저렴한 ETF를 찾으려면 어떻게 해야 할까요? 일단 규모가 큰 ETF를 고르는 게 유리합니다. ETF 규모에 상관없이 정률을 떼어가는 총보수와 달리 기타비용은 규모가 커진다고 비례해서 커지는 게 아니기 때문입니다.

예를 들어 기타 비용 가운데 회계 감사 비용이나 가격 정보 비용, 상장 관련 비용 등은 ETF가 만들어진 초기에 일회성으로 지급되거나 정률이 아닌 정액으로 지급되는 비용들입니다. 그런데 총보수 비용 비율은 ETF의 순자산, 즉 ETF 규모로 나눠서 계산한다고 되어 있어요. 이 말은 ETF의 규모가 클수록 한 주당 부담해야 하는 기타비용이 적어진다는 뜻이겠죠.

특히 해외 ETF 같은 경우는 ETF 덩치가 빠르게 커질수록 기타비용이 늘어날 가능성이 높습니다. 이건 ETF의 설정 방식과 관련이 있는데요, 조금 복잡하니 '이런 게 있구나' 읽고만 넘겨도 됩니다.

국내주식형 ETF는 ETF를 설정해주는 역할을 하는 증권사가 기존에 가지고 있던 주식을 묶어서 'CU'라는 단위로 만들고 이걸 운용사에 넘깁니다.

여기서 CU라는 건 ETF 수만 주를 만들어낼 수 있는 덩어리라고 보면 됩니다. 예를 들어 코스피200 ETF라면 삼성전자 몇백 주, SK하이닉스 몇백 주해서 코스피200 시가총액 비율에 맞춰서 200개 종목을 다 담은 덩어리가 1CU가 되는 거죠. 그러면 운용사는 이 1CU를 잘게 쪼개서 ETF 1주로 만들어 다시 증권사들에게 줍니다.

그런데 해외주식형 ETF 같은 경우는 증권사들이 가지고 있는 주식도 얼마 없고 하니 CU 단위의 주식 덩어리를 만들어서 운용사에 주는 게 아니라 그냥 현금을 줍니다. 그러면 운용사가 이걸 가지고 해외주식을 사서 직접 ETF를 만들어야겠죠. 그러다 보면 이 과정에서 국내주식형 ETF에선 발생하지 않는 거래비용이 생길 겁니다.

거래비용은 주식을 더 많이 새로 살수록 커질 텐데, 이 비용은 기타 비용이라는 이름으로 신규 투자자뿐 아니라 기존 투자자들도 나눠서 부담하게 됩니다. 앞서 ETF 규모가 클수록 투자자 개개인이 부담하는 기타비용이 낮아진다는 것도 이런 이유 때문입니다.

🧳 **ETF 초보자를 위한 🍯꿀팁!**

ETF의 비용에는 운용사들이 마케팅에 활용하는 총보수 말고도 투자설명서에 나오는 기타비용도 있습니다. 이 기타비용은 ETF 규모가 클수록 적게 나올 가능성이 높습니다. 해외 ETF라면 규모가 빠르게 늘어나는 ETF에서 기타비용이 많이 발생할 수 있다는 점을 염두에 두어야 합니다.

ETF에 투자할 때 세금은 얼마나 내나요?

▶ 저자직강 동영상 강의로 이해 쑥쑥
QR코드를 스캔하셔서 동영상 강의를 보시고
이 칼럼을 읽으시면 훨씬 이해가 잘됩니다!

피하고 싶지만 피할 수 없고, 피해서도 안 되는 게 바로 세금입니다. ETF에 투자할 때도 세금을 내야 합니다. 국내 상장 ETF를 거래할 때 내는 세금의 종류는 크게 세 가지입니다. ETF를 팔 때 내는 '증권거래세', 분배금을 받을 때 내는 '배당소득세', ETF를 팔아서 차익이 발생했을 때 내는 '배당소득세'입니다.

증권거래세

증권거래세부터 살펴보겠습니다. 증권거래세는 주식을 매도할 때 내는 세금입니다. 2021년부터는 코스피에 상장한 주식을 거래할 때는 0.08%, 코스닥 주식은 0.23%를 증권거래세로 내고, 2023년부터는 코스피 0%, 코

달라지는 증권거래세

구분	현행	2021~2022년	2023년
코스피	0.1%	0.08%	0%
코스닥	0.25%	0.23%	0.15%
코넥스	0.1%	0.1%	0.1%
기타	0.45%	0.43%	0.35%

※ 농어촌특별세는 0.15%로 현행 유지　　　　　　　　　　　　　　자료: 기획재정부

스닥은 0.15%로 순차적으로 떨어집니다. 2023년부터 주식 양도소득세가 과세되는 흐름에 맞춰 거래세는 낮추기로 했기 때문입니다.

하지만 지금도 ETF에 투자할 때는 증권거래세가 면제됩니다. ETF는 주식처럼 시장에서 거래되지만 분류상 펀드이기 때문에 증권거래세를 면제받고 있습니다.

배당소득세

주식에 배당이 있듯이, ETF에는 분배금이 있습니다. 여기서는 국내주식형 ETF와 기타 ETF의 세금 부과 방식이 조금 다릅니다. 여기서 기타 ETF란 국내주식이 아니라 해외주식, 선물, 채권, 원자재 등을 담은 ETF를 말합니다. 주의할 점은 국내주식에 투자하지만 배당금을 재투자하는 토털리턴 (TR) 상품도 국내주식형이 아닌 기타 ETF에 포함된다는 사실입니다.

먼저 국내주식형 ETF의 분배금 과세는 간단합니다. 주식에서 나온 배당에 배당소득세가 부과되는 것처럼 ETF에서 나온 분배금에도 배당소득세 14%, 지방소득세 1.4%를 더한 15.4%가 부과됩니다.

기타 ETF의 분배금은 분배금과 과표기준가격 증가분 가운데 작은 금액

국내 상장 ETF에 투자할 때 내야 하는 세금

시점	세금	국내주식형 ETF 국내시장대표 ETF, 섹터ETF	기타 ETF 국내채권 ETF, 해외주식 ETF, 해외채권 ETF, 원자재 ETF, 레버리지 ETF, 인버스 ETF
ETF 분배금을 지급받을 때	배당소득세	분배금×15.4%	MIN(분배금과 과표기준가 증가분) ×15.4%
ETF를 매도할 때	증권거래세	없음	없음
ETF를 매도해 차익이 발생했을 때	배당소득세	없음	MIN(매매차익과 과표기준가 증가분) ×15.4%

자료: 전국투자자교육협의회

에 대해 15.4%의 배당소득세를 냅니다. 여기서 '과표기준가격'이란 ETF가 담고 있는 자산 가운데 과세대상 자산만 평가해 산정한 기준가입니다. 예를 들어 선물은 비과세이기 때문에 선물을 담은 ETF의 과표기준가격은 거의 올라가지 않겠죠. 과표기준가격은 투자자가 계산할 필요 없이 증권사에서 매일매일 정해 발표합니다.

양도차익에 대한 과세(배당소득세)

ETF를 팔았을 때 이익이 났다면 여기에 대한 세금도 있습니다. 국내주식형 ETF라면 매매차익에 대해 세금을 내지 않습니다. 2023년 전까지는 국내주식에도 매매차익에 대해 양도세를 내지 않기 때문에 국내주식형 ETF

에도 동일한 기준을 적용하는 것입니다.

국내주식형 ETF가 아닌 다른 ETF에 투자해서 수익이 났을 때는 세금을 내야 합니다. 여기서도 과표기준가격을 활용합니다. ETF에 투자한 기간 동안 매매차익과 과표기준가가 늘어난 것 중 작은 쪽에 배당소득세 15.4%를 과세합니다. 보통은 과표기준가가 매매차익보다 훨씬 작습니다. 특히 레버리지 ETF처럼 선물을 담은 ETF들이 더욱 그렇습니다.

레버리지 ETF가 투자하는 주식과 장내선물은 매매차익이 비과세이기 때문입니다. 이 경우에는 매매차익이 크더라도 과표기준가가 거의 늘지 않아 사실상 세금을 내지 않는 사례도 많습니다.

ETF 초보자를 위한 꿀팁!

국내주식형 ETF에 투자할 때는 분배금에 대해 15.4%가 부과되는 배당소득세를 빼면 세금이 없습니다. 국내주식형 ETF를 제외한 기타 ETF에 투자할 때는 분배금과 매매 차익을 각각 과표기준가 증가분과 비교해 낮은 쪽에 15.4%의 배당소득세를 냅니다.

질문 TOP
53

ETF에 투자할 때
절세 노하우가 있나요?

국내 상장 ETF에 투자할 때 크게 세금을 줄일 수 있는 방법은 사실 거의 없습니다. 일단 국내 상장 ETF라면 증권거래세는 면제입니다. 또한 국내주식형 ETF는 양도차익에 대한 과세가 이뤄지지 않습니다. 세금이 없으니 줄일 것도 없죠. 해외주식형, 채권형 등 기타 ETF에는 양도차익에 대한 과세가 이뤄지기는 하지만 해외주식에 투자할 때처럼 1월 1일부터 12월 31일까지 한 해 동안 이익을 낸 부분에 대해 과세하는 게 아니라 상품별로 보유 기간에 따라 세금을 매깁니다. 절세 '기술'로 세금을 줄여볼 방법이 거의 없다는 거죠.

국내 상장 ETF에서 절세를 노려볼 수 있는 구석은 딱 한 군데입니다. (물론 연금계좌나 개인종합자산관리계좌인 ISA처럼 다른 절세 계좌를 활용하는 경우는

302

주식의 배당·배당락과 ETF의 분배금·분배락이 생기는 시기

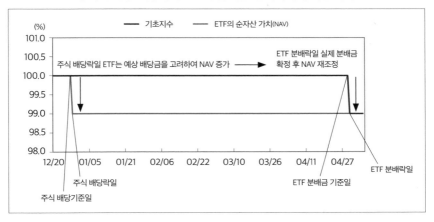

제외입니다.) 분배금에 매겨지는 배당소득세입니다.

주식 배당에 대해 배당소득세 15.4%를 내야 하는 것처럼 분배금도 똑같이 배당소득세를 냅니다. 따로 신고하거나 납부할 필요 없이 원천징수되어서 입금됩니다. 그런데 이게 끝이 아닙니다. 이자소득과 배당소득을 합친 연간 금융소득이 2천만 원을 넘는 고액자산가들은 *금융소득종합과세를 내는데, 이 기준에 분배금도 포함됩니다. 그래서 고액자산가들을 상대하는 일선 PB센터에서는 고액자산가들에게 분배금 기준일 이틀 전에 ETF를 팔고, 기준일이 지나면 다시 사라고 조언하기도 합니다. 세금을 줄일 수 있기 때문입니다.

분배금 기준일은 보통 4월의 마지막 거래일을 말합니다. 보통 국내주식형 ETF들은 이 시기에 가장 많은 분배금을 줍니

> **금융소득종합과세**
> 금융소득이 연간 2천만 원을 넘으면 초과 금액을 근로소득, 사업소득, 부동산임대소득 등 다른 종합소득과 합산해 6~38%의 누진세율로 종합과세하는 제도

다. 분배금을 주는 재원의 대부분은 배당입니다.

상장사의 대부분을 차지하는 12월 결산 법인들이 배당금을 입금해주는 시기가 4월이기 때문입니다. 여기서 분배금 기준일 당일에 ETF를 파는 게 아니라 '이틀 전'인 이유는 주식의 *결제일을 고려해야 하기 때문입니다. 만약 4월 30일이 주말이거나 휴장일이라면 그 전 개장일을 기준으로 2영업일 전에 주식을 팔아야 분배금을 받는 대상에서 제외됩니다.

그렇다면 절세 목적에서 분배금을 피하기 위해 판 ETF는 언제 다시 사야 할까요? 원래 이 타이밍에 팔려고 하지 않았는데, 절세 목적으로 판 경우라면요. 이때는 분배락이 생긴 다음에 ETF를 다시 매수하면 됩니다. 주식 배당 기준일 다음날에 배당락이 생기는 것처럼 ETF도 분배금 기준일이 지나면 분배락이 생깁니다.

분배금이 나간 만큼 ETF 가격을 인위적으로 낮추는 겁니다. 이때 ETF를 사면 배당은 받지 못해도 그만큼 싼 가격에 ETF를 살 수 있는 것이죠. 분배금 기준일 전에 팔고 분배락이 생겼을 때 사면 꼭 고액자산가가 아니더라도 약간의 절세 효과를 누릴 수 있습니다.

예를 들어보겠습니다. 주당 가격이 1만 원인 ETF가 분배금을 500원 지급하는 분배금 기준일이 지났습니다. 그러면 다음날 분배락으로 주가는 9,500원이 되겠죠. 만약 ETF를 매도하지 않고 계속 보유한 투자자라면 분배락 이후에는 9,500원이 된 ETF 한 주와 분배금에 대한 세금 15.4%를 떼고 남은 423원을 손에 쥐게 될 겁니다. 반면 1만 원인 ETF를 분배금 기준일 전에 매도하고 분배락 후 재매수했다면 9,500원이 된 ETF 한 주와 현금 500원, 총 1만 원을 가질 수 있겠죠.

물론 이건 ETF 매도 후 가격변동 등을 고려하지 않은 아주 이상적인 사례입니다. 또한 이 사례에서 보듯이 종합소득세 과세 대상이 아니라면 세금이 미치는 효과가 생각보다 크지 않아 열심히 들여다볼 만한 절세법도 아닙니다. 금융소득종합과세 대상인 고액자산가들이 주로 분배금을 통한 절세에 관심이 많은 이유입니다.

> ### ETF 초보자를 위한 꿀팁!
>
> ETF의 분배금도 주식과 마찬가지로 배당소득세 15.4% 과세 대상입니다. 연 2천만 원 이상 금융소득이 있는 사람이라면 금융소득 종합과세에도 포함됩니다. 이 세금을 피하려면 분배금 기준일 2거래일 전에 ETF를 팔고 배당락일에 다시 매수하면 됩니다.

질문 TOP 54

레버리지 ETF는 왜 장기투자하면 안 되나요?

▶ 저자직강 동영상 강의로 이해 쏙쏙
QR코드를 스캔하셔서 동영상 강의를 보시고
이 칼럼을 읽으시면 훨씬 이해가 잘됩니다!

국내에서 가장 많이 거래되는 상장지수펀드(ETF)는 무엇일까요? 부동의 1위는 레버리지 ETF입니다. 지수 하루 등락폭의 두 배만큼 수익이나 손실을 내는 상품인데요, 그만큼 지수 상승세가 이어질 때는 레버리지만큼 높은 수익을 내주는 상품이 없죠.

하지만 레버리지 ETF에 투자할 때는 꼭 주의해야 할 점이 있습니다. 레버리지는 장기투자할수록 엄청나게 불리해지는 상품이라는 것입니다. '수익을 두 배로 내니까 장투해도 수익이 두 배 나게 되는 거 아닌가?' 생각할수도 있지만 그렇지가 않습니다. 레버리지 ETF는 투자 기간 전체 수익률의 두 배를 내주는 상품이 아니라 지수 하루 움직임의 두 배만큼 수익을 내는 상품이기 때문입니다.

시장 움직임에는 크게 세 가지 경우가 있을 수 있습니다. 시장이 횡보할 때, 추세적으로 상승할 때, 추세적으로 하락할 때로 나눠볼 수 있겠죠. 그러면 각각의 경우에 레버리지 ETF는 어떻게 움직일지 한번 살펴볼게요.

추세상승	지수	상승률	레버리지ETF	상승률
	1000	10%	1000	20%
	1100	10%	1200	20%
	1210		1440	
수익률	21.0%		44.0%	

먼저 상승장일 때는 레버리지 ETF의 전성시대입니다. 지수가 1,000원에서 시작해서 하루에 10% 오르면 지수는 1,100원, 레버리지 ETF는 20%가 올라야 하니 1,200원이 됐겠죠. 여기서 다음날 하루에 10%가 더 오르면 지수는 1,210원이 되고 레버리지 ETF는 1,200원에서 또 20%가 오르니 1,440원이 됩니다. 그러면 지수는 이틀 동안 21%가 올랐는데 레버리지 ETF는 이틀 동안 44% 올랐으니 기초지수 수익률의 두 배보다도 더 높은 성과를 내게 되는 거죠.

이렇게 장이 꾸준히 오를 때는 레버리지 ETF의 지렛대 효과가 더 커져서 높은 수익을 내게 됩니다. 2020년 4월 이후 꾸준히 방향성을 가지고 장이 상승할 때는 레버리지 ETF만큼 쏠쏠한 수익을 내는 상품이 없었죠.

그런데 추세적으로 하락할 때는 어떨까요? '하락폭의 두 배보다 더 많은 손실이 나나?' 생각할 수 있지만 의외로 추세적으로 하락할 때는 그렇지 않습니다. 다시 1,000원에서 시작해볼게요. 지수가 10% 떨어지고 레버리지 ETF는 20% 떨어져서 800원이 되었죠. 다음날 또 10%가 떨어져서 지수는

추세하락	지수	상승률	레버리지ETF	상승률
	1000	-10%	1000	-20%
	900	-10%	800	-20%
	810		640	
수익률	-19.0%		-36.0%	

810원, 레버리지 ETF는 640원이 됐다면 이틀 동안 수익률은, 지수는 19% 떨어졌지만 레버리지는 36% 떨어지게 됩니다. 19%의 두 배인 38%보다는 좀 덜 떨어진 것이죠.

오를 때는 가격이 먼저 올라 더 높은 수익률을 적용받고 떨어질 때는 가격이 더 급하게 떨어져 손실폭을 줄이는 구조인 거죠. 여기까지 들으면 '어? 레버리지가 참 좋구나' 생각할 수 있지만 문제는 지수가 횡보할 때입니다.

횡보	지수	상승률	레버리지ETF	상승률
	1000	10%	1000	20%
	1100	-10%	1200	-20%
	990		960	
수익률	-1.0%		-4.0%	

횡보할 때를 가정해서 다시 1,000원으로 돌아갈게요. 지수가 1,000원일 때 하루 10% 오르면 레버리지는 20% 올라야 하니 1,200원이 되었죠. 그런데 다음날 다시 10% 떨어집니다. 그러면 지수는 990원이 되고 레버리지 ETF는 20%가 떨어져서 960원이 됩니다. 기초지수는 1% 떨어졌는데 레

버리지 ETF는 4%나 떨어지는 결과가 나오죠.

횡보장에서 레버리지 ETF는 참 무섭습니다. 1억 원이 있는데 하루에 50%씩 오르고 내리는 걸 10번만 반복하면 투자 원금은 2,400만 원으로 녹아버립니다. 실제 레버리지 ETF에서도 이런 현상을 발견할 수 있습니다. 코스피200 지수가 1월 12일에 427.87포인트로 마감을 했습니다. 그리고 등락을 거쳐서 한 달 뒤인 2월 15일에 427.01포인트로 돌아오죠. 지수 자체는 한 달여 동안 0.20% 떨어져서 거의 제자리 걸음을 했습니다. 하지만 같은 기간 레버리지 ETF는 0.83% 떨어졌습니다. 지수가 횡보할 때 그냥 들고 있으면 마치 시장이 떨어지는 것처럼 내 수익률은 점점 떨어지는 거죠.

레버리지 ETF가 장기투자에 적합하지 않은 이유는 또 있습니다. 운용보수, 수수료가 높다는 점 때문입니다. 앞서 설명했듯 레버리지 ETF는 대출을 받아서 선물을 운용하는 식으로 보통 ETF보다 손이 더 많이 갑니다. 대출을 받으면 그만큼의 이자도 있을 테고요. 그래서 마케팅 등 다른 목적으로 수수료를 확 낮춘 게 아니라면 일반적으로 정방향 ETF보다 레버리지 ETF가 수수료가 훨씬 비쌉니다. 수수료는 비용이니까 당연히 장기로 갈수록 수익률을 갉아먹겠죠.

㈜ ETF 초보자를 위한 꿀팁!

레버리지 ETF는 단기투자에 적합한 상품입니다. 오래 투자할수록 리스크 대비 수익률은 떨어지고, 변동성도 크기 때문입니다. 특히 시장이 횡보할 때는 손실폭이 더욱 커집니다. 지수의 장기 상승을 믿는다면 레버리지가 아니라 정방향 ETF에 투자하는 게 좋습니다.

> **질문 TOP 55**

ETF가 상장폐지되면 어떻게 되나요?

▶ 저자직강 동영상 강의로 이해 쑥쑥
QR코드를 스캔하셔서 동영상 강의를 보시고
이 칼럼을 읽으시면 훨씬 이해가 잘됩니다!

　주식투자자들이 정말 싫어하는 단어 중 하나가 '*상장폐지'일 겁니다. 주식이 어떤 이유에서건 더 이상 시장에서 거래되지 못한다는 의미이니까요. 거래되지 못하는 주식은 자칫하면 휴지조각이 되어버릴 수도 있습니다. ETF에 투자할 때는 어떨까요?

　ETF에도 상장폐지가 있습니다. 하지만 주식의 상장폐지와는 많이 다릅니다. 한마디로 거의 위험하지 않습니다. 지금부터 그 이유를 설명해볼게요.

　주식의 상장폐지는 위험합니다. 주식이 상장폐지되는 요건은 어떤 게 있을까요? 가장 대표적인 게 회사를 이어갈 수 없을 정도로 실적이 나쁜 경우입니다. 코스

상장폐지

증시에 상장한 주식이 매매대상으로 자격이 없다고 판단해 상장을 취소하는 것

피 시장 상장사라면 매출액이 50억 원 미만으로 지나치게 쪼그라들었거나, 적자가 너무 많이 나서 처음에 회사를 만들 때 넣은 돈인 자본금까지 갉아 먹은 상태인 자본잠식이 2년 연속 이어지면 상장폐지 요건이 됩니다. 이 밖에 사업보고서를 내지 않거나, 회사가 부도를 냈을 때도 기업이 상장폐지됩니다.

주식 상장폐지가 결정되면 투자자들이 빠져나갈 수 있도록 정리매매 기간을 줍니다. 주식을 시장에서 거래할 수 있는 마지막 기회인 셈이죠. 거래일 기준으로 7일간 정리매매가 진행됩니다. 문제는 이 기간 동안에는 주식의 가격제한폭(±30%)이 사라진다는 겁니다. 이 때문에 주가가 위아래로 크게 움직이는 경우가 많습니다.

그렇다면 ETF는 언제 상장폐지될까요? 한국거래소는 다양한 상장폐지 요건을 정해두고 있지만 대부분은 규모가 작은 ETF들이 주로 상장폐지 대상이 됩니다. 상장한 지 1년이 넘은 ETF가 순자산총액이 50억 원 아래로 떨어진 채로 1개월 이상 유지되거나, ETF 호가를 대주어야 하는 유동성공급자(LP)가 한 곳도 없는 경우가 대표적입니다.

패시브 ETF라면 지수와 ETF가 얼마나 비슷하게 움직이는지를 의미하는 상관계수가 0.9, 액티브 ETF라면 상관계수가 0.7 이상으로 유지되어야 상장폐지를 피할 수 있습니다.

ETF의 상장폐지는 주식과 달리 위험하지 않은 이유도 여기서 찾을 수 있습니다. 개별 주식은 투자한 기업의 사업내용에 문제가 생길 때 주로 상장폐지됩니다. 하지만 ETF는 투자한 기업과 별개로 ETF의 크기가 작고 거래가 활발하지 못할 때 주로 상장폐지됩니다.

ETF가 투자한 기업들은 그대로 시장에서 거래되면서 가치를 유지하고

ETF 상장폐지 기준

구분		상장폐지 기준
ETF 공통	상관계수	ETF 1좌당 순자산가치의 일간변동률과 ETF 기초지수의 일간변동률의 상관계수가 0.9 미만이 되어 3개월간 계속되는 경우
	유동성공급계약	유동성 공급계약을 체결한 LP가 없는 경우 또는 모든 LP가 교체기준에 해당하게 된 날부터 1개월 이내에 다른 LP와 유동성 공급계약을 체결하지 않는 경우
	상장규모	신탁원본액(자본금) 및 순자산총액이 50억 원 미만 사유로 관리종목으로 지정된 상태에서 다음 반기말에도 해당사유가 계속되는 경우
	신고의무	고의, 중과실 또는 상습적으로 신고의무를 위반한 경우
	투자신탁 해지	법 제192조 제1항 또는 제2항에 따른 투자신탁의 해지사유에 해당하는 경우
	투자자 보호	공익 실현과 투자자보호를 위하여 상장폐지가 필요하다고 거래소가 인정하는 경우
합성 ETF	영업인가	거래상대방의 장외파생상품 투자매매업 인가가 취소되거나 공신력 있는 금융회사로서의 지위를 상실한 경우
	신용등급	거래상대방의 신용등급이 투자적격등급에 미달하는 경우
	순자본비율	거래상대방의 순자본비율이 100% 미만이 되어 3개월간 계속되는 경우
	감사의견 등	거래상대방이 감사의견 부적정·의견거절, 영업의 중단, 부도, 자본금 전액잠식, 회생절차 개시 신청, 법률에 따른 해산 등에 해당하는 경우
	계약체결	거래 상대방과의 장외파생상품계약 만기일 전에 계약이 종료되거나 만기가 도래한 경우로서 그에 상응하는 계약이 없는 경우

자료: 한국거래소

있기 때문에 ETF의 상장폐지가 결정되더라도 ETF 가치에는 영향이 없습니다. 주식이 아니라 금, 은 같은 원자재, 채권 등도 마찬가지죠. 투자자들은 상장폐지 전까지 ETF가 담고 있는 자산 가치에 맞춰 매도할 수 있습니다.

극단적으로 ETF를 운용하는 자산운용사가 망해도 투자자는 ETF의 가

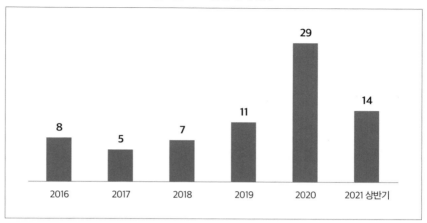

연도별 ETF 상장폐지 건수

자료: 한국거래소 •2021년은 상반기까지 집계

치만큼 투자금을 돌려받을 수 있습니다. ETF가 투자하는 자산은 자산운용사가 가지고 있는 게 아니라 독립된 신탁업자가 보관하기 때문입니다.

ETF의 상장폐지가 결정되면 자산운용사는 ETF가 상장폐지되는 이유와 상장폐지되는 시점 등을 운용사 홈페이지에 공시하고, 투자자에게도 개별 통지합니다. 상장폐지가 결정되더라도 ETF는 계속 사고팔 수 있습니다. LP들도 평소와 똑같은 기준으로 매수 호가를 댑니다. 때문에 상장폐지가 결정된 ETF는 상장폐지 전에 매도해 현금화하는 게 좋습니다. 상장폐지 전날까지 계속 거래할 수 있습니다.

상장폐지 전에 ETF를 팔았다고 해도 걱정하지 않아도 됩니다. ETF가 상장폐지된 날을 기준으로 ETF의 순자산가치에서 운용보수 등을 뺀 금액을 자산운용사가 돌려주기 때문입니다. 상장폐지 시점에 ETF를 매도한 것과 동일한 결과입니다.

이렇듯 ETF가 상장폐지된다고 해서 돈을 잃게 되는 건 아닙니다. 그렇더라도 ETF 투자자에게 상장폐지는 달가운 소식이 아닙니다. 원하지 않는 시점에 투자를 그만두어야 하기 때문입니다. 장기투자를 계획하고 매수한 ETF가 주가 하락으로 순자산가치가 50억 원 미만으로 떨어져 상장폐지된다면 손실을 확정하게 됩니다. 계속 가지고 있었다면 수익을 낼 수도 있었을 텐데요. 이런 경우라면 비슷한 지수를 추종하는 ETF가 있는지 확인해서 해당 ETF에서 투자를 이어가는 것도 방법입니다.

그러니 투자하는 ETF를 고를 때는 거래량이 충분하고, 규모가 큰 상품을 고르는 게 좋습니다. ETF 주가가 떨어져도 50억 원 미만까지 시가총액이 쪼그라들지 않을 만한 상품이면 상장폐지 위험을 피할 수 있겠죠.

🧰 ETF 초보자를 위한 꿀팁!

규모가 작거나 거래량이 부족한 ETF는 상장폐지되기도 합니다. ETF 상장폐지가 결정되더라도 투자자들은 ETF가 담고 있는 자산의 가치에 맞춰 ETF를 팔 수 있습니다. ETF의 상장폐지를 피하려면 투자할 때 ETF 규모가 크고, 거래량이 충분한 상품을 고르는 게 좋습니다.

질문 TOP
56

ETF를 제 가격에 사려면 언제 매매해야 하나요?

▶ 저자직강 동영상 강의로 이해 쑥쑥
QR코드를 스캔하셔서 동영상 강의를 보시고
이 칼럼을 읽으시면 훨씬 이해가 잘됩니다!

여러분은 내가 오늘 어떤 ETF를 사야겠다고 마음을 먹었을 때, 하루중에 언제 매매하나요? 개장을 기다렸다가 개장하자마자? 아니면 마음이 조금 여유로운 점심시간에? 아니면 장 막판에? 필자는 일을 하다 보면 꼭 장 막바지에 ETF를 사기로 마음먹었던 게 생각이 나더라고요.

하지만 저 같은 성향을 가진 분들이라도 ETF를 매매할 땐 개장 직후나 장이 끝날 무렵에는 거래하지 않는 것을 추천합니다. 장 시작 후 5분까지와 장 마감 10분 전부터 거래하면 예상하지 못했던 가격에 ETF를 사게 될 수도 있기 때문입니다. 물론 ETF의 원래 가격인 순자산가치(NAV)보다 싸게 사게 된다면 좋겠지만 비싸게 사게 될 가능성도 있으니 되도록 이 시간은 피하는 게 좋다는 얘기입니다.

7장에서 이미 설명했듯이 ETF는 원래 가격인 순자산가치(NAV)와 매수와 매도 호가에 따라 변하는 시장 가격이 있습니다. 이 시장가격과 순자산가치가 비슷하게 움직이도록 가격의 '지킴이' 역할을 해주는 게 시장조성자(LP)입니다.

그런데 이 ETF 가격을 지켜줘야 할 LP가 일을 하지 않는 시간대가 있습니다. 그게 바로 제일 처음에 설명했던 장 시작 5분(오전 9시 ~ 9시 5분)과 장 막판 10분(오후 3시 20분 ~ 3시 30분)입니다. 이때는 LP가 호가를 대줘야하는 의무가 면제됩니다. 이 시간대에는 투자자인 우리들끼리 사고팔기만 하는 거예요.

왜 이 시간대에는 LP가 호가를 안 내는 걸까요? 주식시장은 오전 8시부터 9시까지는 단일가 매매가 이뤄집니다. 일정시간 접수한 주문을 장 시작 직전에 한 번에 체결하는 거죠. 이 단일가 매매가 끝난 지 5분이 지나지 않았을 때는 LP의 호가 제출 의무가 사라집니다.

오후 3시 20분부터 3시 30분까지는 ETF가 담고 있는 일반 주식들은 장중과 달리 단일가로 매매가 됩니다. 장 막판 10분 동안 일반 주식들은 실시간으로 거래되는 게 아니라 10분 동안 사겠다는 주문을 쭉 받고, 팔겠다는 주문도 쭉 받아요. 그렇게 해서 10분 동안 받은 주문은 주문량이나 가격을 봐서 적절한 가격에 다 같이 체결시켜버립니다. 한 종목의 종가를 정하는 거죠.

그런데 ETF의 원래 가치에 맞춰서 ETF를 사고팔아야 하는 지킴이인 LP의 입장에서 보면 이 10분 동안 ETF가 담고 있는 가격이 멈춰 있고, 10분 뒤에 갑자기 가격이 한 번에 나타나는 거잖아요. 10분 동안엔 많은 일이 일어날 수 있죠. 흔하진 않지만 장 막판에 어떤 종목에 주문이 막 몰려서 종가가 확 튀어버릴 수도 있는 거고요.

그러면 LP들은 ETF의 원래 가치에 맞춰서 ETF를 사고팔아줘야 되는데 10분 동안은 원래 가치가 얼마인지를 가늠할 수가 없게 됩니다. 대충 팔았다가 알고 보니 10분 뒤에 ETF가 보유중인 종목들이 급락해서 ETF 가치가 떨어졌다면 LP한테도 엄청난 손해겠죠.

그래서 장 개시 직후와 막판 10분에는 LP들이 ETF 가격을 지키지 않아도 된다는 규정이 있는 것이고, 우리 입장에서 생각하면 ETF 가격을 지켜주는 사람도 없는데 굳이 그 시간대에 ETF를 살 이유가 없는 것이죠.

그렇다면 ETF는 언제 어떻게 사는 게 가장 제값 주고 사는 방법일까요? 앞서 말했듯 장 초반 5분과 막판 10분을 제외한 장중에 매매하는 게 좋습니다. 또한 거래량이 적은 ETF보다는 거래량이 많은 ETF가 제값에 거래될 가능성이 높겠죠. LP가 가격 대주는 걸 기다리지 않아도 투자자들끼리 사거나 팔겠다는 사람이 많을 테니까요.

또 하나 확인해야 할 부분은 실시간으로 반영되는 ETF의 진짜 가치인 iNAV입니다. 순자산가치인 NAV는 자산운용사가 하루에 한 번 발표합니다. 하지만 ETF가 담고 있는 주식 가격이 실시간으로 움직이니 ETF의 순자산가치도 따라서 실시간으로 움직이겠지요. 이게 실시간 추정 순자산가치인 iNAV입니다.

iNAV는 ETF를 주문할 때 증권사 HTS나 MTS에서 바로 쉽게 확인할 수 있어요. 증권사마다 표기가 약간씩 다르지만 추정NAV, iNAV라고 표시합니다. 그러면 매수할 때 이걸 보고 '아 이 가격 정도에 주문을 걸어두면 되겠구나' 하고 지정가로 주문을 넣는 거죠.

가끔은 포털이나 정보를 제공하는 사이트에 따라서 추정NAV라고 하지 않고 그냥 NAV라고 표시하기도 합니다. 그럴 때 이게 10초마다 실시간으로 바뀌는 iNAV인지, 아니면 전일 기준으로 한 NAV인지 알려면 1분 정도 지켜보면 됩니다. 숫자가 업데이트되면 실시간 가치일 테고, 가만히 있으면 그냥 전날 종가기준으로 한 ETF의 가치가 될 테니까요.

ETF를 언제 사야 하는지 그 이유와 ETF의 구조를 설명하려다 보니 조금은 길고 복잡하게 느껴질 수도 있을 것 같습니다. 어렵다면 지금까지의 내용은 읽고만 넘겨도 됩니다. 대신 이것만은 꼭 기억해주세요. 'ETF는 장 초반 5분과 마감 10분 전에는 거래하지 말자.'

여기서 한 가지 더 기억한다면, ETF 주문을 넣을 때 실시간으로 업데이트되는 ETF의 진짜 가치인 iNAV를 한 번 보고 비슷한 가격에 주문을 넣자는 겁니다. 이 두 가지만 해도 ETF 거래에서 '호갱'이 될 가능성은 현저히 줄어듭니다.

> **[ETF] ETF 초보자를 위한 꿀팁!**
>
> ETF는 담고 있는 자산가치를 실시간으로 반영하는 iNAV와 가깝게 거래하는 게 '제값'을 주고 사는 법입니다. 그러려면 장 시작 5분, 장 마감 10분 전부터는 ETF를 매매하지 않는 게 좋습니다. 이때는 LP들이 호가를 낼 의무가 없기 때문에 시장 호가에 따라 가격이 움직일 수 있습니다.

■ **독자 여러분의 소중한 원고를 기다립니다** ━━━━━━━━━

메이트북스는 독자 여러분의 소중한 원고를 기다리고 있습니다. 집필을 끝냈거나 집필중인 원고가 있
으신 분은 khg0109@hanmail.net으로 원고의 간단한 기획의도와 개요, 연락처 등과 함께 보내주시
면 최대한 빨리 검토한 후에 연락드리겠습니다. 머뭇거리지 마시고 언제라도 메이트북스의 문을 두드
리시면 반갑게 맞이하겠습니다.

■ **메이트북스 SNS는 보물창고입니다** ━━━━━━━━━

메이트북스 유튜브 bit.ly/2qXrcUb

활발하게 업로드되는 저자의 인터뷰, 책 소개 동영상을 통해 책
에서는 접할 수 없었던 입체적인 정보들을 경험하실 수 있습니다.

 메이트북스 블로그 blog.naver.com/1n1media

1분 전문가 칼럼, 화제의 책, 화제의 동영상 등 독자 여러분을 위
해 다양한 콘텐츠를 매일 올리고 있습니다.

메이트북스 네이버 포스트 post.naver.com/1n1media

도서 내용을 재구성해 만든 블로그형, 카드뉴스형 포스트를 통해
유익하고 통찰력 있는 정보들을 경험하실 수 있습니다.

STEP 1. 네이버 검색창 옆의 카메라 모양 아이콘을 누르세요.   STEP 2. 스마트렌즈를 통해 각 QR코드를 스캔하시면 됩니다.
STEP 3. 팝업창을 누르시면 메이트북스의 SNS가 나옵니다.